Frankfurter Studien zum Datenschutz

Veröffentlichungen der Forschungsstelle
für Datenschutz an der Goethe-Universität
Frankfurt am Main

Herausgegeben von
Prof. Dr. Dr. h.c. Spiros Simitis
Prof. Dr. Indra Spiecker genannt Döhmann, LL.M.

Band 67

Arne Brest

Das Bußgeldverfahren im Datenschutzrecht

Nomos

Onlineversion
Nomos eLibrary

Die Deutsche Nationalbibliothek verzeichnet diese Publikation in der Deutschen Nationalbibliografie; detaillierte bibliographische Daten sind im Internet über http://dnb.d-nb.de abrufbar.

Zugl.: Hamburg, Univ., Diss., 2022

ISBN 978-3-7560-0240-5 (Print)
ISBN 978-3-7489-3767-8 (ePDF)

1. Auflage 2023

Meinen Eltern

Vorwort

Die vorliegende Arbeit wurde im Wintersemester 2022/2023 von der Fakultät für Rechtswissenschaft der Universität Hamburg als Dissertation angenommen. Rechtsprechung und Literatur sind bis November 2022 berücksichtigt.

Ich danke meinem Doktorvater Herrn Prof. Dr. Johannes Caspar für seine Unterstützung sowie für die überaus hilfreichen inhaltlichen Anregungen, die diese Arbeit sehr bereichert haben. Besonderer Dank gilt auch Frau Prof. Dr. Marion Albers, die neben der Erstellung des Zweitgutachtens auch durch die frühzeitige Begleitung dieser Arbeit zu ihrem Gelingen beigetragen hat.

Schließlich danke ich meiner Familie und meinen Freunden, die mich zu jeder Zeit bedingungslos unterstützt haben. Gewidmet ist diese Arbeit meinen Eltern, die das Wohlergehen ihrer Kinder stets über ihr eigenes gestellt haben und deren unermüdliche Unterstützung es uns überhaupt erst ermöglicht hat, den gesamten Bildungsweg zu gehen.

Hamburg, im April 2023 *Arne Brest*

Inhaltsverzeichnis

Teil 1: Einleitung 13

A. Gegenstand und Ziel der Untersuchung 13

B. Methodik 14

Teil 2: Arbeitsweise und bisherige Sanktionspraxis der Datenschutzbehörden 17

A. Einleitung 17

B. Statistische Analyse der Arbeitsweise von Datenschutzbehörden 17

C. Kategorien von Verfahren 22

I. Beschwerden 22

1. Verfahrensweise 22

2. Inhalt 25

II. Beratungsanfragen 25

III. Data Breach Meldungen 26

IV. Presseberichterstattung 27

V. Sonstige Verfahren 28

D. Bedeutsamste bisherige Bußgeldverfahren 29

I. Überblick 29

II. H&M Hennes & Mauritz Online Shop A.B. & Co. KG 29

III. Deutsche Wohnen SE 30

IV. Notebooksbilliger.de AG 32

V. 1&1 Telecom GmbH 34

VI. Bußgeldverfahren europäischer Datenschutzbehörden 35

1. Amazon Europe Core S.à.r.l. 35

2. WhatsApp Ireland Limited 37

a) Hintergrund 37

b) Gegenstand des Verfahrens 38

c) Bebußung 42

3. Google LLC 42

VII. Zusammenfassung 44

Teil 3: Der Täter im Datenschutzrecht 47

A. Juristische Personen als Betroffene 47
I. Auslegung des Wortlautes 49
II. Systematische und teleologische Auslegung 51
III. Ergebnis 54

B. Auswahl der konkret betroffenen juristischen Person 55
I. Auslegung des Wortlautes 55
II. Teleologische Auslegung 58
III. Ergebnis 59

C. Folgen der Anwendung des kartellrechtlichen Unternehmensbegriffs 61
I. Haftung der Muttergesellschaft 61
II. Gesamtschuldnerische Haftung 65
III. Zurechnung von Mitarbeiterhandeln 69
1. Grundsätze 69
2. Mitarbeiterexzess 70

D. Ergebnis 73

Teil 4: Die Tat im Datenschutzrecht 75

A. Grundlagen 75

B. Problematik 76

C. Lösungsansätze 78
I. Ansatz am Verarbeitungsbegriff 78
II. Ansatz an Art. 83 Abs. 3 DSGVO 79
1. Anwendungsbereich 79
2. Streitstand 80
a) Erste Auffassung 80
b) Zweite Auffassung 82
c) Dritte Auffassung 83
3. Entscheidung 86

D. Ergebnis 90

Teil 5: Beweismittel 91

A. Problematik 91

B. Pflicht des Verantwortlichen zur Kooperation mit der Datenschutzbehörde 91
C. Typischer Verfahrensablauf 92
D. Rechtliche Grundlagen 93
E. Beweisverwertungsverbot 95
F. Ergebnis 96

Teil 6: Verhängung und Zumessung der Geldbuße 99

A. Entscheidung über Einstellung oder Bebußung 99
B. Verfahrensablauf nach der Entscheidung zur Bebußung 103
I. Rechtlicher Rahmen von Verständigungsverfahren 104
II. Gegenstand des Verständigungsverfahrens 105
III. Folgen der Einlegung eines Rechtsmittels nach Verständigung 107
C. Bußgeldzumessung 108
I. Ausgangspunkt 108
II. Allgemeine strafrechtliche Grundsätze der Strafzumessung 109
1. Strafzwecke 109
2. Konsequenzen für die konkrete Strafzumessung im Einzelfall 110
III. Bußgeldkonzepte von Datenschutzbehörden 111
1. Deutsche Datenschutzbehörden 111
a) Grundlagen 111
b) Inhalt des Bußgeldkonzeptes 112
c) Kritik 118
2. Art. 29-Gruppe 119
3. Dänische Datenschutzbehörde 121
a) Funktionsweise der Bußgeldzumessung 121
b) Bewertung und Kritik 125
4. Niederländische Datenschutzbehörde 126
a) Funktionsweise der niederländischen Bußgeldzumessung 126
aa) Schritt 1: Kategorisierung des Verstoßes 126
bb) Schritt 2: Bildung des Bußgeldrahmens 129
cc) Schritt 3: Festlegung der Grundstrafe 130
dd) Schritt 4: Anpassung der Grundstrafe 130

ee) Schritt 5: Überschreitung des Bußgeldrahmens 130
b) Bewertung und Kritik 130
5. Sanktionspraxis der europäischen Datenschutzbehörden 132
IV. Bußgeldbemessungskonzepte anderer Behörden 143
1. Bußgeldzumessung im europäischen Kartellrecht 143
a) Allgemeines 143
b) Bewertung 146
2. U.S. Federal Sentencing Guidelines for Organizations 147
a) Allgemeines 147
b) Konkrete Strafzumessung nach den U.S. Federal Sentencing Guidelines 148
c) Bewertung 151
V. Eigener Vorschlag zur Bußgeldzumessung 152
1. Zugrundeliegende Erwägungen 152
2. Schritt 1: Feststellung der Schwere des Verstoßes 159
3. Schritt 2: Angemessene Sanktionierung 161
a) Sehr leichte Verstöße 161
b) Leichte Verstöße 161
c) Mittlere Verstöße 162
d) Schwere Verstöße 162
aa) Grundlegendes 162
bb) Berechnungsmethode 163
(1) Festlegung des Bußgeldkorridors 164
(2) Festlegung des konkreten Bußgeldes 164
e) Sehr schwere Verstöße 165
4. Schritt 3: Finale Anpassung des Bußgeldes 165
5. Zusammenfassende Übersicht 166

Teil 7: Zusammenfassung der Ergebnisse 169

Teil 8: Fazit & Ausblick 173

Literaturverzeichnis 175

Teil 1: Einleitung

A. Gegenstand und Ziel der Untersuchung

Die Harmonisierung des Datenschutzrechts mittels der EU-Datenschutz-Grundverordnung (DSGVO)[1] liegt nun mehr als drei Jahre zurück. Die Befürchtung, dass mit ihrem Inkrafttreten eine Flut von Millionenbußgeldern über die Republik rollt, hat sich nicht bewahrheitet. Dabei ist es nicht so, als ob diese Befürchtungen von vornherein abwegig gewesen wären oder dass das neue Recht diese Möglichkeit nicht hergäbe. Allerdings sind im Bußgeldverfahren mehr noch als im übrigen Datenschutzrecht zentrale Fragen ungeklärt, die auch auf aufsichtsbehördlicher Ebene zur Zurückhaltung führen.[2] Während materiell-rechtliche Fragen im Wesentlichen durch die DSGVO selbst, ggf. unter Berücksichtigung der mitgliedsstaatlichen Regelungen innerhalb der von Öffnungsklauseln vorgegebenen Spielräume, geregelt sind, gilt dies für die prozessualen Fragen des Bußgeldverfahrens nicht. Vielmehr überlässt die DSGVO die nähere Ausgestaltung des Bußgeldverfahrens weitgehend den allgemeinen mitgliedsstaatlichen Verfahrens- und Prozessregelungen. Daraus folgt ein komplexes Ineinandergreifen materiell-rechtlichen EU-Rechts mit prozess-rechtlichem deutschen Recht, welches für Rechtsanwender auf allen Seiten schwierig zu handhaben ist.[3]

An diesem Punkt setzt diese Arbeit an. Sie dient dem Zweck, die komplexen Zusammenhänge und Fragen des deutschen aufsichtsbehördlichen Bußgeldverfahrens im Datenschutzrecht systematisch aufzubereiten, Antworten zu geben und zur Schaffung von Klarheit bei Rechtsanwendern auf aufsichtsbehördlicher und privatwirtschaftlicher Seite beizutragen. Dies betrifft zentrale

---

1 Verordnung (EU) 2016/679 des Europäischen Parlaments und des Rates vom 27. April 2016 zum Schutz natürlicher Personen bei der Verarbeitung personenbezogener Daten, zum freien Datenverkehr und zur Aufhebung der Richtlinie 95/46/EG (Datenschutz-Grundverordnung), Amtsblatt der Europäischen Union, L 119/1, 04.05.2016, S. 1-88.

2 Trotz eines entsprechenden Regelungsauftrages in Art. 70 Abs. 1 S. 2 lit. k DSGVO ist es dem Europäischen Datenschutzausschuss bislang nicht gelungen, Leitlinien für die Festsetzung von Geldbußen zu erlassen und damit zu einer europaweiten Klärung dieser Fragen beizutragen.

3 Vgl. *Ebner/Schmidt*, Verhängung von Bußgeldern nach Art. 83 DSGVO gegen deutsche Muttergesellschaften – Eine Praxisbetrachtung, CCZ 2020, 84, 88; *Härting*, DSGVO-Bußgelder gegen Unternehmen – in Deutschland oft unmöglich, S. 3.

Fragen wie etwa die, wer eigentlich als Täter eines Datenschutzverstoßes in Betracht kommt (insbesondere inwieweit auch juristische Personen Täter sein können), worin genau die prozessuale Tat bei einem Datenschutzverstoß versteht (und wie sie von gleichartigen Taten desselben Täters abgegrenzt werden kann), inwieweit ein Täter nach datenschutzrechtlichen Vorgaben zur Selbstbelastung verpflichtet sein kann und wie genau die Berechnung eines tat- und schuldangemessenen Bußgeldes im Einzelfall aussehen kann.

Dass diese Fragen von überragender Bedeutung für nahezu jedes Bußgeldverfahren im Datenschutzrecht sind, liegt auf der Hand. Von ihrer Beantwortung hängt mithin ab, ob das Datenschutzrecht in Deutschland und international wirksam durchgesetzt werden kann oder ob dieses Rechtsgebiet sich auch in Zukunft noch vorwerfen lassen muss, ein zahnloser Papiertiger zu sein.

B. Methodik

Die vorliegende Untersuchung verfolgt damit das primäre Ziel, Antworten auf und Lösungsvorschläge für die zentralen und bislang weitgehend ungelösten Fragen des Bußgeldverfahrens im Datenschutzrecht zu geben. In der Praxis werden sämtliche dieser Fragen genau dann relevant, wenn die jeweilige Datenschutzbehörde sich dem Grunde nach zur Verhängung eines Bußgeldes entschieden hat und die Arbeit an der Abfassung des Bußgeldbescheides aufnimmt. Der Bußgeldbescheid ist somit derjenige formale Akt, in dem sämtliche der aufgeworfenen Fragen – implizit oder explizit – erstmalig und gebündelt beantwortet werden müssen.

Welchen konkreten Inhalt und welche Struktur der Bußgeldbescheid haben muss, ergibt sich aus § 66 OWiG. Hiernach muss ein Bußgeldbescheid insbesondere Angaben zur Person des Betroffenen und etwaiger Nebenbeteiligter (§ 66 Abs. 1 Nr. 1 OWiG), die Bezeichnung der Tat, die dem Betroffenen zur Last gelegt wird, einschließlich Zeit und Ort ihrer Begehung (§ 66 Abs. 1 Nr. 3 OWiG), die Beweismittel (§ 66 Abs. 1 Nr. 4 OWiG) und die Geldbuße (§ 66 Abs. 1 Nr. 5 OWiG) enthalten. Dieser Inhalt und diese Struktur bilden damit auch den roten Faden für die nachfolgende Untersuchung. Hierdurch soll sie das Ziel erfüllen, Rechtsanwendern auf allen Seiten in strukturierter Form praktisch umsetzbare Lösungsvorschläge für die bislang offenen Fragen zu geben.

Neben diesem primären Ziel soll die vorliegende Untersuchung ferner die praktische Relevanz der erarbeiteten Ergebnisse darstellen. Zu diesem

Zweck wird die Arbeitsweise von Datenschutzbehörden einschließlich ihrer Prioritäten dargestellt und statistisch aufgearbeitet, woraus sich unmittelbare Rückschlüsse darauf ziehen lassen, an welchen Stellen die Risiken eines Bußgeldverfahrens größer oder kleiner sind. Hintergrund dessen ist, dass die Tätigkeit der Datenschutzbehörden (und jedenfalls teilweise auch die der im Datenschutzrecht tätigen Rechtsanwälte, Datenschutzberater, Datenschutzbeauftragten und vergleichbarer Personen) naturgemäß darauf ausgerichtet ist, Datenschutzverstöße möglichst schon im Voraus zu verhindern und damit die Wahrscheinlichkeit und Erforderlichkeit von Bußgeldverfahren nach Möglichkeit zu minimieren. Das so definierte zweite Ziel dieser Untersuchung dient somit der für das Gesamtverständnis zwingend erforderlichen Verknüpfung zwischen den offenen Rechtsfragen des Bußgeldverfahrens im Datenschutzrecht mit der Motivation und den Interessen der hieran beteiligten Stellen.

Nach alledem beginnt die Untersuchung mit einer Darstellung der Beteiligten des Bußgeldverfahrens. Konkret wird die Tätigkeit und Arbeitsweise der Datenschutzbehörden dargestellt und ein Überblick über die bedeutsamsten bisherigen Bußgeldverfahren gegeben (Teil 2), bevor im Anschluss die Gegenseite betrachtet wird, namentlich die Frage, gegen wen sich Bußgelder überhaupt richten können und zweckmäßigerweise richten sollen (Teil 3). Hieran anschließend wird der Gegenstand des Bußgeldverfahrens dargestellt (Teil 4), was insbesondere die Einordnung von Datenschutzverstößen in das klassische deutsche Verständnis des prozessualen Tatbegriffs betrifft, welche für die Durchführung des Bußgeldverfahrens und dessen Folgen von überragender Bedeutung ist.

Nach Festlegung von Beteiligten und Gegenstand des Bußgeldverfahrens wird sodann dessen Ablauf dargestellt, der sich auf die dem Ermittlungsverfahren inhärente Sammlung von Beweismittel konzentriert (Teil 5), bevor es mit der Entscheidung über die Verhängung einer Geldbuße einschließlich der Festsetzung ihrer Höhe endet (Teil 6). In dieser Hinsicht sollen insbesondere die Herausforderungen der Bußgeldzumessung im konkreten Einzelfall dargestellt und Lösungsvorschläge hierfür herausgearbeitet werden.

Die Untersuchung schließt mit einer kurzen Zusammenfassung der wichtigsten Ergebnisse (Teil 7) und einem Ausblick auf die nähere Zukunft und die zu erwartende Fortentwicklung des Bußgeldverfahrens im Datenschutzrecht (Teil 8).

Teil 2: Arbeitsweise und bisherige Sanktionspraxis der Datenschutzbehörden

A. Einleitung

Die Bußgeldverfahren im Datenschutzrecht werden in erster Linie von den Datenschutzbehörden geführt. Daher erscheint es für eine Untersuchung, die das Bußgeldverfahren im Datenschutzrecht darstellt, zweckmäßig, an diesem Punkt anzusetzen. Auch in inhaltlicher Hinsicht ist es für ein Verständnis des Bußgeldverfahrens unerlässlich, die Umstände darzustellen, unter denen das Verfahren geführt wird. Aus diesen Gründen wird nachfolgend zunächst die allgemeine Arbeitsweise der Datenschutzbehörde statistisch dargestellt (B.) und nach Kategorien von Verfahren aufgeschlüsselt (C.), bevor auf die bedeutsamsten bisherigen Bußgeldverfahren eingegangen wird und geprüft wird, welche verallgemeinerungsfähigen Erkenntnisse sich hieraus ableiten lassen (D.).

B. Statistische Analyse der Arbeitsweise von Datenschutzbehörden

Welche Aufgaben die Datenschutzbehörden zu erfüllen haben, ergibt sich dem Grunde nach aus Art. 57 DSGVO. Aus dieser Vorschrift ist allerdings nicht ersichtlich, welcher dieser Aufgaben welcher Umfang und welches Gewicht in der alltäglichen Praxis zukommt. Aufschlussreicher hierfür sind die jährlich von den Aufsichtsbehörden veröffentlichten Tätigkeitsberichte (Art. 59 DSGVO), die auf einheitliche Art und Weise Statistiken über ihre Arbeitsweise veröffentlichen. Darin schlüsseln sie ihre Verfahren nach groben Kategorien in Beschwerden, Meldungen nach Art. 33 DSGVO (sog. Data Breach Meldungen) und Beratungsanfragen auf. Zudem weisen sie getroffene Abhilfemaßnahmen zahlenmäßig aus, unter anderem Maßnahmen nach Art. 58 Abs. 2 lit. i DSGVO (Geldbußen).

Die derart veröffentlichten Zahlen sind allerdings mit Vorsicht zu genießen. Sie vermögen zwar eine grobe Orientierung über die praktische Arbeit zu verschaffen, sind aber naturgemäß im Detail unpräzise. Hintergrund dessen ist, dass die Datenschutzbehörden von Bund und Ländern zwar eine grundlegende Harmonisierung der Darstellung ihrer Kennzahlen beschlossen haben, diese sich aber im Detail stark unterscheiden können.

Beispielhaft kann sich die Angabe der Zahl neu eingegangener Beschwerden unterscheiden, je nachdem ob nur diejenigen Eingänge gezählt werden, die auch tatsächlich in eigener Zuständigkeit bearbeitet werden, oder etwa auch solche, die nach kursorischer Prüfung zuständigkeitshalber an eine andere Datenschutzbehörde abgegeben werden. Im gleichen Kontext ist nicht immer ersichtlich, ob unter Beschwerden nur solche im Sinne des Art. 77 DSGVO verstanden werden, die nämlich von einem Beschwerdeführer stammen, der sich in eigenen Rechten verletzt sieht. Eine Beschwerde im untechnischen Sinne könnte nämlich auch darin bestehen, dass der Anzeigende auf einen Missstand hinweist, ohne eine eigene Betroffenheit geltend zu machen. Letzteres wird von den Datenschutzbehörden typischerweise ebenfalls als Beschwerde erfasst und nur in Einzelfällen gesondert ausgewiesen (etwa durch das Bayerische Landesamt für Datenschutzaufsicht unter dem Begriff der „Kontrollanregung", wobei diese als Unterkategorie von Beschwerden betrachtet wird)[4].

In Bezug auf Beratungsanfragen bleibt häufig entweder die anfragende Instanz oder die Anfrageart unerfasst. Manche Behörden fassen unter dem Begriff der Beratungsanfrage schriftliche und telefonische Anfragen, manche Behörden berücksichtigen telefonische Anfragen erst ab einer bestimmten Dauer, andere Behörden erfassen diese gar nicht.[5] Ebenso werden Beratungsanfragen von betroffenen Personen und von Verantwortlichen zwar in der Regel erfasst, aber Beratungsanfragen von Parlamenten, Regierungen und anderen öffentlichen Stellen nicht gesondert ausgewiesen, sodass unklar bleibt, ob diese mitumfasst sind.[6]

Zuletzt bleiben die Zahlen aufgrund von statistischen oder rechtlichen Maßgaben unpräzise. So wird beispielsweise nur in einzelnen Berichten das Problem unvollständiger statistischer Erfassung und daraus folgender Notwendigkeit einer Hochrechnung von Zahlen hervorgehoben.[7] Zudem kann etwa bei Geldbußen der Moment der Einleitung eines Bußgeldverfahrens statistisch erfasst werden, der Moment des vorläufigen Abschlusses eines Bußgeldverfahrens mit einem Bußgeldbescheid oder der Moment des rechtskräftigen Abschlusses – mit weitreichenden Konsequenzen für die jeweiligen

4 *Bayerisches Landesamt für Datenschutzaufsicht*, 9. Tätigkeitsbericht, S. 10 ff.

5 Vgl. hierzu die nachfolgenden Fundstellen zu jeweiligen Tätigkeitsberichten.

6 Anders etwa *Unabhängiges Datenschutzzentrum Saarland*, 28. Tätigkeitsbericht, S. 16.

7 Vgl. *Der Hamburgische Beauftragte für Datenschutz und Informationsfreiheit*, 29. Tätigkeitsbericht, S. 146 ff.

Zahlen. Gleichzeitig können rechtliche Maßgaben bei einzelnen Behörden dazu führen, dass inhaltlich vergleichbare Verfahren auf der Grundlage anderer Normen geführt werden, die in manchen Statistiken enthalten sein können. So sind Verantwortliche zur Meldung von Data Breaches grundsätzlich auf der Grundlage von Art. 33 DSGVO verpflichtet, allerdings erhält der Bundesbeauftragte für den Datenschutz und die Informationsfreiheit auch Data Breach Meldungen auf der Grundlage von § 65 BDSG und § 109a Abs. 1 TKG. Der Bundesbeauftragte für den Datenschutz und die Informationsfreiheit ist aufgrund seiner anders als bei den Landesdatenschutzbehörden gezogenen Zuständigkeitsbereiche ohnehin schwieriger mit diesen vergleichbar, woraus sich auch die unterschiedliche Gewichtung der Verfahrensarten ergibt.

Auch wenn auf der Grundlage dieser Erwägungen die Fallzahlen nicht perfekt und nicht uneingeschränkt miteinander vergleichbar sind, so vermögen sie doch Aufschluss über grundsätzliche Dimensionen und Gewichtungen der Tätigkeit zu gewähren. Aus diesem Grund wird nachfolgend auf der Grundlage der Tätigkeitsberichte für das Jahr 2020 (soweit bereits veröffentlicht) dargestellt, welche Verfahren wie oft vorkommen:

Behörde	**Beschwerden 2020**	**Data Breach Meldungen 2020**	**Beratungs-anfragen 2020**	**Bußgeldverfahren 2020**
Baden-Württemberg[8]	4782	2321	3285	174 (eingeleitet)
Bayern[9]	6185	3752	2657	-[10]
Berlin[11]	2430	925	2438	47 (verhängt)
Brandenburg[12]	1322	409	688	70 (eingeleitet)
Bremen[13]	544	94	494	1 (verhängt)

8 *Der Landesbeauftragte für den Datenschutz und die Informationsfreiheit Baden-Württemberg*, 36. Tätigkeitsbericht, S. 122.

9 *Bayerisches Landesamt für Datenschutzaufsicht*, 10. Tätigkeitsbericht, S. 11 ff.

10 Der Spiegelstrich bedeutet, dass hierzu keine Angaben gemacht wurden, nicht dass die Zahl null beträgt.

11 *Berliner Beauftragte für Datenschutz und Informationsfreiheit*, 42. Tätigkeitsbericht, S. 274 ff.

12 *Die Landesbeauftragte für den Datenschutz und für das Recht auf Akteneinsicht Brandenburg*, 22. Tätigkeitsbericht, S. 112 ff.

13 *Die Landesbeauftragte für Datenschutz und Informationsfreiheit der Freien Hansestadt Bremen*, 3. Tätigkeitsbericht zur DSGVO, S. 13 ff.

Behörde	**Beschwerden 2020**	**Data Breach Meldungen 2020**	**Beratungs-anfragen 2020**	**Bußgeldver-fahren 2020**
Hamburg[14]	2978	686	1152	22 (verhängt)
Hessen[15]	5414	1433	1983	2 (verhängt)
Mecklenburg-Vorpommern[16]	790	173	1524	5 (verhängt)
Niedersachsen[17]	2479	989	1600	28 (verhängt)
Nordrhein-Westfalen[18]	7138	1775	1595	93 (verhängt)
Rheinland-Pfalz	-	-	-	-
Saarland[19]	438	308	490	6 (verhängt)
Sachsen[20]	1247	635	1019	4 (verhängt)
Sachsen-Anhalt	-	-	-	-
Schleswig-Holstein[21]	1497	406	808	0
Thüringen[22]	3058	204	-	41 (verhängt)
Bund[23]	2861	9985	4897	-
Gesamt	43163	24095	24630	493

Diese Zahlen bewegen sich damit sowohl in absoluter Hinsicht als auch in ihrer Gewichtung zueinander ungefähr auf dem Niveau des Vorjahres 2019, welches das erste volle Jahr seit Inkrafttreten der DSGVO war und damit (anders als die Vorjahre) einen tauglichen Referenzrahmen bietet:

14 *Der Hamburgische Beauftragte für Datenschutz und Informationsfreiheit*, 29. Tätigkeitsbericht, S. 146 ff.

15 *Der Hessische Beauftragte für Datenschutz und Informationsfreiheit*, 49. Tätigkeitsbericht, S. 167 ff.

16 *Der Landesbeauftragte für Datenschutz und Informationsfreiheit Mecklenburg-Vorpommern*, 16. Tätigkeitsbericht, S. 13 ff.

17 *Die Landesbeauftragte für den Datenschutz Niedersachsen*, 26. Tätigkeitsbericht, S. 71 ff.

18 *Die Landesbeauftragte für Datenschutz und Informationsfreiheit Nordrhein-Westfalen*, 26. Tätigkeitsbericht, S. 23.

19 *Unabhängiges Datenschutzzentrum Saarland*, 29. Tätigkeitsbericht, S. 15 ff.

20 *Der Sächsische Datenschutzbeauftragte*, 21. Tätigkeitsbericht, S. 141 ff.

21 *Unabhängiges Landeszentrum für Datenschutz Schleswig-Holstein*, 39. Tätigkeitsbericht, S. 10 f.

22 *Thüringer Landesbeauftragter für den Datenschutz und die Informationsfreiheit*, 3. Tätigkeitsbericht zur DSGVO, S. 12 ff.

23 *Der Bundesbeauftragte für den Datenschutz und die Informationsfreiheit*, 29. Tätigkeitsbericht, S. 102 ff.

Behörde	**Beschwerden 2019**	**Data Breach Meldungen 2019**	**Beratungs-anfragen 2019**	**Bußgeldver-fahren 2019**
Baden-Württemberg[24]	3757	2030	3842	233 (eingeleitet)
Bayern[25]	5497	4111	3336	-
Berlin[26]	2455	1015	2402	-
Brandenburg[27]	878	362	>400	47 (eingeleitet)
Bremen[28]	567	83	480	0
Hamburg[29]	2527	611	1446	7 (eingeleitet)
Hessen[30]	5081	1453	1610	6 (verhängt)
Mecklenburg-Vorpommern[31]	533	108	793	5 (verhängt)
Niedersachsen[32]	1882	824	1878	22 (verhängt)
Nordrhein-Westfalen[33]	8200 (ca.)	2235	2050 (ca.)	123 (eingeleitet)
Rheinland-Pfalz[34]	880	319	846	10 (verhängt)
Saarland[35]	473	286	443	4 (verhängt)
Sachsen[36]	1297	450	608	12 (verhängt)

24 *Der Landesbeauftragte für den Datenschutz und die Informationsfreiheit Baden-Württemberg*, 35. Tätigkeitsbericht, S. 121 ff.

25 *Bayerisches Landesamt für Datenschutzaufsicht*, 9. Tätigkeitsbericht, S. 10 ff.

26 *Berliner Beauftragte für Datenschutz und Informationsfreiheit*, 42. Tätigkeitsbericht, S. 274 ff.

27 *Die Landesbeauftragte für den Datenschutz und für das Recht auf Akteneinsicht Brandenburg*, 21. Tätigkeitsbericht, S. 88 ff.

28 *Die Landesbeauftragte für Datenschutz und Informationsfreiheit der Freien Hansestadt Bremen*, 2. Tätigkeitsbericht zur DSGVO, S. 13 ff.

29 *Der Hamburgische Beauftragte für Datenschutz und Informationsfreiheit*, 29. Tätigkeitsbericht, S. 146 ff.

30 *Der Hessische Beauftragte für Datenschutz und Informationsfreiheit*, 48. Tätigkeitsbericht, S. 139 ff.

31 *Der Landesbeauftragte für Datenschutz und Informationsfreiheit Mecklenburg-Vorpommern*, 15. Tätigkeitsbericht, S. 13 ff.

32 *Die Landesbeauftragte für den Datenschutz Niedersachsen*, 25. Tätigkeitsbericht, S. 86 ff.

33 *Die Landesbeauftragte für Datenschutz und Informationsfreiheit Nordrhein-Westfalen*, 25. Tätigkeitsbericht, S. 14 ff.

34 *Der Landesbeauftragte für den Datenschutz und die Informationsfreiheit Rheinland-Pfalz*, 28. Tätigkeitsbericht, S. 21 ff.

35 *Unabhängiges Datenschutzzentrum Saarland*, 28. Tätigkeitsbericht, S. 13 ff.

36 *Der Sächsische Datenschutzbeauftragte*, 20. Tätigkeitsbericht, S 111 ff.

Behörde	Beschwerden 2019	Data Breach Meldungen 2019	Beratungs-anfragen 2019	Bußgeldver-fahren 2019
Sachsen-Anhalt[37]	437	186	1051	16 (eingeleitet)
Schleswig-Holstein[38]	1194	349	758	0
Thüringen[39]	667	159	-	23 (verhängt)
Bund[40]	3118	14649	4280	2
Gesamt	39443	29230	26223	510

Aus diesen Zahlen lassen sich folgende Feststellungen ableiten:

Der Großteil der Arbeit einer Datenschutzbehörde besteht in der Abarbeitung von Beschwerden. In der großen Masse (etwa 98,5%) werden diese ohne Einleitung eines Bußgeldverfahrens abgeschlossen. Besonders auffällig ist hierbei, dass eine ganze Reihe von Landesbehörden entweder gar keine oder fast keine (<10) Bußgeldverfahren führen. Welche Konsequenzen sich aus diesen Zahlen für Verantwortliche ergeben, wird nachfolgend getrennt nach einzelnen Kategorien (Beschwerden, Data Breach Meldungen, Beratungsanfragen) dargestellt.

C. Kategorien von Verfahren

I. Beschwerden

1. Verfahrensweise

Beschwerden sind in jeder Hinsicht der Schwerpunkt der aufsichtsbehördlichen Arbeit. Eine Beschwerde besteht aus einer (in der Regel schriftlichen) Kontaktaufnahme eines Bürgers, der einen Sachverhalt vorträgt, der nach seiner Überzeugung einen Datenschutzverstoß darstellt.

Diese Schreiben werden – unabhängig davon, ob sie über ein spezielles Meldeformular, per Post oder per E-Mail eingehen – von einer zentralen

37 *Landesbeauftragter für den Datenschutz Sachsen-Anhalt*, 16. Tätigkeitsbericht, S. 9 ff.

38 *Unabhängiges Landeszentrum für Datenschutz Schleswig-Holstein*, 38. Tätigkeitsbericht, S. 11 f.

39 *Thüringer Landesbeauftragter für den Datenschutz und die Informationsfreiheit*, 2. Tätigkeitsbericht zur DSGVO, S. 10 ff.

40 *Der Bundesbeauftragte für den Datenschutz und die Informationsfreiheit*, 28. Tätigkeitsbericht, S. 77 ff.

Stelle (etwa der Geschäftsstelle) erfasst. Hier wird bereits eine erste Filterung vorgenommen, um offenkundig unbegründete Anschreiben auszusortieren. Hierbei handelt es sich – nicht zahlenmäßig, wohl aber dem Inhalt nach - um krasse Extremfälle, etwa wenn jemand der festen Überzeugung ist, dass der Mond eine Kamera der CIA ist, die ihn fortlaufend überwacht oder wenn jemand ein Einschreiten der Datenschutzbehörde verlangt, weil Bill Gates persönlich mit der Corona-Impfung Nanoroboter in ihn hineinspritzen will, um seine Gedanken zu manipulieren.

Jeder Sachvortrag, der eine Datenschutzverletzung zumindest entfernt möglich erscheinen lässt, wird demnach als Beschwerde erfasst. Dabei ist es (in der Regel, s.o.) unerheblich, ob es sich um eine Beschwerde im Sinne des Art. 77 DSGVO handelt, also der Beschwerdeführer oder die Beschwerdeführerin eine Verletzung in eigenen Rechten vorträgt, oder ob es sich um eine Anzeige handelt, weil der Beschwerdeführer oder die Beschwerdeführerin eine Verletzung fremder Datenschutzrechte vorträgt bzw. auf ein allgemeines Problem hinweist.

Die so erfassten Vorgänge werden sodann dem jeweils zuständigen Fachreferenten zur weiteren Bearbeitung vorgelegt. Der typische Verfahrensablauf besteht darin, dass zunächst die Schlüssigkeit des Vortrags geprüft wird und ggf. fehlende Unterlagen nachgefordert werden bzw. zusätzliche Informationen vom Beschwerdeführer oder von der Beschwerdeführerin erfragt werden. Sodann wird – soweit ein Datenschutzverstoß hiernach nicht ausgeschlossen werden kann – die verantwortliche Stelle angeschrieben und zur Stellungnahme aufgefordert. Nach Erhalt kann geprüft werden, ob weitere Maßnahmen zur Sachverhaltsermittlung erforderlich sind. Ist der Sachverhalt aufgeklärt, kann die rechtliche Prüfung vorgenommen werden.

Das Ergebnis eines Beschwerdeverfahrens ist dem Beschwerdeführer bzw. der Beschwerdeführerin nach Art. 77 Abs. 2 DSGVO mitzuteilen (soweit es sich tatsächlich um eine Beschwerde im Sinne des Art. 77 DSGVO handelt). Das Ergebnis kann bestehen aus

- einer Mitteilung, dass kein Verstoß gegen datenschutzrechtliche Vorschriften vorliegt oder ein solcher jedenfalls nicht beweisbar ist;
- einer Mitteilung, dass zwar ein Verstoß gegen datenschutzrechtliche Vorschriften vorliegt, aber aus tatsächlichen oder rechtlichen Gründen keine weiteren Maßnahmen gegen den Verantwortlichen ergriffen werden; oder
- einer Mitteilung, dass ein Verstoß gegen datenschutzrechtliche Vorschriften vorliegt und aufsichtsbehördliche Maßnahmen (insb. nach Art. 58 DSGVO) ergriffen werden.

An einem Beschwerdeverfahren ist neben dem Beschwerdeführer regelmäßig auch ein Beschwerdegegner (in datenschutzrechtlicher Terminologie regelmäßig zugleich der Verantwortliche i.S.d. Art. 4 Nr. 7 DSGVO) beteiligt. Dessen Rolle stellt sich naturgemäß gegensätzlich zu jener des Beschwerdeführers dar. Er ist zwar nach § 40 Abs. 4 S. 3 BDSG zur Mitwirkung und Auskunftserteilung an die Aufsichtsbehörde verpflichtet, muss sich dabei allerdings nicht selbst belasten, worauf er durch die Aufsichtsbehörde auch hingewiesen wird. Soweit er daher nicht oder nicht nur zur Beantwortung konkreter Fragen aufgefordert wird, sondern ihm auch allgemein Gelegenheit zur Stellungnahme gegeben wird (was üblich ist), kann er nach eigenem Ermessen zumindest von letzterem absehen. Hintergrund dieser Erwägungen ist, dass die Aufsichtsbehörde nur insoweit einschneidende Maßnahmen wie Anweisungen oder Geldbußen ergreifen kann, als sie sich vom Vorliegen eines bestimmten Sachverhaltes tatsächlich überzeugen konnte, was in der Sache einer Beweisbarkeit entspricht. Sollte sie einen bestimmten Vorwurf auch unter Ausschöpfung ihrer Ermittlungsbefugnisse nicht aufklären und beweisen können, wird der Vorgang mit diesem Sachstand und ohne Sanktionsmaßnahmen geschlossen.

Allerdings wird auch in Fällen, in denen ein Verstoß gegen datenschutzrechtliche Vorschriften vorliegt und dieser beweisbar ist, häufig von weiteren Maßnahmen abgesehen. Wie oben bereits dargestellt, verhängen Datenschutzbehörden nur bei einer verschwindend geringen Zahl von Fällen tatsächlich förmliche Maßnahmen wie eine Anweisung oder eine Geldbuße. Dies zeigt, dass in der großen Zahl der Fälle Verfahren auch bei festgestellten Verstößen anders beendet werden. Soweit daher der Verantwortliche zum ersten Mal einen Datenschutzverstoß begangen hat, der in der Sache nicht sonderlich schwer wiegt, hat er gute Aussichten, nicht mit einem Bußgeld belangt zu werden. In der Praxis ist dabei entscheidend, dass der Verantwortliche sich gegenüber der Aufsichtsbehörde kooperativ verhält, den Verstoß abstellt, sich ggf. beim Betroffenen entschuldigt oder diesen sogar auf Kulanzbasis entschädigt und zeigt, dass er mittels geeigneter Maßnahmen Verstöße in der Zukunft vermeiden wird. In diesem Fall wird die Aufsichtsbehörde mit hoher Wahrscheinlichkeit von weiteren Maßnahmen absehen. Allerdings können Datenschutzbehörden nach geltendem Recht verpflichtet sein, Verwaltungsgebühren zu erheben, wenn sie tätig werden und einen Verstoß feststellen.[41]

2. Inhalt

Der Inhalt der eingehenden Beschwerden kann sehr unterschiedlich sein und eine Vielzahl möglicher Sachverhalte berühren. Gleichwohl können sie – zumindest in der breiten Masse – kategorisiert werden.

Die naheliegendste Konstellation besteht darin, dass eine betroffene Person sich direkt an die Aufsichtsbehörde wendet, weil sie der Auffassung ist, dass eine bestimmte verantwortliche Stelle rechtswidrig Daten über sie verarbeitet.

Häufiger besteht das Problem allerdings nicht in einer rechtswidrigen Datenverarbeitung, sondern in einer mangelhaften Information oder Kommunikation mit der betroffenen Person.[42] Betroffene Personen wenden sich nämlich in der Regel nicht direkt an die Aufsichtsbehörde, sondern zunächst an den Verantwortlichen. Nur wenn ihre Anfrage dort nicht oder nicht zufriedenstellend beantwortet wird, erheben sie eine Beschwerde bei der Datenschutzbehörde. Dies betrifft insbesondere die Bearbeitung von Betroffenenansprüchen nach Art. 12 ff. DSGVO, sodass allen verantwortlichen Stellen nur geraten werden kann, entsprechende Anträge oder Kontaktaufnahmen ernst zu nehmen und möglichst transparent und zügig zu bearbeiten.

II. Beratungsanfragen

Der zahlenmäßig nächstgrößere Aufgabenblock besteht in den sogenannten Beratungsanfragen. Dies sind telefonische oder schriftliche Kontaktaufnahmen von Bürgern oder von Verantwortlichen, die aufsichtsbehördlichen Rat suchen.

Der Umgang mit solchen Anfragen ist vor allem historisch geprägt. Die Kehrseite des „zahnlosen Papiertigers", der der Datenschutz früher einmal

41 Vgl. etwa § 25 HmbDSG i.V.m. der HmbDSGebO, wonach Gebühren sich nach dem aufsichtsbehördlichen Arbeitsaufwand im konkreten Verfahren bemessen und in der Regel (bei einem Arbeitsaufwand von bis zu zwei Stunden) 183 €, seltener 300-500 € (bei entsprechend höherem Arbeitsaufwand) betragen. Der Verantwortliche kann auf Antrag hiervon befreit werden, soweit dies für ihn eine unbillige Härte darstellen würde.

42 *Berliner Beauftragte für Datenschutz und Informationsfreiheit*, 41. Tätigkeitsbericht, S. 225 f.

gewesen sein soll, ist, dass sich die deutschen Datenschutzbehörden historisch gesehen nicht als Strafverfolgungs- oder Sanktionsbehörden sehen, sondern ihre Selbstwahrnehmung eher der einer unterstützenden und beratenden Stelle entspricht. Dies vermag zu verwundern, denn gerade angesichts der massiven Arbeitsbelastung der Behörden würde es naheliegen, die Arbeit auf den gesetzlichen Auftrag in Art. 57 DSGVO zu beschränken und von sonstigen Tätigkeiten abzusehen, was aber zumindest in der Masse nicht passiert. Die Datenschutzbehörden in Deutschland stehen vielmehr sowohl dem Bürger, als auch den verantwortlichen Stellen zu Beratungszwecken zur Verfügung. Dies gilt insbesondere dann, wenn Anfragende erste Hinweise benötigen oder punktuelle Unsicherheiten haben. Dies ist auch überaus sinnvoll, etwa wenn der Verantwortliche bei tatsächlich offenen und umstrittenen Rechtsfragen die Hausmeinung der für ihn zuständigen Aufsichtsbehörde erfahren will, wie beispielsweise zum Umfang des Kopieanspruchs nach Art. 15 Abs. 3 DSGVO.

Aus Sicht des Verantwortlichen sind Beratungsanfragen damit ein relativ dankbares Verfahren. Wenngleich nicht rechtlich zwingend, so ist es doch zumindest faktisch eher unwahrscheinlich, dass die Datenschutzbehörde eine Beratungsanfrage, bei der der Verantwortliche eigene Schwächen offenbart, zum Anlass für ein Bußgeldverfahren nimmt.

III. Data Breach Meldungen

Aus Verantwortlichensicht stellen sich Meldungen nach Art. 33 DSGVO (Data Breach Meldungen) als besonders heikel dar. Hintergrund ist, dass Verantwortliche nach dieser Vorschrift gesetzlich verpflichtet sind, Data Breaches proaktiv binnen kurzer Frist an die Aufsichtsbehörde zu melden. Dies ist insoweit unangenehm, als dass Data Breaches zwar nicht zwangsläufig, aber doch relativ häufig mit eigenem Fehlverhalten einhergehen. Dieses proaktiv an die Aufsichtsbehörde zu melden, erscheint vielen Verantwortlichen unangenehm und/oder riskant.

Die Sorge ist indes häufig unbegründet. Der deutsche Gesetzgeber hat in §§ 42 Abs. 4, 43 Abs. 4 BDSG vorgesehen, dass solche Meldungen in einem Ordnungswidrigkeitenverfahren nur mit Zustimmung des Meldepflichtigen verwendet werden dürfen, die fast nie vorliegen dürfte. Zwar halten manche Datenschutzbehörden diese Vorschrift mangels Öffnungsklausel für europarechtswidrig oder legen sie stark einschränkend aus.[43] Allerdings prägt diese Vorschrift trotz allem den aufsichtsbehördlichen Umgang mit solchen Meldungen. In der Praxis beschränkt sich die Prüfung der Aufsichtsbehörde bei einer Data Breach Meldung mithin auf die Fragen, ob Betroffene informiert wurden (falls nach Art. 34 DSGVO erforderlich), ob Maßnahmen getroffen wurden, um ähnliche Verstöße zukünftig zu vermeiden und ob die Meldung form- und fristgerecht erfolgt ist. In Abhängigkeit von den jeweiligen Kapazitäten ist es nicht unüblich, bei unproblematischem Vorliegen dieser Voraussetzungen den Vorgang ohne jegliche Nachricht oder Handlung zu schließen, worauf Meldende in den entsprechenden Formularen hingewiesen werden.[44]

In der Praxis stellen Data Breach Meldungen damit kein nennenswertes Bußgeldrisiko für Verantwortliche dar. Umgekehrt ist es aber sehr gefährlich, entsprechende Vorfälle nicht zu melden. Jeder Betroffene, der hiervon Kenntnis erhält, hat hierdurch nämlich ein erhebliches Druckmittel gegen den Verantwortlichen in der Hand. Die Verstöße (z.B. ein Falschversand) sind für die Aufsichtsbehörde nämlich oftmals ebenso leicht zu beweisen wie das Ausbleiben einer Data Breach Meldung, wodurch ein Bußgeldverfahren sehr leicht eingeleitet und geführt werden kann. Es liegt damit im Interesse der Verantwortlichen, der gesetzlichen Meldepflicht möglichst umfassend nachzukommen.

IV. Presseberichterstattung

Zu den Aufgaben der Datenschutzbehörden gehört es auch, ganz allgemein aktuelle datenschutzrelevante Entwicklungen zu verfolgen. Es liegt daher sehr nahe, ein eigenes Tätigwerden zu prüfen, wenn sich aus der Presse Anhaltspunkte für datenschutzwidriges Verhalten von Marktteilnehmern oder von öffentlichen Stellen ergeben. Häufig erfahren Aufsichtsbehörden hiervon auch vorrangig, weil die Presse vor Veröffentlichung eigener Berichte eine Stellungnahme der jeweils zuständigen Datenschutzbehörde einholt. Dies geschieht in verhältnismäßig hoher Frequenz; so gingen im Jahr 2020

43 *Der Landesbeauftragte für Datenschutz und Informationsfreiheit Baden-Württemberg*, Pressemitteilung: LfDI Baden-Württemberg verhängt sein erstes Bußgeld in Deutschland nach der DS-GVO, 22.11.2018.

44 Vgl. beispielsweise das Meldeformular unter https://datenschutz-hamburg.de/meldung-databreach.

beispielsweise knapp 400 Presseanfragen beim Hamburgischen Beauftragten für Datenschutz und Informationsfreiheit ein,[45] was nahezu zwei Presseanfragen an jedem Arbeitstag bedeutet.

Die Rolle der Presse ist in diesem Kontext nicht zu unterschätzen. Allein die öffentliche Präsenz eines bestimmten Verfahrens kann nämlich bereits als solche problematisch für Verantwortliche sein. Die Datenschutzbehörden tragen dem Rechnung, indem sie, ebenso wie ein Strafgericht, dies als mildernden Umstand in der Bußgeldzumessung werten. Das Problem für die Verantwortlichen besteht allerdings nicht nur in der Presseberichterstattung als solcher, sondern auch darin, dass die Aufsichtsbehörde hierdurch einem öffentlichen Druck zur Ergreifung von Maßnahmen ausgesetzt sein kann, die Ermittlungs- und Sanktionsmaßnahmen wahrscheinlicher werden lassen kann. Ob dies tatsächlich der Fall ist, kann rechtsmethodisch oder statistisch nicht zuverlässig ergründet werden. Allerdings dürfte sich allein aus dieser Erwägung heraus ergeben, dass Verantwortliche gut beraten sind, bei presserelevanten Vorgängen möglichst das Gespräch mit der Aufsichtsbehörde zu suchen, um negative Berichterstattung nach Möglichkeit zu vermeiden.

V. Sonstige Verfahren

Sämtliche sonstigen Verfahrensarten sind im Hinblick auf Bußgeldrisiken von untergeordneter Bedeutung. Zwar sind Datenschutzbehörden auch mit der Begleitung gesetzgeberischer Prozesse betraut,[46] ebenso mit der Begleitung von Verfahren anderer Aufsichtsbehörden (Art. 60 DSGVO) und mit Anfragen anderer öffentlicher Stellen, allerdings ergeben sich hieraus in seltensten Fällen Bußgeldrisiken, da die Datenschutzbehörden regelmäßig keine Kompetenz zur Verhängung von Bußgeldern gegen öffentliche Stellen haben.[47]

Der Vollständigkeit halber sei angemerkt, dass diese Aufzählung nicht komplett abschließend ist. Aufsichtsbehörden nehmen durchaus auch weitere Tätigkeiten wahr, etwa führen sie anlasslose Prüfungen durch, wenn

---

45 *Der Hamburgische Beauftragte für Datenschutz und Informationsfreiheit*, 29. Tätigkeitsbericht, S. 136 f.

46 *Der Hamburgische Beauftragte für Datenschutz und Informationsfreiheit*, 29. Tätigkeitsbericht, S. 150.

47 Vgl. etwa § 24 Abs. 3 HmbDSG.

sich eine entsprechende Notwendigkeit ergibt.[48] Die hieraus entstehende Bußgeldrelevanz unterscheidet sich allerdings nicht wesentlich von denen bereits dargestellten Konstellationen, sodass eine isolierte Darstellung entbehrlich ist.

D. Bedeutsamste bisherige Bußgeldverfahren

I. Überblick

Die vorliegende Untersuchung zum Bußgeldverfahren im Datenschutzrecht kann bereits auf einige – wenngleich wenige – Präzedenzfälle zurückgreifen, in denen deutsche und europäische Datenschutzbehörden Bußgelder in teils erheblicher Höhe verhängt haben. Aufgrund der hohen Relevanz dieser Fälle soll nachfolgend eine kurze Darstellung der ihnen zugrundeliegenden Umstände erfolgen, bevor die wichtigsten aus diesen Fällen ableitbaren Erkenntnisse herausgearbeitet werden.

II. H&M Hennes & Mauritz Online Shop A.B. & Co. KG

Das höchste Bußgeld, welches bislang von einer deutschen Datenschutzbehörde verhängt wurde, beträgt ca. 35,3 Millionen Euro und wurde am 30.09.2020 durch den Hamburgischen Beauftragten für Datenschutz und Informationsfreiheit gegen die H&M Hennes & Mauritz Online Shop A.B. & Co. KG erlassen.[49] Der Bußgeldbescheid ist mittlerweile rechtskräftig.[50]

Die betroffene Gesellschaft betrieb ein Servicecenter zur Kundenbetreuung in Nürnberg.[51] Dort wurden nach urlaubs- oder krankheitsbedingten

48 So etwa nach den Safe Harbor und Privacy Shield Urteilen, vgl. *Der Hamburgische Beauftragte für Datenschutz und Informationsfreiheit*, Pressemitteilung: Datenschutz am Beginn einer neuen Zeitrechnung, 21.02.2018.

49 *Der Hamburgische Beauftragte für Datenschutz und Informationsfreiheit*, Pressemitteilung: 35,3 Millionen Euro Bußgeld wegen Datenschutzverstößen im Servicecenter von H&M, 01.10.2010.

50 *Der Hamburgische Beauftragte für Datenschutz und Informationsfreiheit*, 29. Tätigkeitsbericht, S. 103.

51 Zum Sachverhalt insg. vgl. *Der Hamburgische Beauftragte für Datenschutz und Informationsfreiheit*, Pressemitteilung: 35,3 Millionen Euro Bußgeld wegen Datenschutzverstößen im Servicecenter von H&M, 01.10.2010. An dieser Stelle sei darauf hingewiesen, dass das Verfahren durch den Verfasser dieser Arbeit als zuständigen Fachreferenten

Abwesenheiten von Beschäftigten, auch wenn sie nur sehr kurz waren, teilweise durch die Vorgesetzten Rückkehrgespräche mit dem jeweiligen Mitarbeiter geführt (sog. Welcome Back Talks). In diesen Gesprächen wurde mitunter über konkrete Urlaubserlebnisse, konkrete Krankheitssymptome, Diagnosen, Sterbefälle in der Familie und ähnliche Sachverhalte gesprochen. Hierüber wurden durch manche Vorgesetzte Notizen auf einem Netzlaufwerk abgespeichert, die dementsprechend sensible Daten enthalten konnten. Diese Daten waren teilweise für bis zu 50 weitere Führungskräfte einsehbar und konnten – neben einer parallel stattfindenden akribischen Auswertung der individuellen Arbeitsleistung – für Entscheidungen im Arbeitsverhältnis genutzt werden.

Dieser Sachverhalt wurde durch einen Konfigurationsfehler bekannt, durch den dieses Netzlaufwerk für einige Stunden unternehmensweit zugänglich war. Der für das Verfahren zuständige Hamburgische Beauftragte für Datenschutz und Informationsfreiheit wurde durch Presseberichte hierauf aufmerksam und ordnete die Sicherung dieser Daten sowie die Herausgabe an ihn an. Nach weiteren Ermittlungsmaßnahmen wie etwa der Vernehmung von Zeugen verhängte er ein Bußgeld in Höhe von ca. 35,3 Millionen Euro.

Bei der Bemessung des Bußgeldes berücksichtigte er, dass die Verstöße zwar erheblich waren, allerdings nicht konzernweit praktiziert wurden, sondern nur am Nürnberger Standort. Ferner berücksichtigte er, dass die Unternehmensleitung neben einer ausdrücklichen Entschuldigung auch pauschale Entschädigungszahlungen an die betroffenen Personen in beträchtlicher Höhe leistete.

III. Deutsche Wohnen SE

Das zweithöchste in Deutschland bislang verhängte Bußgeld wurde am 30.10.2019 von der Berliner Beauftragten für Datenschutz und Informationsfreiheit gegen die Deutsche Wohnen SE verhängt und betrug ca. 14,5 Millionen Euro.[52]

---

beim Hamburgischen Beauftragten für Datenschutz und Informationsfreiheit (mit-)geführt wurde.

52 Vgl. hierzu sowie zum nachfolgend dargestellten Sachverhalt *Berliner Beauftragte für Datenschutz und Informationsfreiheit*, Pressemitteilung: Berliner Datenschutzbeauftragte verhängt Bußgeld gegen Immobiliengesellschaft, 05.11.2019. Vgl. demgegenüber

Mit dieser Entscheidung sollte die fehlende Löschung der personenbezogenen Daten von Mietern sanktioniert werden. Bei Vor-Ort-Prüfungen der Behörde wurde nämlich festgestellt, dass das Archivsystem zur Verwaltung von Mieterdaten keine Möglichkeiten vorsah, nicht mehr erforderliche Daten zu löschen. In einzelnen Fällen konnten damit noch Jahre alte private Angaben von Mietern eingesehen werden, ohne dass dies zum Zweck der ursprünglichen Datenerhebung noch erforderlich wäre. In der Sache betraf dies Daten zu den persönlichen oder finanziellen Verhältnissen der Mieter, mithin etwa Gehaltsbescheinigungen, Selbstauskunftsformulare, Auszüge aus Arbeits- und Ausbildungsverträgen, Steuer-, Sozial- und Krankenversicherungsdaten und Kontoauszüge.

Diesen Missstand hatte die Behörde bei einer Vor-Ort-Prüfung 2017 bereits bemängelt und auf eine entsprechende Anpassung der Systeme hingewirkt. Dennoch wurde bei einer weiteren Vor-Ort-Prüfung im März 2019 festgestellt, dass diese Mängel fortbestanden. Die Behörde sanktionierte damit den Verstoß gegen Art. 25 Abs. 1 DSGVO und Art. 5 DSGVO für den Zeitraum seit Inkrafttreten der DSGVO bis zur zweiten Vor-Ort-Prüfung.

Bei der konkreten Bußgeldzumessung orientierte die Behörde sich am Vorjahresumsatz von über einer Milliarde Euro, der nach ihrer Angabe einen Bußgeldrahmen von bis zu 28 Millionen Euro eröffnet.[53] In diesem Rahmen nahm sie einen Verstoß im mittleren Bereich an, wobei sie den langen Zeitraum des Missstandes strafschärfend berücksichtigt hatte und die formal gute Zusammenarbeit mit der Aufsichtsbehörde sowie die Ergreifung von Schritten zur Bereinigung dieses Zustandes strafmildernd berücksichtigt hatte. Hierdurch gelangte sie zu einem Bußgeld in Höhe von 14,5 Millionen Euro.

Neben der Sanktionierung dieses strukturellen Verstoßes verhängte die Behörde in 15 konkreten Einzelfällen der unzulässigen Speicherung perso-

auch die Darstellung der Bußgeldadressatin: *Deutsche Wohnen SE*, Pressemitteilung: Deutsche Wohnen geht gegen Bußgeldbescheid der Berliner Beauftragten für Datenschutz und Informationsfreiheit vor, 05.11.2019.

53 Woraus genau sich dieser Rahmen rechnerisch ergeben soll, geht aus der Presseerklärung allerdings nicht hervor. Dadurch bleibt offen, weshalb ein Bußgeldrahmen von 28 Millionen Euro eröffnet werden sollte, obwohl nach Art. 83 Abs. 4 lit. a DSGVO, Art. 83 Abs. 5 lit. a DSGVO, Art. 83 Abs. 3 DSGVO ein Bußgeldrahmen von 4 % des Vorjahresumsatzes, mithin mindestens 40 Millionen Euro eröffnet sein könnte. Es ist aber bei lebensnaher Auslegung anzunehmen, dass der Bußgeldrahmen von der Behörde korrekt ermittelt wurde und die Angaben in der Presseerklärung hierzu etwas vage sind, was beispielsweise dem Schutz von Betriebs- und Geschäftsgeheimnissen des Unternehmens geschuldet sein könnte.

nenbezogener Daten von Mietern einzelne Bußgelder in Höhe von jeweils 6.000 bis 17.000 Euro gegen das Unternehmen.

Gegen das Bußgeld hat das Unternehmen Einspruch eingelegt, wodurch ein gerichtliches Verfahren vor dem Landgericht Berlin eröffnet wurde. Das Landgericht Berlin stellte das Verfahren mit Beschluss vom 18.02.2021 ein, weil nach seiner Ansicht eine juristische Person nicht Betroffene eines Bußgeld-Verfahrens sein könne.[54] Das Gericht kritisierte die Behörde dafür, dass nicht zumindest versucht worden sei, eine pflichtwidrige Organhandlung nach §§ 30, 130 OWiG zu ermitteln und nachzuweisen, was die Einbeziehung des Unternehmens als Nebenbeteiligte in das Verfahren ermöglicht hätte.

Die Entscheidung des Landgerichts Berlin ist nicht rechtskräftig. Die Staatsanwaltschaft Berlin hat im Einvernehmen mit der Berliner Beauftragten für Datenschutz und Informationsfreiheit Beschwerde gegen den Beschluss eingelegt.[55] Das Kammergericht hat auf die Beschwerde hin das Verfahren ausgesetzt und dem EuGH zur Vorabentscheidung vorgelegt.[56]

IV. Notebooksbilliger.de AG

Am 08.01.2021 hat die Landesbeauftragte für den Datenschutz Niedersachsen eine Geldbuße in Höhe von 10,4 Millionen Euro gegen die notebooksbilliger.de AG ausgesprochen.[57]

Anlass des Verfahrens war, dass das Unternehmen über mehr als zwei Jahre seine Beschäftigten ohne einschlägige Rechtsgrundlage einer Videoüberwachung ausgesetzt hatte. Die Videoüberwachung umfasste unter anderem Arbeitsplätze, Verkaufsräume, Lager und Aufenthaltsbereiche. Die Behörde wies darauf hin, dass eine Videoüberwachung, die weder auf einen bestimmten Zeitraum, noch auf konkrete Beschäftigte beschränkt war und deren Daten in vielen Fällen bis zu 60 Tage aufbewahrt wurden, weit über das zu-

54 LG Berlin, Beschl. v. 18.02.2021 – Az.: 212 Js-OWi 1/20.

55 *Berliner Beauftragte für Datenschutz und Informationsfreiheit*, Pressemitteilung: Bußgeldbescheid gegen Deutsche Wohnen SE: Beschwerde gegen Einstellung des Verfahrens eingelegt, 03.03.2021.

56 KG, Beschl. v. 06.12.2021 – 3 Ws 250/21 – 161 AR 84/21.

57 Vgl. hierzu sowie zum nachfolgend wiedergegebenen Sachverhalt: *Die Landesbeauftragte für den Datenschutz Niedersachsen,* Pressemitteilung: LfD Niedersachsen verhängt Bußgeld über 10,4 Millionen Euro gegen notebooksbilliger.de, 08.01.2021. Vgl. demgegenüber auch die Darstellung der Bußgeldadressatin: *notebooksbilliger.de AG*, Pressemitteilung: Unverhältnismäßig und unrechtmäßig: notebooksbilliger.de wehrt sich gegen Bußgeldbescheid der Datenschutzbeauftragten, 08.01.2021.

lässige Maß hinausgeht. Insbesondere sei die Verhinderung und Aufklärung von Straftaten ebenso wenig zur Rechtfertigung geeignet wie die behauptete generalpräventive Wirkung der Videoüberwachung, da weder mildere Mittel geprüft worden seien noch es zulässig sei, alle Beschäftigten derart unter Generalverdacht zu stellen. Dabei wurde auch auf die Rechtsprechung des Bundesarbeitsgerichtes verwiesen, nach der eine Videoüberwachung schon deshalb besonders eingriffsintensiv sei, weil mit ihr theoretisch das gesamte Verhalten eines Menschen beobachtet und analysiert werden könnte, wodurch Betroffene den Druck empfinden würden, sich möglichst unauffällig zu verhalten, um nicht wegen abweichender Verhaltensweisen kritisiert oder sanktioniert zu werden.[58] Von der Überwachung seien teilweise auch Kunden betroffen gewesen, weil einige Kameras auf Sitzgelegenheiten im Verkaufsraum gerichtet gewesen seien; auch in dieser Hinsicht sei die Datenverarbeitung mangels einschlägiger Rechtsgrundlage rechtswidrig.

Zur konkreten Bußgeldbemessung hat sich die Landesbeauftragte für den Datenschutz Niedersachsen nicht näher eingelassen. Bei einem Jahresumsatz 2019 von 736 Millionen Euro[59] wäre aus Art. 83 Abs. 5 DSGVO ein Bußgeldrahmen von bis zu 29,44 Millionen Euro eröffnet, sodass das konkrete Bußgeld ebenfalls im mittleren Bereich liegt. Die Landesbeauftragte für den Datenschutz Niedersachsen teilt lediglich mit, dass das Unternehmen seine Videoüberwachung mittlerweile rechtmäßig ausgestaltet und dies gegenüber der Behörde auch nachgewiesen habe.

Der Bußgeldbescheid ist bislang nicht rechtskräftig.[60]

---

58 So die Formulierung bei *Die Landesbeauftragte für den Datenschutz Niedersachsen,* Pressemitteilung: LfD Niedersachsen verhängt Bußgeld über 10,4 Millionen Euro gegen notebooksbilliger.de, 08.01.2021, allerdings ohne nähere Angabe, auf welche Urteile konkret Bezug genommen wäre.

59 Vgl. *notebooksbilliger.de AG,* Jahresabschluss zum Geschäftsjahr vom 01.01.2019 bis zum 31.12.2019.

60 Vgl. *notebooksbilliger.de AG,* Pressemitteilung: Unverhältnismäßig und unrechtmäßig: notebooksbilliger.de wehrt sich gegen Bußgeldbescheid der Datenschutzbeauftragten, 08.01.2021.

V. 1&1 Telecom GmbH

Das nächsthöhere Bußgeld in Höhe von 9,55 Millionen Euro wurde am 09.12.2019 vom Bundesbeauftragten für den Datenschutz und die Informationsfreiheit gegen die 1&1 Telecom GmbH verhängt.[61]

Dem Unternehmen wurde im Bußgeldbescheid vorgeworfen, keine hinreichenden technisch-organisatorischen Maßnahmen getroffen zu haben, die einen Zugriff unberechtigter Dritter auf Kundendaten über die telefonische Kundenbetreuung verhindert hätten. Konkret könnten Anrufer sich über die Angabe von Name und Geburtsdatum eines Kunden als dieser ausgeben und authentifizieren, wodurch ihnen durch die Kundenbetreuung Auskunft über eine Reihe weiterer Datenpunkte geben könnte. Dieses Authentifizierungsverfahren hielt der Bundesbeauftragte für den Datenschutz und die Informationsfreiheit für nicht rechtmäßig.

Zur konkreten Bemessung des Bußgeldes hat sich der Bundesbeauftragte für den Datenschutz und die Informationsfreiheit ebenfalls nicht näher eingelassen. Er betonte lediglich die Einsichtigkeit und Kooperation des Unternehmens und sprach von einer Geldbuße im unteren Bereich des Bußgeldrahmens. Die 1&1 Gruppe weist einen Jahresumsatz von etwa 3,6 Milliarden Euro sowohl in 2018 als auch in 2019 aus,[62] woraus sich nach Art. 83 Abs. 4 lit. a DSGVO ein Bußgeldrahmen in Höhe von bis zu 72 Millionen Euro ergibt.

Gegen den Bußgeldbescheid des Bundesbeauftragten für den Datenschutz und die Informationsfreiheit hat das Unternehmen Einspruch eingelegt.[63] Hierauf hat das Landgericht Bonn mit Urteil vom 11.11.2020 den Bußgeldbescheid dem Grunde nach bestätigt und das Bußgeld in der Höhe auf 900.000 Euro reduziert.[64] Das Landgericht Bonn folgte dabei der Argumentation des Bundesbeauftragten für den Datenschutz und die Informationsfreiheit sowie der anderen nationalen und internationalen Datenschutzbehörden sowie eines großen Teils der einschlägigen Literatur, dass juristische Personen durch-

---

61 Vgl. hierzu sowie zum nachfolgend wiedergegebenen Sachverhalt: *Der Bundesbeauftragte für den Datenschutz und die Informationsfreiheit*, Pressemitteilung: BfDI verhängt Geldbußen gegen Telekommunikationsdienstleister, 09.12.2019. Vgl. demgegenüber auch die Darstellung der Bußgeldadressatin: *1&1 Drillisch AG*, Pressemitteilung: 1&1 klagt gegen Bußgeldbescheid der Datenschutzbehörde, 09.12.2019.

62 *1&1 Drillisch AG*, Geschäftsbericht 2019.

63 *1&1 Drillisch AG*, Pressemitteilung: 1&1 klagt gegen Bußgeldbescheid der Datenschutzbehörde, 09.12.2019.

64 LG Bonn, Urt. v. 11.11.2020 – 29 OWi 1/20.

aus Betroffene im Ordnungswidrigkeitenverfahren sein können und es keiner Anknüpfungstat nach §§ 30, 130 OWiG bedarf.[65] Hinsichtlich der Höhe des Bußgeldes stellte das Gericht lediglich fest, dass nach umfassender Abwägung aller zumessungserheblichen Umstände eine Geldbuße von 900.000 Euro tat- und schuldangemessen sei, ohne dies in mathematischer Hinsicht näher zu erläutern.[66]

Das Urteil des Landgerichts Bonn ist rechtskräftig.[67]

VI. Bußgeldverfahren europäischer Datenschutzbehörden

1. Amazon Europe Core S.à.r.l.

Am 16.07.2021 erließ die luxemburgische Datenschutzbehörde („Commission nationale pour la protection des données", CNPD) eine Entscheidung gegen die Amazon Europe Core S.à.r.l., mit der diese zur Zahlung eines Bußgeldes in Höhe von 746 Millionen Euro verpflichtet wurde.[68] Hierbei handelt es sich um das EU-weit höchste bislang verhängte Bußgeld nach Art. 83 DSGVO.

Die Entscheidung geht zurück auf eine Beschwerde der französischen Nichtregierungsorganisation „La Quadrature du Net".[69] Diese hatte beanstandet, dass die Amazon Europe Core S.à.r.l. rechtswidrig Daten ihrer Kunden verarbeiten und gleichzeitig den eigenen Informationspflichten nicht nachkommen würde. Gegenstand der Beschwerde waren die folgenden, in der Datenschutzerklärung von Amazon aufgeführten Kategorien von Kundendaten:[70]

- Produkte, Inhalte oder Dienstleistungen, die gesucht oder in Anspruch genommen wurden;
- getätigte Bestellungen;
- Informationen und Dokumente über die Identität des Kunden;
- Bilder, Videos oder andere Dateien, die auf einen Amazon-Dienst hochgeladen wurden;

65 LG Bonn, Urt. v. 11.11.2020 – 29 OWi 1/20, Rn. 25 ff. m.w.N.

66 LG Bonn, Urt. v. 11.11.2020 – 29 OWi 1/20, Rn. 73 f.

67 *Anger*, Bußgeld wegen Datenschutzverstößen: Urteil gegen 1&1 ist rechtskräftig.

68 *La Quadrature du Net*, Amazon fined 746 Million Euros following our collective legal action.

69 *La Quadrature du Net*, Réclamation contre Amazon Europe.

70 Vgl. *La Quadrature du Net*, Réclamation contre Amazon Europe. Die CNPD selbst hat bislang keine Einzelheiten zu der bebußten Tat veröffentlicht, sodass auf die Angaben der beschwerdeführenden Organisation zurückgegriffen werden muss.

- Playlists, Favoritenlisten, Wunschlisten, Merklisten, Geschenklisten;
- IP-Adressen von Geräten;
- Anmeldedaten, E-Mail-Adressen und Passwörter;
- Informationen über den Computer, das Gerät und die Internetverbindung, z.B. Anwendungen auf dem Gerät, Browsertyp und -version, installierte Plug-ins, Betriebssystem und Zeitzoneneinstellung;
- Standort des Geräts;
- Informationen über Interaktionen mit den Inhalten, wie z.B. das Herunterladen von Inhalten, das Streaming von Inhalten und Details zur Betrachtung, einschließlich der Dauer und Anzahl gleichzeitiger Streams und Downloads, Informationen zur Netzwerkverbindung und zur Qualität des Downloads sowie Informationen zum Internetanbieter;
- Informationen über Interaktionen auf einer Seite („Scrolling", Klicks, Mausbewegungen);
- Informationen über Interaktionen mit Drittunternehmen, für die Amazon technische, logistische, zahlungsbezogene oder sonstige Dienstleistungen erbringt.

Diese Kategorien von Kundendaten wurden nach Darstellung in der Datenschutzerklärung von Amazon genutzt, um die Präferenzen der Kunden zu ermitteln und diesen individuell zugeschnittene Funktionen, Produkte und Dienstleistungen zu empfehlen.[71]

In dieser Datenverarbeitung sah die CNPD einen Verstoß gegen Art. 6 Abs. 1 DSGVO sowie Verstöße gegen Informationspflichten (Art. 13, 14 DSGVO); hinzu kamen Verstöße gegen Betroffenenrechte (Art. 12, 15, 16, 17, 21).[72] Neben der Verhängung des Bußgeldes verpflichtete die Behörde die Amazon Europe Core S.à.r.l. dazu, binnen sechs Monaten

- die eigene Datenverarbeitung in Einklang mit den Grundsätzen für die Rechtmäßigkeit der Verarbeitung nach Art. 6 Abs. 1 DSGVO zu bringen,
- die Erteilung von Informationen über diese Datenverarbeitung in Einklang mit den Transparenzpflichten nach Art. 12, 13 und 14 DSGVO zu bringen,
- die Bearbeitung von Betroffenenanfragen in Einklang mit den Vorgaben aus Art. 15, 16 und 17 DSGVO zu bringen,

71 *La Quadrature du Net,* Réclamation contre Amazon Europe, S. 15. Diese Angabe ist auch in der deutschen Datenschutzerklärung und auch heute noch zu finden, vgl. https://www.amazon.de/gp/help/customer/display.html?nodeId=GX7NJQ4ZB8MHFRNJ.

72 *La Quadrature du Net,* Schreiben vom 02.08.2021 an die CNIL, behördliches Aktenzeichen 2C 137 386 0363 4.

- sowie ein Widerspruchsverfahren zu implementieren, welches den Anforderungen des Art. 21 DSGVO genügt.[73]

Für jeden Tag der Verspätung bei der Umsetzung dieser Vorgaben wird zudem ein Bußgeld in Höhe von 746.000 Euro angedroht.[74] Das Bußgeld ist nicht rechtskräftig.[75]

2. WhatsApp Ireland Limited

Das EU-weit zweithöchste Bußgeld in Höhe von 225 Millionen Euro wurde am 20.08.2021 von der irischen Datenschutzbehörde („Data Protection Commission", DPC) gegen WhatsApp Ireland Limited verhängt.[76]

a) Hintergrund

Hintergrund des Verfahrens ist eine im Dezember 2018 eingeleitete Untersuchung der DPC gewesen, in welcher geprüft wurde, ob WhatsApp Ireland Limited den eigenen Transparenzverpflichtungen nach Art. 12, 13 und 14 DSGVO vorschriftsgemäß nachkam.[77] Die Untersuchung beruhte auf einer Reihe von Beschwerden von WhatsApp Nutzern und Nicht-Nutzern sowie auf einer Anfragen zur freiwilligen gegenseitigen Amtshilfe nach Art. 61 DSGVO durch den Bundesbeauftragten für Datenschutz und Informationsfreiheit, welche den Austausch personenbezogener Daten zwischen WhatsApp und Facebook zum Gegenstand hatte.[78] Die Beschwerden und die Anfrage zur freiwilligen gegenseitigen Amtshilfe wurden an die DPC gerichtet, da diese als federführende Aufsichtsbehörde zuständig für die Datenschutzaufsicht über die WhatsApp Ireland Limited war, welche alleinige Verant-

73 *La Quadrature du Net,* Schreiben vom 02.08.2021 an die CNIL, behördliches Aktenzeichen 2C 137 386 0363 4.

74 *La Quadrature du Net,* Schreiben vom 02.08.2021 an die CNIL, behördliches Aktenzeichen 2C 137 386 0363 4.

75 *Bodoni,* Amazon Gets Record $888 Million EU Fine Over Data Violations.

76 *Data Protection Commission,* Press release: Data Protection Commission announces decision in WhatsApp inquiry, 02.09.2021.

77 *Data Protection Commission,* Press release: Data Protection Commission announces decision in WhatsApp inquiry, 02.09.2021.

78 *Data Protection Commission,* Decision in the matter of WhatsApp Ireland Limited, 20.08.2021, IN-18-12-2, Rn. 3.

wortliche für die Verarbeitung von Daten europäischer WhatsApp-Nutzer ist.[79]

Die DPC legte am 24.12.2020 einen Beschlussentwurf vor, gegen den mehrere betroffene Aufsichtsbehörden Einspruch einlegten.[80] Nachdem die DPC den Einsprüchen nicht abhalf, leitete sie ein Streitbeilegungsverfahren nach Art. 65 DSGVO ein, welches der Europäische Datenschutzausschuss mit Beschluss vom 28.07.2021 abschloss.[81] Insbesondere wies der Europäische Datenschutzausschuss die DPC an, das von der DPC vorgeschlagene Bußgeld in Höhe von 30 bis 50 Millionen Euro[82] zu erhöhen.[83]

b) Gegenstand des Verfahrens

Gegenstand des Verfahrens waren insgesamt vier Tatkomplexe: Die Erfüllung von Transparenzvorgaben in Bezug auf die Verarbeitung personenbezogener Daten von Nicht-Nutzern, die Erfüllung von Transparenzvorgaben in Bezug auf die Verarbeitung personenbezogener Daten von WhatsApp Nutzern, die Erfüllung von Transparenzvorgaben in Bezug auf den Austausch personenbezogener Daten zwischen Whatsapp Ireland Limited und anderen Facebook-Gesellschaften und die generelle Einhaltung der Transparenzpflichten des Art. 5 Abs. 1 lit. a DSGVO.

---

79 Dies wurde auch von WhatsApp Ireland Limited selbst bestätigt. Wörtlich teilte WhatsApp Ireland Limited mit: "*WhatsApp Ireland is the controller for the internet-based messaging and calling service (the "Service") for EU users. WhatsApp Ireland is solely responsible for, and has the exclusive power to make, decisions about the purposes and means of processing of personal data of EU users. In particular, WhatsApp Ireland engages [...] personnel located in Dublin, who perform various services for WhatsApp Ireland, including legal, law enforcement response, customer operations, information security, trust and safety, and training.*" Vgl. hierzu *Data Protection Commission*, Decision in the matter of WhatsApp Ireland Limited, 20.08.2021, IN-18-12-2, Rn. 6 ff.

80 *Europäischer Datenschutzausschuss*, Binding Decision 1/2021 on the dispute arisen on the draft decision of the Irish Supervisory Authority regarding WhatsApp Ireland under Article 65(1)(a) GDPR, 20.07.2021, S. 6.

81 *Europäischer Datenschutzausschuss*, Binding Decision 1/2021 on the dispute arisen on the draft decision of the Irish Supervisory Authority regarding WhatsApp Ireland under Article 65(1)(a) GDPR, 20.07.2021.

82 *Europäischer Datenschutzausschuss*, Binding Decision 1/2021 on the dispute arisen on the draft decision of the Irish Supervisory Authority regarding WhatsApp Ireland under Article 65(1)(a) GDPR, 20.07.2021, S. 68.

83 *Europäischer Datenschutzausschuss*, Binding Decision 1/2021 on the dispute arisen on the draft decision of the Irish Supervisory Authority regarding WhatsApp Ireland under Article 65(1)(a) GDPR, 20.07.2021, S. 86 ff.

In der Entscheidung stellte die DPC fest, dass

- im Rahmen des ersten Tatkomplexes
  - WhatsApp Ireland Limited personenbezogene Daten von Nicht-Nutzern verarbeitet;[84]
  - WhatsApp Ireland Limited hierfür auch Verantwortlicher ist[85] und
  - WhatsApp Ireland Limited den diesbezüglichen Transparenzanforderungen aus Art. 14 DSGVO nicht hinreichend nachgekommen ist;[86]
- im Rahmen des zweiten Tatkomplexes
  - WhatsApp Ireland Limited seine Nutzer ordnungsgemäß über den Namen und die Kontaktdaten des Verantwortlichen informiert und seiner diesbezüglichen Pflicht aus Art. 13 Abs. 1 lit. a DSGVO vollumfänglich nachkommt;[87]
  - WhatsApp Ireland Limited seine Nutzer ordnungsgemäß über die Kontaktdaten seines Datenschutzbeauftragten informiert und seiner diesbezüglichen Pflicht aus Art. 13 Abs. 1 lit. b DSGVO vollumfänglich nachkommt;[88]
  - WhatsApp Ireland Limited seine Nutzer nicht ordnungsgemäß über die Zwecke, für die die personenbezogenen Daten verarbeitet werden sollen, sowie die Rechtsgrundlage für die Verarbeitung informiert und seiner diesbezüglichen Pflicht aus Art. 13 Abs. 1 lit. c DSGVO i.V.m. Art. 12 Abs. 1 DSGVO nicht vollumfänglich nachkommt;[89]
  - WhatsApp Ireland Limited seine Nutzer nicht ordnungsgemäß über die berechtigten Interessen, die von dem Verantwortlichen oder einem Dritten verfolgt werden, informiert und seiner diesbezüglichen Pflicht aus Art. 13 Abs. 1 lit. d DSGVO nicht vollumfänglich nachkommt;[90]

---

84 *Data Protection Commission*, Decision in the matter of WhatsApp Ireland Limited, 20.08.2021, IN-18-12-2, Rn. 105.

85 *Data Protection Commission*, Decision in the matter of WhatsApp Ireland Limited, 20.08.2021, IN-18-12-2, Rn. 154.

86 *Data Protection Commission*, Decision in the matter of WhatsApp Ireland Limited, 20.08.2021, IN-18-12-2, Rn. 177.

87 *Data Protection Commission*, Decision in the matter of WhatsApp Ireland Limited, 20.08.2021, IN-18-12-2, Rn. 249.

88 *Data Protection Commission*, Decision in the matter of WhatsApp Ireland Limited, 20.08.2021, IN-18-12-2, Rn. 256.

89 *Data Protection Commission*, Decision in the matter of WhatsApp Ireland Limited, 20.08.2021, IN-18-12-2, Rn. 399.

90 *Data Protection Commission*, Decision in the matter of WhatsApp Ireland Limited, 20.08.2021, IN-18-12-2, Rn. 416.

- WhatsApp Ireland Limited seine Nutzer nicht ordnungsgemäß über die Empfänger personenbezogener Daten informiert und seiner diesbezüglichen Pflicht aus Art. 13 Abs. 1 lit. e DSGVO i.V.m. Art. 12 Abs. 1 DSGVO nicht vollumfänglich nachkommt;[91]
- WhatsApp Ireland Limited seine Nutzer nicht ordnungsgemäß über die Absicht des Verantwortlichen, die personenbezogenen Daten an ein Drittland oder eine internationale Organisation zu übermitteln, sowie das Vorhandensein oder das Fehlen eines Angemessenheitsbeschlusses der Kommission oder im Falle von Übermittlungen gemäß Art. 46 DSGVO oder Art. 47 DSGVO oder Art. 49 Abs. 1 UAbs. 2 DSGVO einen Verweis auf die geeigneten oder angemessenen Garantien und die Möglichkeit, wie eine Kopie von ihnen zu erhalten ist, informiert und seiner diesbezüglichen Pflicht aus Art. 13 Abs. 1 lit. f DSGVO i.V.m. Art. 12 Abs. 1 DSGVO nicht vollumfänglich nachkommt;[92]
- WhatsApp Ireland Limited seine Nutzer nicht ordnungsgemäß über die Dauer, für die die personenbezogenen Daten gespeichert werden oder, falls dies nicht möglich ist, die Kriterien für die Festlegung dieser Dauer informiert und seiner diesbezüglichen Pflicht aus Art. 13 Abs. 2 lit. a DSGVO nicht vollumfänglich nachkommt;[93]
- WhatsApp Ireland Limited seine Nutzer ordnungsgemäß über das Bestehen eines Rechts auf Auskunft seitens des Verantwortlichen über die betreffenden personenbezogenen Daten sowie auf Berichtigung oder Löschung oder auf Einschränkung der Verarbeitung oder eines Widerspruchsrechts gegen die Verarbeitung sowie des Rechts auf Datenübertragbarkeit informiert und seiner diesbezüglichen Pflicht aus Art. 13 Abs. 2 lit. b DSGVO vollumfänglich nachkommt;[94]
- WhatsApp Ireland Limited seine Nutzer nicht ordnungsgemäß in Fällen, indenen die Verarbeitung auf Art. 6 Abs. 1 lit. a DSGVO oder Art. 9 Abs. 2 lit. a DSGVO beruht, über das Bestehen eines Rechts, die Einwilligung jederzeit zu widerrufen, ohne dass die Rechtmäßigkeit der aufgrund der Einwilligung bis zum Widerruf erfolgten Verarbeitung be-

91 *Data Protection Commission*, Decision in the matter of WhatsApp Ireland Limited, 20.08.2021, IN-18-12-2, Rn. 434.

92 *Data Protection Commission*, Decision in the matter of WhatsApp Ireland Limited, 20.08.2021, IN-18-12-2, Rn. 457.

93 *Data Protection Commission*, Decision in the matter of WhatsApp Ireland Limited, 20.08.2021, IN-18-12-2, Rn. 476.

94 *Data Protection Commission*, Decision in the matter of WhatsApp Ireland Limited, 20.08.2021, IN-18-12-2, Rn. 482.

rührt wird, informiert und seiner diesbezüglichen Pflicht aus Art. 13 Abs. 2 lit. c DSGVO i.V.m. Art. 12 Abs. 1 DSGVO nicht vollumfänglich nachkommt;[95]
  - WhatsApp Ireland Limited seine Nutzer über das Bestehen eines Beschwerderechts bei einer Aufsichtsbehörde im Wesentlichen ordnungsgemäß informiert und seiner diesbezüglichen Pflicht aus Art. 13 Abs. 2 lit. d DSGVO im Wesentlichen nachkommt;[96]
  - WhatsApp Ireland Limited seine Nutzer nicht ordnungsgemäß darüber informiert, ob die Bereitstellung der personenbezogenen Daten gesetzlich oder vertraglich vorgeschrieben oder für einen Vertragsabschluss erforderlich ist, sowie ob die betroffene Person verpflichtet ist, die personenbezogenen Daten bereitzustellen, und welche mögliche Folgen die Nichtbereitstellung hätte, und WhatsApp Ireland Limited seiner diesbezüglichen Pflicht aus Art. 13 Abs. 2 lit. e DSGVO nicht vollumfänglich nachkommt;[97]
- im Rahmen des dritten Tatkomplexes
  - WhatsApp Ireland Limited seinen Transparenzverpflichtungen aus Art. 13 Abs. 1 lit. c, lit. d, lit. e DSGVO i.V.m. Art. 12 Abs. 1 DSGVO in Bezug auf den Datenaustausch mit anderen Facebook-Gesellschaften nicht ordnungsgemäß nachgekommen ist;[98]
  - WhatsApp Ireland Limited angewiesen wird, irreführende Elemente aus der eigenen Datenschutzerklärung zu entfernen, sofern es keinen konkreten (Zeit-)Plan für den Beginn eines Datenaustausches zwischen WhatsApp Ireland Limited und anderen Facebook-Gesellschaften gibt;[99]
- im Rahmen des vierten Tatkomplexes
  - WhatsApp Ireland Limited durch die Verletzung der Transparenzverpflichtungen aus Art. 12-14 DSGVO zugleich das diesen Vorschriften

95 *Data Protection Commission*, Decision in the matter of WhatsApp Ireland Limited, 20.08.2021, IN-18-12-2, Rn. 496.

96 *Data Protection Commission*, Decision in the matter of WhatsApp Ireland Limited, 20.08.2021, IN-18-12-2, Rn. 503.

97 *Data Protection Commission*, Decision in the matter of WhatsApp Ireland Limited, 20.08.2021, IN-18-12-2, Rn. 520.

98 *Data Protection Commission*, Decision in the matter of WhatsApp Ireland Limited, 20.08.2021, IN-18-12-2, Rn. 591 f.

99 *Data Protection Commission*, Decision in the matter of WhatsApp Ireland Limited, 20.08.2021, IN-18-12-2, Rn. 591 f.

zugrundeliegende Transparenzgebot aus Art. 5 Abs. 1 lit. a DSGVO verletzt hat.[100]

c) Bebußung

Diese festgestellten Verstöße sieht die DPC als ihrer Natur nach schwerwiegend an, da sie den Kern der Transparenzvorgaben betreffen und WhatsApp Nutzer nur 41 % der vorgeschriebenen Informationen erhalten, während Nicht-Nutzer überhaupt keine Informationen erhalten.[101] Von diesen Verstößen war auch eine sehr hohe Zahl von Personen betroffen.[102] Aus diesen Gründen verhängte sie ein Bußgeld in Höhe von insgesamt 225 Millionen Euro, davon 90 Millionen Euro für den Verstoß gegen Art. 5 Abs. 1 lit. a DSGVO, 30 Millionen Euro für den Verstoß gegen Art. 12 DSGVO, 30 Millionen Euro für den Verstoß gegen Art. 13 DSGVO und 75 Millionen Euro für den Verstoß gegen Art. 14 DSGVO.[103]

Das Bußgeld ist nicht rechtskräftig.[104]

3. Google LLC

Am 21.01.2019 verhängt die französische Datenschutzbehörde (Commission Nationale de l'Informatique et des Libertés, CNIL) ein Bußgeld in Höhe von 50 Millionen Euro gegen die Google LLC.[105]

---

100 *Data Protection Commission*, Decision in the matter of WhatsApp Ireland Limited, 20.08.2021, IN-18-12-2, Rn. 595. Im Einzelnen zu den Gründen, weshalb eine Verletzung der Informationspflichten gleichzeitig eine Verletzung des ihnen zugrundeliegenden Transparenzgebots darstellt, vgl. Rn. 594 (dort insb. Nr. 191).

101 *Data Protection Commission*, Decision in the matter of WhatsApp Ireland Limited, 20.08.2021, IN-18-12-2, Rn. 800a.

102 *Data Protection Commission*, Decision in the matter of WhatsApp Ireland Limited, 20.08.2021, IN-18-12-2, Rn. 800b.

103 *Data Protection Commission*, Decision in the matter of WhatsApp Ireland Limited, 20.08.2021, IN-18-12-2, Rn. 888.

104 WhatsApp Ireland Limited hat angekündigt, gegen den Bescheid Einspruch einzulegen, vgl. *Manacourt/Scott*, WhatsApp hit with €225M privacy fine.

105 *Commission Nationale de l'Informatique et des Libertés*, Deliberation of the Restricted Committee SAN-2019-001 of 21 January 2019 pronouncing a financial sanction against GOOGLE LLC.

Hintergrund dieser Entscheidung sind Beschwerden der Nichtregierungsorganisationen „La Quadrature du Net“[106] und „noyb“[107] aufgrund fehlender Transparenz der Datenschutzerklärung der Google LLC sowie aufgrund fehlender Rechtsgrundlage für personalisierte Werbung. Auf diese Beschwerden hin stellte die CNIL in ihrer Entscheidung vom 21.01.2019 fest, dass die Google LLC ihre Transparenzpflichten aus Art. 12-14 DSGVO verletzt hat, weil bei Erstellung eines Google-Kontos zur Konfigurierung eines Android-Geräts wesentliche Informationen erst nach fünf (für personalisierte Werbung) oder sechs (für Geolokalisation) Klicks zugänglich waren, wodurch die Informationen nicht leicht zugänglich waren.[108] Zudem seien Informationen zu vage gehalten, insbesondere mit Blick auf die Zwecke der Datenverarbeitung und auf die Rechtsgrundlage für personalisierte Werbung, welche sowohl auf Art. 6 Abs. 1 lit. a DSGVO als auch Art. 6 Abs. 1 lit. f DSGVO gestützt wird.[109] Im Ergebnis könne die personalisierte Werbung auf keine der beiden Rechtsgrundlagen gestützt werden, sodass ein Verstoß gegen Art. 6 Abs. 1 DSGVO vorliegt.[110]

Bei der Entscheidung über die Verhängung und Zumessung des Bußgelds stellte die CNIL fest, dass es sich bei Verstößen gegen das Transparenzgebot und gegen das Rechtmäßigkeitsprinzip um ihrer Natur nach schwere Verstöße handelt,[111] welche über einen langen Zeitraum bestanden und zum Zeitpunkt der Entscheidung noch andauerten,[112] Millionen von Nutzern be-

106 *La Quadrature du Net,* Réclamation contre Google.

107 *NOYB – European Center for Digital Rights,* Plainte au titre de l’article 77(1) du RGPD, 25.05.2020.

108 *Commission Nationale de l’Informatique et des Libertés,* Deliberation of the Restricted Committee SAN-2019-001 of 21 January 2019 pronouncing a financial sanction against GOOGLE LLC, Rn. 97 ff.

109 *Commission Nationale de l’Informatique et des Libertés,* Deliberation of the Restricted Committee SAN-2019-001 of 21 January 2019 pronouncing a financial sanction against GOOGLE LLC, Rn. 117 ff.

110 *Commission Nationale de l’Informatique et des Libertés,* Deliberation of the Restricted Committee SAN-2019-001 of 21 January 2019 pronouncing a financial sanction against GOOGLE LLC, Rn. 117 f., 167.

111 *Commission Nationale de l’Informatique et des Libertés,* Deliberation of the Restricted Committee SAN-2019-001 of 21 January 2019 pronouncing a financial sanction against GOOGLE LLC, Rn. 176.

112 *Commission Nationale de l’Informatique et des Libertés,* Deliberation of the Restricted Committee SAN-2019-001 of 21 January 2019 pronouncing a financial sanction against GOOGLE LLC, Rn. 178.

trafen,[113] erheblichen Missbrauch ermöglichten[114] und einen Kernbestandteil der unternehmerischen Tätigkeit des Unternehmens betrafen.[115] Aus diesen Gründen sei ein Bußgeld in Höhe von 50 Millionen Euro angemessen.[116]

Das Unternehmen hat Einspruch gegen die Entscheidung der CNIL eingelegt, welcher am 19.06.2020 vom höchsten französischen Verwaltungsgericht zurückgewiesen wurde.[117] Das Bußgeld ist damit rechtskräftig.[118]

VII. Zusammenfassung

Aus diesen Verfahren zeigt sich, dass Bußgelder in Millionenhöhe insbesondere dann verhängt werden, wenn entweder eine besonders große Zahl von Personen betroffen ist (Deutsche Wohnen SE, 1&1 Telecom GmbH, Amazon Europe Core S.à.r.l., WhatsApp Ireland Limited, Google LLC) oder eine kleinere Zahl von besonders schützenswerten Personen sehr stark in ihren Rechten verletzt sind (H&M Hennes & Mauritz Online Shop A.B. & Co. KG, Notebooksbilliger.de AG). Insbesondere für die letzte Kategorie zeigt sich, dass der Beschäftigtendatenschutz aufgrund der dem Arbeitsverhältnis inhärenten Machtgefälle besonders bußgeldrelevant ist. Es zeigt sich ferner, dass dir bei Einführung der DSGVO und bei Einführung neuer Bußgeldrichtlinien[119] immer wieder geäußerten Bedenken, jede Lappalie könnte mit Millionenbußgeldern sanktioniert werden, nicht realistisch sind. Keines der großen Bußgeldverfahren der seit Einführung der DSGVO vergangenen

---

113 *Commission Nationale de l'Informatique et des Libertés*, Deliberation of the Restricted Committee SAN-2019-001 of 21 January 2019 pronouncing a financial sanction against GOOGLE LLC, Rn. 181.

114 *Commission Nationale de l'Informatique et des Libertés*, Deliberation of the Restricted Committee SAN-2019-001 of 21 January 2019 pronouncing a financial sanction against GOOGLE LLC, Rn. 184.

115 *Commission Nationale de l'Informatique et des Libertés*, Deliberation of the Restricted Committee SAN-2019-001 of 21 January 2019 pronouncing a financial sanction against GOOGLE LLC, Rn. 188.

116 *Commission Nationale de l'Informatique et des Libertés*, Deliberation of the Restricted Committee SAN-2019-001 of 21 January 2019 pronouncing a financial sanction against GOOGLE LLC, Rn. 189.

117 Conseil d'État, Urt. v. 19. Juni 2020 - N° 430810.

118 *Gerhold*, Europäisches Datenschutzrecht ohne den EuGH. Schaler Beigeschmack im Rekordbußgeldverfahren gegen Google, EuZW 2020, 849, 850.

119 Vgl. etwa das Konzept der unabhängigen Datenschutzaufsichtsbehörden des Bundes und der Länder zur Bußgeldzumessung in Verfahren gegen Unternehmen vom 14.10.2019.

drei Jahre sanktionierte Einzelfallverstöße, sondern es waren durchgehend Verhaltensweisen betroffenen, denen eine Systematik zugrunde lag.

Eine weitere Gemeinsamkeit der genannten Verfahren besteht darin, dass nach Bekanntwerden der Verstöße und nach Tätigwerden der Datenschutzbehörden in aller Regel ein hohes Maß von Kooperationsbereitschaft aufseiten der Verantwortlichen besteht. Insbesondere wurden beispielsweise Auskünfte freiwillig durch die Verantwortlichen erteilt, sodass strafprozessuale Zwangsmaßnahmen nicht ergriffen werden mussten oder jedenfalls nicht öffentlich bekannt gemacht wurden. Diese Kooperationsbereitschaft erscheint auch strategisch sinnvoll, da sie sich in hohem Maße bußgeldmindernd auswirkt.

Zuletzt zeigen die Entscheidungen der Behörden sowie die sich diametral unterscheidenden Entscheidungen des Landgerichts Bonn und des Landgerichts Berlin, dass zentrale prozessuale Fragen (Täterschaft, Tatbegriff, Bußgeldzumessung) nach wie vor offen und ungeklärt sind. Es ist zu erwarten, dass diese Fragen nach und nach durch die Rechtsprechung, spätestens durch den EuGH geklärt werden. Da bis dahin allerdings noch Jahre vergehen können, sollen im Rahmen dieser Untersuchung Lösungsvorschläge für die genannten Fragen erarbeitet werden.

Teil 3: Der Täter im Datenschutzrecht

Die erste aufgeworfene (und von den zitierten Gerichtsentscheidungen unterschiedlich beantwortete)[120] Frage ist jene, wer tauglicher Täter eines datenschutzrechtlichen Verstoßes sein kann.

Ausgangspunkt der nachfolgenden Prüfung ist hierbei, dass zur Verhängung eines Bußgeldes nach Art. 83 DSGVO die zuständige Datenschutzbehörde einen Bußgeldbescheid erlassen muss, dessen Inhalt sich nach § 66 OWiG bestimmt und insbesondere Angaben zur Person des Betroffenen und etwaiger Nebenbeteiligter (§ 66 Abs. 1 Nr. 1 OWiG) sowie die Bezeichnung der Tat, die dem Betroffenen zur Last gelegt wird, einschließlich Zeit und Ort ihrer Begehung (§ 66 Abs. 1 Nr. 3 OWiG), die Beweismittel (§ 66 Abs. 1 Nr. 4 OWiG) und die Geldbuße (§ 66 Abs. 1 Nr. 5 OWiG) zu enthalten hat.

Der Bußgeldbescheid hat damit gem. § 66 Abs. 1 Nr. 1 OWiG in erster Linie Angaben zur Person des Betroffenen (als ordnungswidrigkeitenrechtliches Pendant zum Täter im Strafrecht) zu enthalten. Was sich nach einer logischen und einfachen Regelung anhört, wirft im datenschutzrechtlichen Bußgeldverfahren große Fragen auf. Insbesondere ist fraglich, ob eine juristische Person überhaupt Betroffene im Ordnungswidrigkeitenrecht sein kann (sogleich unter A.). Darauf aufbauend ist anschließend gerade im Hinblick auf Konzerngesellschaften zu prüfen, welche juristische Person genau Betroffene ist (B.), bevor die praktischen Folgen der erzielten Ergebnisse dargestellt werden (C.).

A. Juristische Personen als Betroffene

Der Widerspruch ergibt sich hierbei zunächst maßgeblich aus folgendem: Das deutsche Ordnungswidrigkeitenrecht kennt grundsätzlich ausschließlich natürliche Personen als Täter. Eine juristische Person kann nicht „Täter“

120 Während das LG Bonn (mit mittlerweile rechtskräftigem Urt. v. 11.11.2020 – 29 OWi 1/20) der hier vertretenen Auffassung zustimmt, hat das LG Berlin (mit nicht rechtskräftigem Beschl. v. 18.02.2021 – 212 Js-OWi 1/20) eine abweichende Auffassung vertreten. Ebenfalls abweichend hat der Österreichische Verwaltungsgerichtshof die österreichischen Parallelvorschriften zu §§ 30, 130 OWiG angewandt und eine unmittelbare Verbandshaftung abgelehnt, ÖVwGH ZD 2020, 463 m. Anm. *Messner*.

bzw. „Betroffener" im Sinne des deutschen Prozessrechts sein, ebenso wenig wie sie selbst handeln kann.[121] Zwar kann sie unter Umständen als sog. Nebenbetroffene Adressat eines Bußgeldbescheides werden (§ 30 OWiG), allerdings nur im Wege der Berücksichtigung des rechtswidrigen Handelns einer natürlichen Person (§§ 30, 130 OWiG).[122] Folge dieses Verständnisses wäre, dass in datenschutzrechtlichen Bußgeldverfahren der Geschäftsleitung ein eigenes rechtswidriges Verhalten, regelmäßig in Form des Organisationsverschuldens (§ 130 OWiG), nachgewiesen werden müsste. Folge wäre ferner, dass ein mögliches Bußgeld nur derjenigen juristischen Person auferlegt werden dürfte, deren Organ oder Leitungsperson die Ordnungswidrigkeit begangen hat, sodass ein Rückgriff auf weitere juristische Personen eines Konzerns versperrt wäre.[123]

Im Gegensatz hierzu enthält die DSGVO weitgehend gegenläufige Regelungen. Sie etabliert zunächst den zentralen Begriff des „Verantwortlichen" in Art. 4 Nr. 7 DSGVO, der jede natürliche oder juristische Person, Behörde, Einrichtung oder andere Stelle bezeichnet, die allein oder gemeinsam mit anderen über die Zwecke und Mittel der Verarbeitung von personenbezogenen Daten entscheidet. Auf diesem Verständnis des Verantwortlichen beruht das gesamte materielle Datenschutzrecht; er ist Adressat der Pflichten, die sich aus den weiteren Vorschriften ergeben. Die DSGVO enthält ferner zwar eine Definition des Unternehmens in Art. 4 Nr. 18 DSGVO, verwendet diese Rechtsfigur allerdings (von spezifischen Regelungen für kleine und mittlere Unternehmen in Art. 30 Abs. 5, 40 Abs. 1, 42 Abs. 1 DSGVO abgesehen) im Wesentlichen nur in Art. 83 DSGVO, der die Verhängung von Geldbußen bei Datenschutzverstößen regelt.[124] Weder der Begriff des Verantwortlichen, noch jener des Unternehmens fordert dabei eine natürliche Person als Täter. Vielmehr ist es der Verantwortliche selbst, als juristische Person, der zur rechtmäßigen Verarbeitung von Daten nach den Grundsätzen von Treu und Glauben aus Art. 5 Abs. 1 lit. a DSGVO verpflichtet ist, es ist also auch der Verantwortliche selbst, der Daten ggf. rechtswidrig verarbeitet. Es wäre daher naheliegend, auch das Unternehmen (als juristische Person) selbst zu be-

---

121 *Born*, in: Specht/Mantz, Handbuch Europäisches und deutsches Datenschutzrecht, Teil A, § 8, Rn 22.

122 *Faust/Spittka/Wybitul*, Milliardenbußgelder nach der DS-GVO? – Ein Überblick über die neuen Sanktionen bei Verstößen gegen den Datenschutz, ZD 2016, 120, 122.

123 LG Bonn, Urt. v. 11.11.2020 – 29 OWi 1/20, Rn. 23.

124 *Uebele*, Das „Unternehmen" im europäischen Datenschutzrecht, EuZW 2018, 440, 441.

bußen, wenn man ausschließlich die Regelungen der DSGVO zugrunde legen würde.[125]

Damit stellt sich die Frage, ob im Bußgeldbescheid einer deutschen Aufsichtsbehörde eine natürliche Person in der Geschäftsleitung bezeichnet werden muss, aufgrund deren Organisationsverschulden erst das Unternehmen in die Haftung gerät (§§ 30, 130 OWiG), oder ob die Bezeichnung des Fehlverhaltens der bebußten juristischen Person ausreichend ist, weil sie nach materiell-rechtlichen Regelungen selbst „Täterin" sein kann.

I. Auslegung des Wortlautes

Zur Auflösung dieser Problematik könnte zunächst der Wortlaut des § 41 BDSG herangezogen werden. In dessen Abs. 1 werden einzelne Normen des OWiG ausdrücklich aus dem Generalverweis des Abs. 1 S. 1 ausgenommen. §§ 30, 130 OWiG gehören dabei nicht zu den ausdrücklich für unanwendbar erklärten Normen. Der Bundesgesetzgeber hat mithin nicht ausdrücklich angeordnet, dass die §§ 30, 130 OWiG in datenschutzrechtlichen Ordnungswidrigkeitenverfahren unangewendet bleiben sollen. Dies war auch kein Versehen, sondern eine bewusste gesetzgeberische Entscheidung, da der ursprüngliche Gesetzesentwurf des BMI zum Datenschutz-Anpassungs- und

125 Dieser Auslegung folgen die deutschen und europäischen Datenschutzbehörden (vgl. *Konferenz der unabhängigen Datenschutzbehörden des Bundes und der Länder*, Kurzpapier Nr. 2: Aufsichtsbefugnisse/Sanktionen, S. 2; *Bayerisches Landesamt für Datenschutzaufsicht*, Kurzpapier Nr. 7: Sanktionen nach der DS-GVO, S. 2; *Berliner Beauftragte für Datenschutz und Informationsfreiheit*, Jahresbericht 2016, S. 32 f.; *Thiel/Wybitul*, Bußgelder wegen Datenschutzverstößen – aus Sicht von Aufsichtsbehörden und Unternehmen, ZD 2020, 3, 6; *Art. 29-Datenschutzgruppe*, Guidelines on the application and setting of administrative fines for the purposes of the Regulation 2016/679, S. 6; sowie diverse Literaturstimmen (vgl. *Ebner/Schmidt*, Verhängung von Bußgeldern nach Art. 83 DSGVO gegen deutsche Muttergesellschaften – Eine Praxisbetrachtung, CCZ 2020, 84, 88; *Holländer*, in: BeckOK Datenschutzrecht, Art. 83 DSGVO, Rn 8-16; *Uebele*, Das „Unternehmen" im europäischen Datenschutzrecht, EuZW 2018, 440, 441; *Bergt*, in: Kühling/Buchner, DSGVO, Art. 83, Rn. 2, 39 ff; *Born*, in: Specht/Mantz, Handbuch Europäisches und deutsches Datenschutzrecht, § 8 Rn 22 f.).

Umsetzungsgesetz EU[126] noch etwas anderes vorsah.[127] Zwar wurde das Herausnehmen der §§ 30, 130 OWiG in § 41 Abs. 1 BDSG im finalen Gesetzesentwurf nicht näher begründet oder erläutert.[128] Allerdings bestätigte das BMI in seiner Evaluation des BDSG, dass der Gesetzgeber diese Entscheidung bewusst und in Kenntnis der abweichenden Rechtsauffassung der deutschen Datenschutzbehörden getroffen hat.[129] Dies spricht dafür, mit dem Wortlaut des § 41 Abs. 1 BDSG davon auszugehen, dass Bußgelder gegen Unternehmen die Zurechnung des Handelns natürlicher Personen voraussetzen.

Gegen eine solche Auslegung könnte jedoch der Wortlaut unionsrechtlicher Vorschriften sprechen. Aus Erwägungsgrund 150 S. 3 ergibt sich, dass der Begriff des Unternehmens in Art. 83 DSGVO im Sinne der Art. 101, 102 AEUV verstanden werden soll. Diese Vorschriften ermöglichen wiederum eine direkte Verantwortlichkeit und Haftung juristischer Personen nach dem Modell der unmittelbaren Verbandshaftung. Zwar ist die Formulierung des Erwägungsgrundes 150 insoweit deutlich, allerdings handelt es sich rechtsmethodisch „nur" um einen Erwägungsgrund und gerade nicht um eine Vorschrift des anordnenden Teils des Gesetzes. Es ist daher fraglich, ob der Unionsgesetzgeber eine so weitreichende und relevante Frage wie die, wer Adressat eines Bußgeldes sein kann, wirklich im Rahmen eines Erwägungsgrundes regeln kann.[130]

Im Ergebnis erscheint der Wortlaut der relevanten Vorschriften allein mithin unergiebig. Allein nach dem Wortlaut wäre es denkbar, der Anordnung des Bundesgesetzgebers in § 41 Abs. 1 BDSG zu folgen und für die Verhängung von Bußgeldern gegen Unternehmen die Zurechnung des Handelns natürlicher Personen zu fordern. Ebenso wäre es denkbar, der Regelung des Uni-

---

126 *Bundesministerium des Innern und für Heimat*, Referentenentwurf des BMI für das Gesetz zur Anpassung des Datenschutzrechts an die Verordnung (EU) 2016/679 und zur Umsetzung der Richtlinie (EU) 2016/680 (DSAnpUG-EU), November 2016.

127 vgl. LG Bonn, Urt. v. 11.11.2020 – 29 OWi 1/20, Rn. 26. Wörtlich heißt es in der Begründung des Gesetzesentwurfs (BT-Drs. 18/11325) auf S. 104: „Die Anwendung der §§ 9, 30 und 130 des Gesetzes über Ordnungswidrigkeiten ist ausgeschlossen, da die Verordnung (EU) 2016/679 hinsichtlich der Frage der Zurechnung von Handlungen abschließend ist."

128 BT-Drs. 18/11325, S. 108; vgl. LG Bonn, Urt. v. 11.11.2020 – 29 OWi 1/20, Rn. 26.

129 *Bundesministerium des Innern und für Heimat*, Evaluierung des Gesetzes zur Anpassung des Datenschutzrechts an die Verordnung (EU) 2016/679 und zur Umsetzung der Richtlinie (EU) 2016/680, S. 62.

130 Kritisch hierzu *Venn/Wybitul*, Die bußgeldrechtliche Haftung von Unternehmen nach Art. 83 DS-GVO (zugl. Anm. zu LG Bonn, Urt. v. 11.11.2020 – 29 OWi 1/20), NStZ 2021, 206, 208 und *Wybitul/Venn*, Verteidigung von Unternehmen gegen Geldbußen nach Art. 83 DS-GVO, ZD 2021, 343, 345.

onsgesetzgebers im Erwägungsgrund 150 S. 3 zu folgen und über den Verweis auf Art. 101, 102 AEUV das Modell der unmittelbaren Verbandshaftung zugrundezulegen und keine Zurechnung des Handelns konkret individualisierter natürlicher Personen zu fordern.

II. Systematische und teleologische Auslegung

Eine Lösung ist mithin im Rahmen einer systematischen und teleologischen Auslegung zu suchen.

Der signifikante systematische Unterschied des Datenschutzrechts zum sonstigen deutschen materiellen Straf- und Ordnungswidrigkeitenrecht besteht darin, dass das materielle europäische Datenschutzrecht seine Verhaltenspflichten nicht (nur) natürlichen Personen auferlegt, sondern originäre Pflichten für Unternehmen enthält, für deren Einhaltung sie selbst verantwortlich sind - daher auch ihre Bezeichnung als „Verantwortliche". Dies gilt für das deutsche Recht nicht, die deutschen Straf- und Ordnungswidrigkeitennormen erlegen ihre Ge- und Verbote nur den tatsächlich handlungsfähigen natürlichen Personen auf. Dieser fundamentale Unterschied spricht dafür, dass aus systematischen Gründen sowie nach dem lex specialis Grundsatz eine abweichende prozessrechtliche Behandlung von Unternehmen im Datenschutzrecht auf der Grundlage abweichender materiell-rechtlicher Ge- und Verbote möglich ist.

Eine teleologische Betrachtung der DSGVO im Ganzen zeigt, dass eines ihrer Hauptziel in einer möglichst weitgehenden Vollharmonisierung des europäischen Datenschutzrechts bestand, welche ihrerseits Grundlage eines fairen und von Wettbewerbsverzerrungen befreiten Binnenmarktes ist. Diese zentrale Erwägung kommt zum Ausdruck im

- Erwägungsgrund 9, wonach der Unionsgesetzgeber den unterschiedlichen Schutzstandard der Richtlinie 95/46/EG kritisch sieht und zur Förderung der unionsweiten Wirtschaftstätigkeit, zur Vermeidung von Wettbewerbsverzerrungen und zur Stärkung der Datenschutzbehörden eine höhere Harmonisierung anstrebt;
- Erwägungsgrund 10, wonach die DSGVO ein gleichmäßiges und höheres Datenschutzniveau für natürliche Personen gewährleisten und Hemmnisse für den freien Datenverkehr beseitigen soll, weshalb das Schutzniveau in allen Mitgliedsstaaten gleichwertig sein soll;

- Erwägungsgrund 11, der neben dem unionsweit gleichen Schutzniveau insbesondere gleiche Befugnisse für die Datenschutzbehörden und gleiche Sanktionen im Falle von Datenschutzverletzungen fordert;
- Erwägungsgrund 13, der zum Abbau von Behinderungen des freien Datenverkehrs eine gleichmäßige Kontrolle der Datenverarbeitungen und gleichwertige Sanktionen in allen Mitgliedsstaaten fordert;
- Erwägungsgrund 129, der zur Einheitlichkeit der Überwachung und Durchsetzung der DSGVO fordert, dass die Aufsichtsbehörden in jedem Mitgliedsstaat dieselben Aufgaben und wirksame Befugnisse haben, darunter auch entsprechende Sanktionsbefugnisse;
- Erwägungsgrund 148, wonach zum Zwecke der konsequenteren Durchsetzung der Vorschriften der DSGVO durch die Aufsichtsbehörden Sanktionen, einschließlich Geldbußen, verhängt werden sollen;
- Erwägungsgrund 150, wonach die Sanktionen bei Datenschutzverstößen vereinheitlicht werden und ihnen mehr Wirkung verliehen werden soll;
- Erwägungsgrund 152, wonach in Fällen, die außerhalb der Harmonisierung durch die DSGVO liegen, die Mitgliedsstaaten entsprechende wirksame, verhältnismäßige und abschreckende Sanktionen vorzusehen haben.

Auf Grundlage des auf diese Weise mehrfach und deutlich dargestellten Willens des Unionsgesetzgeber erscheint eine Auslegung teleologisch schwer haltbar, die eine derart fundamentale Frage wie die Verantwortlichkeit für Datenschutzverstöße einer Klärung durch nationales Recht zugänglich machen würde. Dies widerspräche dem mehrfach erklärten und in den genannten Erwägungsgründen manifestierten Willen des Unionsgesetzgebers, die Anwendung und Durchsetzung des Datenschutzrechts zu vereinheitlichen. Beides erschiene weitgehend untergraben, wenn Unternehmen in Deutschland unter anderen Voraussetzungen für Datenschutzverstöße haftbar wären als in anderen Mitgliedsstaaten. Vielmehr würde dieses Ergebnis zu signifikanten Wettbewerbsverzerrungen im Binnenmarkt führen, weil Unternehmen in bestimmten Jurisdiktionen sich ggf. nicht oder nicht gleichartig für Datenschutzverstöße verantworten müssten wie in anderen Jurisdiktionen.[131]

Diese Auslegung wird vom effet utile Grundsatz des Art. 4 Abs. 3 EUV unterstrichen, aus dem sich ergibt, dass bei einem Konflikt zwischen nationalem Recht (§§ 30, 130 OWiG) und europäischem Recht (Art. 4 Nr. 7, Nr. 18, 83 DSGVO) grundsätzlich letzterem der Vorrang einzuräumen ist.[132] Selbst

---

131 ebenso LG Bonn, Urt. v. 11.11.2020 – 29 OWi 1/20, Rn. 34.

132 EuGH, vgl. Rechtssache C-6/90 und C-9/90, NJW 1992, 165, Rn. 32 mwN.

wenn der deutsche Gesetzgeber sich daher in Widerspruch zu europäischem Recht gesetzt hätte, wäre dieser Widerspruch aufgrund des Anwendungsvorrangs des EU-Rechts unbeachtlich. Nach Rechtsprechung des Bundesverfassungsgerichts kann der Anwendungsvorrang des EU-Rechts nur dann entfallen, wenn eine Maßnahme der Union gegen den unantastbaren Kerngehalt der Verfassungsidentität des Grundgesetzes nach Art. 23 Abs. 1 S. 3 i.V.m. Art. 79 Abs. 3 GG verstoßen würde.[133]

Eine solcher Verstoß gegen den unantastbaren Kerngehalt der Verfassungsidentität des Grundgesetzes könnte jedoch darin gesehen werden, dass bei fehlender Zurechnung des Handelns natürlicher Personen ein Verstoß gegen das Schuldprinzip aus Art. 1 Abs. 1, 20 Abs. 3, 103 Abs. 2 GG vorliegen könnte.[134]

Nach dem Schuldprinzip, welches jede Strafe im weiteren Sinne (mithin einschließlich der als Verwaltungssanktion definierten Bußgelder im Datenschutzrecht) umfasst, setzt jede Strafe eine schuldhafte Handlung voraus.[135] Die Auffassung, dieser Grundsatz würde von Verfassungs wegen zwingend voraussetzen, dass nur konkret bezeichnete Handlungen von Leitungspersonen einem Unternehmen zugerechnet werden können,[136] erscheint allerdings zu weitreichend.[137] Sie verkennt, dass das Schuldprinzip auch anderen demokratischen Rechtsordnungen zugrundeliegt und von diesen in einer Art und Weise ausgelegt und verstanden wird, welche eine effektive Durchsetzung von Rechtsnormen und damit einhergehend den Schutz von Grundrechten einer großen Zahl Betroffener fördert. Die oben dargestellten Vorgaben des Unionsgesetzgebers dienen eben diesen Zwecken. Sie orientieren sich durchaus am Schuldprinzip, indem sie nach wie vor die schuldhafte Handlung als Grundlage der Bebußung voraussetzen, die Handlung allerdings ebenso wie die Bußgeldpflichtigkeit beim Unternehmen ansetzen. Basierend auf den im europäischen Kartellrecht langjährig etablierten Erfahrungen hat der

---

133 BVerfGE 123, 267 (353 f.). Anders der EuGH, der in ständiger Rechtsprechung davon ausgeht, dass EU-Recht jeglichem nationalen Recht vorgeht, also auch Verfassungsrecht (vgl. EuGH, C-11/70, ECLI:EU:C:1970:114, Rn. 3, Internationale Handelsgesellschaft).

134 Vgl. *Venn/Wybitul*, Die bußgeldrechtliche Haftung von Unternehmen nach Art. 83 DS-GVO (zugl. Anm. zu LG Bonn, Urt. v. 11.11.2020 – 29 OWi 1/20), NStZ 2021, 206, 208 und *Wybitul/Venn*, Verteidigung von Unternehmen gegen Geldbußen nach Art. 83 DS-GVO, ZD 2021, 343, 345.

135 BVerfG, Beschl v 25.10.1966 – 2 BvR 506/63, NJW 1967, 195; Urt. v. 30.06.1976 – 2 BvR 435/76, NJW 1976, 1883; Beschl v 14.07.1981 – 1 BvR 575/80.

136 LG Berlin, Beschl. v. 18.02.2021 – 212 Js-OWi 1/20, Rn. 21.

137 So auch LG Bonn, Urt. v. 11.11.2020 – 29 OWi 1/20, Rn. 25 ff.

Unionsgesetzgeber mithin auch für das Datenschutzrecht befunden, dass die entsprechenden Gesetze und Vorschriften nur dann hinreichende Beachtung finden, wenn es eine realistische Sanktionsandrohung gibt. Er hat sich ferner ausweislich des Erwägungsgrundes 150 dafür entschieden, zu diesem Zwecke auf die Rechtsfiguren des Kartellrechts zurückzugreifen.[138] Diese Entscheidung begegnet im Ergebnis damit keinen derart grundlegenden rechtsstaatlichen Bedenken, dass sie die Verfassungsidentität der Bundesrepublik in einer Weise berühren würde, die den Anwendungsvorrang des EU-Rechts außer Kraft setzen könnte.

III. Ergebnis

Im Ergebnis ergibt sich damit aus den Vorgaben der DSGVO (Art. 83 Abs. 4, Abs. 5 i.V.m. Erwägungsgrund 150 S. 3) sowie einer teleologischen Auslegung des gesetzgeberischen Willens, dass die Verhängung von Bußgeldern gegen Unternehmen auch ohne eine Zurechnung des Handelns natürlicher Personen möglich sein muss, um die datenschutzrechtlichen Vorgaben effektiv durchsetzen zu können und die beabsichtigte Harmonisierung des Datenschutzrechts nicht zu unterlaufen.

Folgerichtig sind die Regelungen in §§ 30, 130 OWiG europarechtskonform dahingehend auszulegen, dass sie eine zusätzliche Haftungszurechnung über die in Art. 83 DSGVO vorausgesetzte hinaus eröffnen. Sie stehen nach diesem Verständnis nicht der europarechtlich gebotenen, oben dargestellten Auslegung entgegen, dass das Unternehmen für seine Datenschutzverstöße bebußt werden kann, ohne dass es auf ein Organisationsverschulden der Geschäftsleitung ankommt. Ebenfalls vertretbar wäre es, die §§ 30, 130 OWiG als europarechtswidrig vollständig unangewendet zu lassen, was freilich zu keinen nennenswert abweichenden Ergebnissen führen dürfte.[139]

Abschließend ist dabei hervorzuheben, dass auch nach hier vertretener Ansicht die Anknüpfung an das Handeln leitungsbefugter natürlicher Personen de lege ferenda für richtig und sinnvoll gehalten wird. De lege lata

138 Auch im Kartellrecht ist die Festsetzung einer Geldbuße unmittelbar gegen eine juristische Person kraft ausdrücklicher gesetzlicher Anordnung möglich, vgl. *Klahold/Berndt*, Das Unternehmen als Gegenstand strafrechtlicher Ermittlungen – Unternehmensperspektive, in: Momsen/Grützner, Wirtschaftsstrafrecht, S. 224.

139 Im Ergebnis ebenso *Born*, in: Specht/Mantz, Handbuch Europäisches und deutsches Datenschutzrecht, Teil A, § 8, Rn 22; *Holländer*, in: BeckOK Datenschutzrecht, Art. 83 DSGVO, Rn. 11; *Neun/Lubitzsch*, EU-Datenschutz-Grundverordnung – Behördenvollzug und Sanktionen, BB 2017, 1538, 1541.

ist jedoch anzuerkennen, dass der Unionsgesetzgeber diesbezüglich eine vorrangig anzuwendende, rechtsdogmatisch und rechtspolitisch vertretbare, aber anders lautende Entscheidung getroffen hat.

B. Auswahl der konkret betroffenen juristischen Person

Nachdem festgestellt wurde, dass juristische Personen kraft materiell-rechtlicher Regelung auf europäischer Ebene ganz allgemein Täter von Datenschutzverstößen und damit Betroffene im Ordnungswidrigkeitenverfahren sein können, ist zu klären, welche juristische Personen konkret dies betrifft. Insbesondere in Konzernstrukturen ist fraglich, ob Betroffene immer die konkret verantwortliche juristische Person sein muss oder ein Rückgriff auf die Konzernmutter – mit weitreichenden Folgen für Bußgeldhöhe, Haftung und Vollstreckung – möglich ist.

Gegen wen Bußgelder festgesetzt werden können, ist materiell-rechtlich in Art. 83 Abs. 4, Abs. 5 DSGVO geregelt. Darin ist geregelt, dass bei Unternehmen Geldbußen von bis zu 2 % (Abs. 4) bzw. 4 % (Abs. 5) ihres gesamten weltweit erzielten Jahresumsatzes des vorangegangenen Geschäftsjahres verhängt werden. Aus dem Wortlaut dieser Vorschrift geht nicht eindeutig hervor, ob Unternehmen im gesellschaftsrechtlichen Sinne (also die konkrete juristische Person die bebußt wird) oder im funktionalen/kartellrechtlichen Sinne (also die wirtschaftliche Einheit, unabhängig von gesellschaftsrechtlichen Strukturen)[140] gemeint ist. Diese Festlegung hat jedoch gravierende Folgen: Im wohl relevantesten Fall, wo die deutsche Tochtergesellschaft eines global tätigen Konzerns Datenschutzverstöße begeht, werden die beiden denkbaren Umsatzzahlen als Anknüpfungspunkte erheblich voneinander abweichen, sodass die Durchsetzung der DSGVO insbesondere im Hinblick auf die Wirksamkeit und Abschreckung (Art. 83 Abs. 1 DSGVO) von dieser Frage abhängt.

I. Auslegung des Wortlautes

Naheliegend ist zunächst, zur Auslegung die Begriffsbestimmungen in Art. 4 DSGVO heranzuziehen. Dort wird in Nr. 18 das Unternehmen definiert als

140 *Emmerich*, in: Immenga/Mestmäcker, Wettbewerbsrecht, Band 1/Teil 1, Art. 101 AEUV, Rn. 8; *Kling/Thomas*, Kartellrecht, § 16 Rn. 34.

„eine natürliche oder juristische Person, die eine wirtschaftliche Tätigkeit ausübt, unabhängig von ihrer Rechtsform, einschließlich Personengesellschaften oder Vereinigungen, die regelmäßig einer wirtschaftlichen Tätigkeit nachgehen". Ferner wird in Nr. 19 die Unternehmensgruppe definiert als „eine Gruppe, die aus einem herrschenden Unternehmen und den von diesem abhängigen Unternehmen besteht". Hieraus ließe sich also schließen, dass Unternehmen in Art. 83 Abs. 4, 5 DSGVO als die konkrete juristische Person im gesellschaftsrechtlichen Sinne zu verstehen ist, sodass auch nur ihr Umsatz maßgeblich ist.[141]

Etwas anderes scheint sich allerdings aus dem Wortlaut des Erwägungsgrundes 150, S. 3 zu ergeben: „Werden Geldbußen Unternehmen auferlegt, sollte zu diesem Zweck der Begriff „Unternehmen" im Sinne der Artikel 101 und 102 AEUV verstanden werden." Die Art. 101, 102 AEUV schreiben jedoch nicht die Anwendung des gesellschaftsrechtlichen, sondern die des wirtschaftlichen/kartellrechtlichen Unternehmensbegriffs vor. Auf den ersten Blick scheint es sich hier um einen Widerspruch zwischen dem Gesetzestext als verfügendem Teil und den Erwägungsgründen als Auslegungshilfen zu handeln, der grundsätzlich zugunsten des Gesetzestextes zu lösen wäre.[142] Bevor ein solcher Widerspruch allerdings angenommen werden kann, muss zunächst ausgeschlossen werden, dass es sich bei der Abfassung des Gesetzestextes lediglich um eine sprachliche Ungenauigkeit des Unionsgesetzgebers gehandelt hat.[143] Gegenstand der Wortlautauslegung von europäischen Rechtstexten sind nämlich grundsätzlich sämtliche Sprachfassungen.[144]

---

141 *Bergt*, in: Kühling/Buchner, Art. 83 DSGVO, Rn. 42; *Uebele*, Das „Unternehmen" im europäischen Datenschutzrecht, EuZW 2018, 440, 443.

142 Zur Funktion von Erwägungsgründen im Allgemeinen vgl. *Europäische Union*, Gemeinsamer Leitfaden des Europäischen Parlaments, des Rates und der Kommission für Personen, die an der Abfassung von Rechtstexten der Europäischen Union mitwirken, Nr. 10.1; EuGH, ECLI:EU:C:2009:716 = BeckRS 2010, 90215 Rn. 42 – Sturgeon (Rs. C-432 u. C-402/07); *Saurer*, in: Pechstein/Nowak/Häde, Frankfurter Kommentar zu EUV, GRC und AEUV, Art. 296 AEUV, Rn. 12f.; *Köndgen*, in: Riesenhuber, Europäische Methodenlehre, 2015, S. 95.

143 Alternativ ließe sich der scheinbare Widerspruch auch dadurch lösen, dass der Erwägungsgrund 150 S. 3 als spezieller gegenüber Art. 4 Nr. 18 DSGVO angesehen würde und deswegen vorrangig anzuwenden wäre, vgl. hierzu *Ambrock/Karg*, in: v.d.Bussche/Voigt, Konzerndatenschutz, Teil 8, Rn. 100, ebenso *Ambrock*, Mitarbeiterexzess im Datenschutzrecht, ZD 2020, 492.

144 EuGH Urt. v. 05.12.1967 - 19/67, ECLI:EU:C:1967:49, Ls. 1; EuGH Urt. v. 08.12.2005 - C-280/04, ECLI:EU:C:2005:753, Rn. 31, 33.

Besonderer Wert ist hierbei auf die englische Sprachfassung zu legen, da die maßgeblichen Verhandlungen im Rahmen des Gesetzgebungsverfahrens zur DSGVO auf Englisch geführt wurden.[145] Diese verwendet in Art. 4 Nr. 18 DSGVO den Begriff „enterprise" und in Art. 83 Abs. 4, 5 DSGVO den Begriff „undertaking". Letzterer wird in der Rechtsprechung des EuGH entsprechend dem deutschen Unternehmensbegriff im kartellrechtlichen Sinne verwendet.[146] Auch Erwägungsgrund 150 S. 3, der die Verwendung des kartellrechtlichen Unternehmensbegriffs bei Geldbußen nach Art. 83 DSGVO regelt, verwendet in der englischen Fassung den Begriff „undertaking". In der englischen Fassung wird mithin in Art. 83 Abs. 4, Abs. 5 DSGVO und ErwG 150 S. 3 der gleiche Begriff verwendet, der aber nicht in Art. 4 Nr. 18 DSGVO legaldefiniert wird. Dasselbe Phänomen zeigt sich auch in anderen Sprachfassungen:[147] Im Bulgarischen,[148] Dänischen,[149] Gälischen,[150] Kroatischen[151] und Slowenischen[152] entspricht der in Art. 4 Nr. 18 DSGVO legaldefinierte Begriff nicht dem in Art. 83 Abs. 4, Abs. 5 DSGVO und ErwG 150 verwendeten. Dies spricht dafür, dass es sich in der deutschen Sprachfassung lediglich um eine Ungenauigkeit handelt, die nicht einen gesetzgeberischen Willen aufzeigt, vom kartellrechtlichen Unternehmensbegriff abzuweichen.[153] Vielmehr dient die Legaldefinition nach dem Willen des Unionsgesetzgebers nicht der Anordnung von Rechtsfolgen im Art. 83 DSGVO, sondern einer Privilegie-

---

145 *Bergt*, in: Kühling/Buchner, Art. 83 DSGVO, Rn. 43; *Uebele*, Das „Unternehmen" im europäischen Datenschutzrecht, EuZW 2018, 440, 443.

146 *Bergt*, in: Kühling/Buchner, Art. 83 DSGVO, Rn. 43.

147 Vgl. hierzu und zu den nachfolgenden Beispielen *Uebele*, Das „Unternehmen" im europäischen Datenschutzrecht, EuZW 2018, 440, 443; vgl. zu Gegenbeispielen aber auch *Bergt*, in: Kühling/Buchner, Art. 83 DSGVO, Rn. 43.

148 Art. 4 Nr. 18 DSGVO: „дружество"; Art. 83 Abs. 4 - 6 DSGVO und Erwägungsgrund 150: „предприяие".

149 Art. 4 Nr. 18 DSGVO: „foretagende"; Art. 83 Abs. 4 - 6 DSGVO und Erwägungsgrund 150: „virksomhed".

150 Art. 4 Nr. 18 DSGVO: „fiontar"; Art. 83 Abs. 5 DSGVO und Erwägungsgrund 150: „gnótha (i)s". Art. 83 Abs. 4, 6 DSGVO verwenden hingegen den Begriff „fiontair".

151 Art. 4 Nr. 18 DSGVO: „poduzeće"; Art. 83 Abs. 4 - 6 DSGVO und Erwägungsgrund 150: „poduzetnika".

152 Art. 4 Nr. 18 DSGVO: „podjetje"; Art. 83 Abs. 4 - 6 DSGVO: „družbe". Erwägungsgrund 150 verwendet hingegen wieder den Begriff „podjetje".

153 Allgemein zur Auslegung verschiedener Sprachfassungen vgl. EuGH, ECLI:EU:C:2009:648, BeckRS 2009, 71171, Rn. 56, Rs. C-261/08 und C-348/08; *Hoheisel*, in: Schulze/Ajani, Gemeinsame Prinzipien des Europäischen Privatrechts, S. 377f.; *Sobotta*, Die Mehrsprachigkeit als Herausforderung und Chance bei der Auslegung des Unionsrechts, ZERL 2015.

rung kleiner und mittlerer Unternehmen (s.o.).[154] Weiter unterstrichen wird dieses Ergebnis dadurch, dass sich entsprechende sprachliche Ungenauigkeiten auch an weiteren Stellen finden: So definiert die englische Sprachfassung in Art. 4 Nr. 19 nicht - was naheliegen würde - die „group of enterprises", sondern die „group of undertakings" als Pendant zur deutschen Unternehmensgruppe. Dass diese Formulierung in jeglicher Hinsicht fragwürdig ist, weil sie sowohl von Art. 4 Nr. 18 DSGVO (enterprise) als auch von Art. 83 DSGVO (nur undertaking) abweicht, verdeutlicht lediglich, dass eine Auslegung des Gesetzes anhand des gesetzgeberischen Willens notwendig und geboten ist.

Festzustellen bleibt damit, dass der Wortlaut des Gesetzes über mehrere Sprachfassungen hinweg kein eindeutiges Ergebnis liefert.

II. Teleologische Auslegung

Im Rahmen der Prüfung des gesetzgeberischen Willens ist zunächst zu erörtern, welche Folgen die jeweilige Auslegung hätte.

Die Anwendbarkeit des kartellrechtlichen Unternehmensbegriffs wird von der EU-Kommission in ihrer Funktion als Kartellbehörde schon lange praktiziert und führt regelmäßig zu hohen Bußgeldern, welche sich ihrerseits auf das Verhalten von Marktteilnehmern auswirken.

Im Kontrast hierzu würde die Anwendbarkeit des gesellschaftsrechtlichen Unternehmensbegriffs auf den ersten Blick einige Rechtssicherheit geben, da in der Regel für alle Beteiligten klar ist, welche juristische Person belangt wird. In praktischer Hinsicht führt sie allerdings im Ergebnis auch zu höchst fragwürdigen Ergebnissen: Zum einen könnten große Konzerne durch Gründung nahezu umsatzloser Tochtergesellschaften und (im Zweifel rein formale) Verlagerung ihrer Datenverarbeitung zu diesen das Bußgeldrisiko auf nahezu Null reduzieren und Datenschutzverstöße quasi „einpreisen". Ebenso könnten sie tendenziell riskante, aber integrale Bestandteile des Unternehmens, etwa die Personalsachbearbeitung, durch Ausgründung in eine neue Tochtergesellschaft mit willkürlich festgelegtem (da nur konzernintern fließenden) Umsatz betreiben, um so Bußgeldern zu entgehen, die tatsächlich wirksam und/oder abschreckend wären. Zuletzt könnten Konzerne das Bußgeldrisiko quasi eliminieren, indem sie im Fall schwerer Verstöße

154 Vgl. hierzu auch ErwG 13; ferner *Uebele*, Das „Unternehmen" im europäischen Datenschutzrecht, EuZW 2018, 440, 443.

das bebußte Tochterunternehmen schlichtweg in Insolvenz gehen lassen, da das Gesellschaftsrecht anders als das Kartellrecht eine Mithaftung der Konzernmutter grundsätzlich nicht vorsieht.[155] Dass diese Ergebnisse vom Unionsgesetzgeber nicht gewollt sein konnten und nicht gewollt waren, ergibt sich nicht nur aus einer teleologischen Betrachtung heraus, sondern auch aus der Entstehungsgeschichte des Gesetzes.[156]

III. Ergebnis

Es bleibt damit festzustellen, dass sich aus der Betrachtung des tatsächlichen Willens des Unionsgesetzgebers sowie aus der teleologischen Auslegung das Ergebnis ergibt, dass der Begriff des Unternehmens in Art. 83 DSGVO so zu verstehen ist wie er in Art. 101, 102 AEUV definiert wird. Es war geradezu Sinn und Zweck der gesamten DSGVO, aus dem ehemals zahnlosen Papiertiger des Datenschutzrechts ein Rechtsregime zu schaffen, welches auch und gerade gegen starke Marktteilnehmer durchgesetzt wird.[157] Bußgelder sind eines der zentralen Werkzeuge hierfür. Ihnen jegliche Schlagkraft zu nehmen, indem formale Ausgründungen, Risikoverlagerungen in leere Gesellschaften oder gezielte Insolvenzen bebußter Tochtergesellschaften zugelassen werden, widerspräche diesem Zweck diametral.[158] Auch aus diesen Gründen haben sich einer solchen Auslegung des Unternehmensbegriffs die deutschen Auf-

155 *Uebele*, Das „Unternehmen“ im europäischen Datenschutzrecht, EuZW 2018, 440, 443; *Bergt*, in: Kühling/Buchner, Art. 83 DSGVO, Rn. 43.

156 Vgl. eingehend zur Entstehung des jetzigen Wortlautes *Uebele*, Das „Unternehmen“ im europäischen Datenschutzrecht, EuZW 2018, 440, 445; vom Gesetzgeber gewollt war die Einführung „starker Sanktionen“, die „weh tun sollen“, vgl. *Faust/Spittka/Wybitul*, Milliardenbußgelder nach der DS-GVO? – Ein Überblick über die neuen Sanktionen bei Verstößen gegen den Datenschutz, ZD 2016, 120; *LIBE-Ausschuss des Europäischen Parlaments*, EU-Datenschutzgrundverordnung: Stand der Dinge - 10 wichtige Punkte, S. 2.; *Grünwald/Hackl*, Das neue umsatzbezogene Sanktionsregime der DS-GVO, ZD 2017, 556, 557.

157 Vgl. ErwG 148 S. 1.

158 Ebenso *Uebele*, Das „Unternehmen“ im europäischen Datenschutzrecht, EuZW 2018, 440, 444; *Colombani/Kloub/Sakkers*, in: Faull/Nikpay, The EU Law of Competition,Rn. 8.520.

sichtsbehörden,[159] die europäischen Aufsichtsbehörden,[160] sowie bedeutende Literaturstimmen[161] angeschlossen.[162]

Hervorzuheben ist hierbei die Folge, dass durch diese Auslegung der Adressat der Verbotsnormen (der Verantwortliche) und der Adressat der Bußgeld-Entscheidung (das Unternehmen) auseinanderfallen können.[163] Diese Folge ist nach Maßgabe der vorgenannten Erwägungen im Gesetz angelegt und aus teleologischen Gründen sinnvoll. Sie entspricht in dieser Auslegung auch dem historischen Entstehensprozess der Vorschrift, welche die Verhängung von Geldbußen gegen jeden, also auch gegen natürliche und juristische Personen abseits des Verantwortlichen, bereits in ihren Entwurfsfassungen enthielt.[164] Insoweit erscheint allerdings auch der zum gleichen Ergebnis führende, aber rechtsdogmatisch abweichende Ansatz vertretbar, nur Verantwortliche (und Auftragsverarbeiter) als zulässige Adressaten eines Bußgeldes anzusehen und die Konzernmutter nicht als Adressatin, sondern als Mithaftende anzusehen.[165] Diese Ansicht führt allerdings zu rechtsdogmatisch schwierigeren, aber auch in dieser Konstellation lösbaren Folgefragen,

159 Vgl. *Konferenz der unabhängigen Datenschutzbehörden des Bundes und der Länder*, Kurzpapier Nr. 2: Aufsichtsbefugnisse/Sanktionen, S. 2; *Bayerisches Landesamt für Datenschutzaufsicht*, Kurzpapier Nr. 7: Sanktionen nach der DS-GVO, S. 2; *Berliner Beauftragte für Datenschutz und Informationsfreiheit*, Jahresbericht 2016, S. 32 f.; *Thiel/Wybitul*, Bußgelder wegen Datenschutzverstößen – aus Sicht von Aufsichtsbehörden und Unternehmen, ZD 2020, 3, 6.

160 Art *Art. 29-Datenschutzgruppe*, Guidelines on the application and setting of administrative fines for the purposes of the Regulation 2016/679, S. 6.

161 *Ebner/Schmidt*, Verhängung von Bußgeldern nach Art. 83 DSGVO gegen deutsche Muttergesellschaften – Eine Praxisbetrachtung, CCZ 2020, 84, 88; *Holländer*, in: BeckOK Datenschutzrecht, Art. 83 DSGVO, Rn 8-16; *Uebele*, Das „Unternehmen" im europäischen Datenschutzrecht, EuZW 2018, 440, 441; *Bergt*, in: Kühling/Buchner, DSGVO, Art. 83, Rn. 2, 39 ff.

162 Uneinheitlich ist hingegen die bislang nur spärlich vorhandene Rechtsprechung hierzu: Während das LG Bonn (mit mittlerweile rechtskräftigem Urt. v. 11.11.2020 – 29 OWi 1/20) der hier vertretenen Auffassung zustimmt, hat das LG Berlin (mit nicht rechtskräftigem Beschl. v. 18.02.2021 – 212 Js-OWi 1/20) eine abweichende Auffassung vertreten. Ebenfalls abweichend hat der Österreichische Verwaltungsgerichtshof die österreichischen Parallelvorschriften zu §§ 30, 130 OWiG angewandt und eine unmittelbare Verbandshaftung abgelehnt, ÖVwGH ZD 2020, 463 m. Anm. *Messner*.

163 *Uebele*, Das „Unternehmen" im europäischen Datenschutzrecht, EuZW 2018, 440, 444; ebenso zustimmend hierzu die dänische Datenschutzbehörde in ihrem Konzept zur Bußgeldzumessung vom Januar 2021: *Datatilsynet*, Bødevejledning Udmåling af bøder til virksomheder, S. 7.

164 *Bergt*, in: Kühling/Buchner, Art. 83 DSGVO Rn. 11.

165 So etwa *Bergt*, in: Kühling/Buchner, Art. 83 DSGVO, Rn. 21, 22, 28; *Holländer*, in: BeckOK Datenschutzrecht, Art. 83 DSGVO, Rn. 12.1.

etwa welche Verteidigungsrechte der Konzernmutter zukommen, wenn sie nicht selbst Adressatin bzw. Betroffene des Verfahrens ist, sondern nur für die Schuld der Tochter mithaftet.

C. Folgen der Anwendung des kartellrechtlichen Unternehmensbegriffs

I. Haftung der Muttergesellschaft

Die Anwendung des kartellrechtlichen Unternehmensbegriffs hat - neben der Erhöhung der theoretischen Maximalhöhe für Bußgelder - auch eine Reihe weiterer rechtlicher Folgen.

Der kartellrechtliche Unternehmensbegriff[166] wird in ständiger Rechtsprechung verstanden als jede eine wirtschaftliche Tätigkeit ausübende Einrichtung (ehemals inhaltsgleich als ausübende Einheit bezeichnet)[167] unabhängig von ihrer Rechtsform und der Art ihrer Finanzierung.[168] Dieses Verständnis wird auch als funktionaler Unternehmensbegriff bezeichnet, weil es die Funktion eines Unternehmens im Geschäftsverkehr hervorhebt, nämlich die Zusammenfassung persönlicher, materieller und immaterieller Mittel,

166 Zu dessen Bedeutung im Datenschutzrecht sowie zum Nachfolgenden vgl. *Bergt*, in: Kühling/Buchner, Art. 83 DSGVO, Rn. 39 f.

167 EuGH, Urt. v. 23.04.1991 – Rs. C-41/90, ECLI:EU:C:1991:161, Rn. 21 – Höfner und Elsner; EuGH, Urt. v. 17.02.1993 – verb. Rs. C-159/91 und C-160/91, ECLI:EU:C:1993:63, Rn. 17 – Poucet und Pistre; EuGH, Urt. v. 16.11.1995 – Rs. C-244/94, ECLI:EU:C:1995:392, Rn. 14 – Fédération française des sociétés d'assurance; EuGH Urt. v. 11.12.1997 – Rs. C-55/96, ECLI:EU:C:1997:603 Rn. 21 – Job Centre II; EuGH, Urt v. 12.09.2000 – verb. Rs. C-180/98 bis C-184/98, ECLI:EU:C:2000:428, Rn. 74 – Pavlov; EuGH, Urt. v. 22.1.2002 – Rs. C-218/00, ECLI:EU:C:2002:36, Rn. 22 – Cisal; EuGH, Urt. v. 16.03.2004 - verb. Rs. C-264/01, C-306/01, C-354/01, C-355/01, ECLI:EU:C:2004:150, Rn. 46 – AOK Bundesverband; EuGH, Urt. v. 28.06.2005 – verb. Rs. C-189/02 P, C-202/02 P, C-205/02 P bis C-208/02 P und C-213/02 P, ECLI:EU:C:2005:408, Rn. 112 – Dansk Rørindustri; EuGH, Urt. v. 10.01.2006 – Rs. C-222/04, ECLI:EU:C:2006:8, Rn. 107 – Cassa di Risparmio di Firenze u.a.; zur Inhaltsgleichheit mit dem Begriff ausübende Einrichtung aufgrund der durchgehenden Bezeichnung als „entity" in der englischen Sprachfassung vgl. *Bär*, Grundlagen der wettbewerbsrechtlichen Unternehmensverantwortlichkeit im europäischen Bußgeldverfahren, S. 86 f.

168 EuGH, Urt. v. 11.7.2006 - C-205/03 P, ECLI:EU:C:2006:453, Rn. 25 – FENIN; EuGH, Urt. v. 11.12.2007 – Rs. C-280/06, ECLI:EU:C:2007:775n Rn. 38 – ETI; EuGH, Urt. v. 10.09.2009 – Rs. C-97/08 P, ECLI:EU:C:2009:536, Rn. 54 – Akzo Nobel; EuGH, Urt. v. 20.01.2011 - C-90/09 P, ECLI:EU:C:2011:21, Rn. 34 – General Química; EuGH, Urt. v. 29.09.2011 – Rs. C-521/09 P, ECLI:EU:C:2011:620, Rn. 53 – Elf Aquitaine; EuGH, Urt. v. 11.07.2013 – Rs. C-440/11 P, ECLI:EU:C:2013:514, Rn. 36 – Stichting Portielje.

mit der dauerhaft ein wirtschaftlicher Zweck verfolgt wird, unter einer einheitlichen Führung.[169] Damit hebt es sich vom gesellschaftsrechtlichen Unternehmensbegriff ab, der stur auf den konkreten Rechtsträger abstellt.[170] Das Unternehmen im kartellrechtlichen Sinne ist mithin als wirtschaftliche Einheit zu verstehen, selbst wenn diese wirtschaftliche Einheit rechtlich aus mehreren natürlichen oder juristischen Personen besteht.[171] Hintergrund dieses Verständnisses ist, dass zum einen die rechtlich selbstständigen, aber wirtschaftlich abhängigen Tochtergesellschaften in der Sache als verlängerter Arm der Muttergesellschaft agieren,[172] und zum anderen auch außerhalb des Wettbewerbsrechts anerkannt ist, dass *„die Konstruktion der Rechtspersönlichkeit nur anwendbar* [sei], *soweit sie nicht zu unbilligen und untragbaren Ergebnissen für die Rechtsordnung führe"*.[173]

Von einer wirtschaftlichen Einheit kann bei mehreren Gesellschaften insbesondere ausgegangen werden, wenn sie innerhalb eines Konzerns arbeitsteilig agieren und damit als „kooperative Vollfunktionsgemeinschaftsunternehmen"[174] anzusehen sind.[175] Andersherum wird eine wirtschaftliche Einheit nicht anzunehmen sein, soweit eine der konzernangehörigen Ge-

169 EuG, ECLI: EU:T:2007:381 = BeckRS 2007, 71038 Rn 57 – Akzo Nobel (Rs T-112/05).

170 Vgl. insgesamt hierzu *Uebele*, Das „Unternehmen" im europäischen Datenschutzrecht, EuZW 2018, 440, 441 f.

171 EuGH Urt. v. 01.07.2010 - C-407/08 P, ECLI:EU:C:2010:389, Rn. 64; Urt. v. 20.01.2011 - C-90/09 P, ECLI:EU:C:2011:21, Rn. 35; Urt. v. 18.07.2013 – Rs. C-501/11 P, ECLI:EU:C:2013:522, Rn. 129 – Schindler Holding.

172 Vgl. hierzu den Vortrag der Kommission im Tatbestand des EuGH, Urt. v. 14.07.1972 – Rs. 52/69, Slg. 1972, 787, 801 linke Spalte (nicht abgedruckt in ECLI:EU:C:1972:73): *„Aufgrund dieser Vorstellungen treffe im (...) deutschen Aktienrecht die Muttergesellschaft zusammen mit der Tochtergesellschaft eine gesamtschuldnerische Haftung für die Verbindlichkeiten der Tochtergesellschaft; auf der anderen Seite werde der Muttergesellschaft das Recht zuerkannt, der Tochtergesellschaft Anweisungen zu erteilen. Das französische und italienische Recht (...) berücksichtigen ebenfalls in bestimmten Fragen die besonderen Verhältnisse im Konzern. Die Theorie des verlängerten Arms finde ihre Stütze also in den nationalen Rechtssystemen der Mitgliedsstaaten."*, zit. nach *Bär*, Grundlagen der wettbewerbsrechtlichen Unternehmensverantwortlichkeit im europäischen Bußgeldverfahren, S. 88.

173 Vortrag der Kommission im Tatbestand des EuGH, Urt. v. 14.07.1972 – Rs. 52/69, Slg. 1972, 787, 801 linke Spalte (nicht abgedruckt in ECLI:EU:C:1972:73).

174 Mitteilung der Kommission über den Begriff des Vollfunktionsgemeinschaftsunternehmens nach der Verordnung (EWG) Nr. 4064/89 des Rates über die Kontrolle von Unternehmenszusammenschlüssen v. 2.3.1998, ABl. 1998 C 66, 1-4.

175 *Keppeler/Berning*, Die Bußgeldrisiken nach Art. 83 der Datenschutz-Grundverordnung – auch ein Risiko für den Jahresabschluss?!, DStR 2018, 91.

sellschaften eigenverantwortlich im Markt handelt.[176] Dafür ist nicht ausreichend, dass die Tochtergesellschaft sich im Einzelfall Weisungen der Mutter widersetzt hat, sondern es muss nachweisen, dass es seine Geschäftsstrategie vollständig unabhängig bestimmt.[177] Eine wirtschaftliche Einheit wird zudem von Rechts wegen vermutet, wenn eine hundertprozentige Tochter betroffen ist und die Muttergesellschaft nicht nachweisen kann, dass sie keinen bestimmten Einfluss auf das Verhalten der Tochter ausübt.[178] In diesem Fall bilden die beteiligten Gesellschaften *ein* Unternehmen im kartellrechtlichen Sinne und damit einen Haftungsverband, sodass ein Bußgeld auch gegen die Muttergesellschaft verhängt werden kann (s.o).[179] Dieses Ergebnis ist über die oben genannten teleologischen Erwägungen hinaus auch deswegen sinnvoll, weil es in präventiver Hinsicht dazu führt, dass Muttergesellschaften zur Einführung effektiver Compliance-Maßnahmen im gesamten Konzern angehalten werden.[180]

---

176 *Keppeler/Berning*, Die Bußgeldrisiken nach Art. 83 der Datenschutz-Grundverordnung – auch ein Risiko für den Jahresabschluss?!, DStR 2018, 91.

177 Vgl. *Faust/Spittka/Wybitul*, Milliardenbußgelder nach der DS-GVO? – Ein Überblick über die neuen Sanktionen bei Verstößen gegen den Datenschutz, ZD 2016, 120, wonach ein solcher Nachweis noch nie gelungen sein dürfte, mit Verweis auf EuGH, Slg. 2011, I-0001 Rdnr. 89 - General Química; Kersting, WuW 2014, 1156, 1163 ff.; sowie *Hengst*, in: Langen/Bunte, Kartellrecht, Art. 101 AEUV Rn. 46. Vgl. ferner hierzu *Uebele*, Das „Unternehmen" im europäischen Datenschutzrecht, EuZW 2018, 440, 441 mwN.; *Grünwald/Hackl*, Das neue umsatzbezogene Sanktionsregime der DS-GVO, ZD 2017, 556, 558.

178 EuGH Urt. v. 10.09.2009 - C-97/08 P, ECLI:EU:C:2009:536, Rn. 60 = EuGH Slg. 2009, S. 8237 Rn. 60 („Akzo Nobel"); Urt. v. 20.01.2011 - C-90/09 P, ECLI:EU:C:2011:21, Rn. 39f.; Urt. v. 26.01.2017 - C-625/13 P, ECLI:EU:C:2017:52, Rn. 147 f..; im Einzelnen zu den Anforderungen an einen solchen Nachweis vgl. *Uebele*, Das „Unternehmen" im europäischen Datenschutzrecht, EuZW 2018, 440, 441 mwN.

179 Ebenso *Born*, in: Specht/Mantz, Handbuch Europäisches und deutsches Datenschutzrecht, Teil A, § 8, Rn. 62; *Ebner/Schmidt*, Verhängung von Bußgeldern nach Art. 83 DSGVO gegen deutsche Muttergesellschaften – Eine Praxisbetrachtung, CCZ 2020, 84, S. 7 mit Erläuterung, weshalb dieses Ergebnis keinen rechtsstaatlichen Bedenken begegnet; ferner *Uebele*, Das „Unternehmen" im europäischen Datenschutzrecht, EuZW 2018, 440, 442 und 445; *Holländer*, in: BeckOK Datenschutzrecht, Art. 83 DSGVO, Rn. 12; EuGH Urt. v. 10.09.2009 - C-97/08 P, ECLI:EU:C:2009:536, Rn. 60 = EuGH Slg. 2009, S. 8237 Rn. 57-59 („Akzo Nobel"); aA *Faust/Spittka/Wybitul*, Milliardenbußgelder nach der DS-GVO? – Ein Überblick über die neuen Sanktionen bei Verstößen gegen den Datenschutz, ZD 2016, 120, 124, wobei dieser Aufsatz noch vor Vorliegen des endgültigen Normtextes veröffentlicht wurde und dementsprechend bei Art. 83 DSGVO noch kein Vergleich mit den anderen Sprachfassungen möglich war.

180 *Colombani/Kloub/Sakkers*, in: Faull/Nikpay, The EU Law of Competition, Rn. 8.519.

Von besonderer praktischer Relevanz ist auch für das Bußgeldverfahren in datenschutzrechtlichen Konstellationen die Frage, worin im jeweiligen Einzelfall die zugrundezulegende wirtschaftliche Einheit besteht, wenn in einem Konzern eine Tochtergesellschaft Verstöße begeht.

Ein Konzern zeichnet sich dabei dadurch aus, dass in ihm mehrere Gesellschaften als eigenständige Rechtssubjekte dergestalt zusammengeschlossen werden, dass sie unter einer einheitlichen Leitung, typischerweise der der Muttergesellschaft oder der Holding, gemeinsam operieren.[181] Sie stellen nach ständiger Rechtsprechung dann eine wirtschaftliche Einheit dar, wenn die Tochtergesellschaft ihr Marktverhalten nicht autonom bestimmen kann, sondern im Wesentlichen den Weisungen der Muttergesellschaft zu folgen hat.[182] Sofern es mehrere Tochtergesellschaften gibt, die diese Voraussetzung gegenüber der Muttergesellschaft erfüllen, stellen sie auch untereinander eine wirtschaftliche Einheit dar.[183] Darin kommt die im Kartellrecht etablierte und nach der europäischen Rechtsprechung gebotene extensive Auslegung des Unternehmensbegriffs zum Ausdruck, welche sich an den wettbewerbspolitischen Zielen und Grundsätzen der Union orientiert[184] und ohne weiteres auf datenschutzrechtliche Sachverhalte übertragen lässt, da auch diese erst jüngst harmonisierte Rechtsmaterie klare Ziele ausweist, ohne bis ins letzte Detail ausdifferenziert geregelt zu sein.

Hieraus – sowie aus der oben dargestellten Vermutungsregelung, wonach das Vorliegen einer wirtschaftlichen Einheit bei hundertprozentigen Töchtern von Rechts wegen vermutet wird – ergibt sich, dass auch im Bußgeldverfahren Konzerne (bzw. die jeweiligen Muttergesellschaften) regelmäßig damit zu rechnen haben, dass sie neben dem Nutzen auch Risiken aus der Geschäftstätigkeit ihrer Töchter zu tragen haben. Umso wichtiger ist

---

181 *Schröter*, in: von der Groeben/Schwarze/Hatje, Europäisches Unionsrecht, AEUV, vor Art. 101-105, Rn. 51.

182 S. EuGH – Bégelin, 2/71 – Slg 1971, 949, 959, Rn 7 f; Centrafarm/Sterling Drug,15/74 – Slg 1974, 1147, 1168, Rn 41; Centrafarm/Winthrop, 16/74 – Slg 1974, 1183, 1198, Rn 32; Bodson/Pompes funèbres, 30/87 – Slg 1988, 2479, 2513, Rn 19; Ahmed Saeed Flugreisen, 66/86 – Slg 1989, 803, 848, Rn 35; EuG – Viho/Kommission, T-102/92 – Slg 1995, II-17, 29 ff; bestätigt durch EuGH, idem, C-73/95 P – Slg 1996, I-5457, 5495, Rn 16; *Schröter*, in: von der Groeben/Schwarze/Hatje, Europäisches Unionsrecht, AEUV, vor Art. 101-105, Rn. 52.

183 S. dazu auch *Schröter*, in: von der Groeben/Schwarze/Hatje, Europäisches Unionsrecht, AEUV, Art. 101, Rn. 99 ff sowie *Emmerich*, in: Immenga/Mestmäcker, Wettbewerbsrecht, Band 1/Teil 1, Art. 101 AEUV, Rn 46; *Schröter*, in: von der Groeben/Schwarze/Hatje, Europäisches Unionsrecht, EUV/EGV, Art. 81, Rn 111.

184 *Schröter*, in: von der Groeben/Schwarze/Hatje, Europäisches Unionsrecht, AEUV, vor Art. 101-105, Rn. 45 mwN.

damit, dass die Muttergesellschaft diesem Risiko durch die Implementierung konzernweiter Compliance-Systeme Rechnung tragen.

II. Gesamtschuldnerische Haftung

Da nach Maßgabe dieser Grundsätze sämtliche Rechtssubjekte, die Teil einer wirtschaftlichen Einheit sind, als Bußgeldadressaten in Betracht kommen, stellt sich die Frage, ob mehrere dieser Rechtssubjekte als Gesamtschuldner zur Zahlung der Geldbuße verpflichtet werden können. Hintergrund dieser Problematik ist, dass der bebußenden Behörde im Kartellrecht ein Ermessensspielraum dahingehend zukommt, welche konkreten Rechtssubjekte sie auf Zahlung der Geldbuße in Anspruch nehmen will.[185] Insbesondere kann die Aufsichtsbehörde den Bußgeldbescheid gegen die handelnde Tochtergesellschaft sowie die zahlungsfähige Muttergesellschaft erlassen, mit der Feststellung, dass beide als Gesamtschuldner für die Zahlung der Geldbuße haften.[186] Ob dies auch im datenschutzrechtlichen Bußgeldverfahren möglich ist, ist fraglich.

Die ersten kartellrechtlichen Entscheidungen mit gesamtschuldnerischer Tenorierung datieren auf die 1970er Jahre. Erstmalig verhängte die Kommission in der Rechtssache Commercial Solvents[187] eine gesamtschuldnerisch zu zahlende Geldbuße gegen Mutter- und Tochterunternehmen.[188] Begründet wurde diese Entscheidung weder von der sie erlassenden Kommission noch vom sie bestätigenden EuGH.[189] Dieses Phänomen wiederholte sich mit der

---

185 S. EuGH - Itochu, 30.4.2009, WuW E EU-R 1562, Rn 51; Akzo/Nobel - C-79/08 - Slg 2009, I-8237, Rn 77; General Quimica - 20.11.2011, C-90/09 P - nnv, Rn 34, 50, 89 ff; Schindler - 18.7.2013, C-501/11 - nnv, Rn 109; Kommission, Entsch. Karton, ABl. 1994 L 243, S. 1, Rn 140; s. auch VO (EG) Nr. 1/2003, Art. 23, Rn 34 ff.; vgl. ferner zum gesamten hier dargestellten Themenkomplex der Gesamtschuld *Körner*, Die Gesamtschuld im europäischen Kartellbußgeldrecht - Voraussetzungen und Wirkungen.

186 *Schröter*, in: von der Groeben/Schwarze/Hatje, Europäisches Unionsrecht, AEUV, vor Art. 101-105, Rn. 56; *Dannecker/Biermann*, in: Immenga/Mestmäcker, Wettbewerbsrecht, Band 1/Teil 2, vor Art. 23 VO 1/2003, Rn. 103 ff mwN.

187 Europäische Kommission, Entscheidung v. 14.12.1972 - IV/26.911 - Zoja/CSC-ICI, ABl. 1972 L 299/51.

188 *Körner*, Die Gesamtschuld im europäischen Kartellbußgeldrecht - Voraussetzungen und Wirkungen, 2016, S. 38.

189 Europäische Kommission, Entscheidung v. 14.12.1972 - IV/26.911 - Zoja/CSC-ICI, ABl. 1972 L 299/51; EuGH, v. 6.3.1974 - verb. Rs. 6 und 7-73 - Commercial Solvents,

Sache Hugin/Liptons 1977[190] und Johnson&Johnson 1980[191].[192] Auch wenn in der Literatur umstritten war, ob die Gesamtschuld eine eigene Sanktionsart darstellen sollte[193] oder eine reine Vollstreckungssicherung ohne Strafcharakter,[194] begegnete dieses Vorgehen umfangreicher Kritik, da nach klassisch-deutschem Verständnis jeder nur nach seinem Anteil am Tatunrecht bestraft werden dürfe (Grundsatz der individuellen Strafzumessung).[195] Dieser Kritik begegnet die Kommission mit der folgenden Feststellung:

> *„Wenn eine Tochtergesellschaft ihr Verhalten auf dem Markt nicht selbstständig bestimmt, bildet die Gesellschaft, die die Marktstrategie dieser Tochter bestimmte, eine wirtschaftliche Einheit mit dieser Tochtergesellschaft und kann für eine Zuwiderhandlung mit der Begründung haftbar gemacht werden, dass diese Teil desselben Unternehmens ist.“*[196]

Diese Einschätzung wurde von EuG[197] und EuGH[198] bestätigt, sodass an der grundsätzlichen Zulässigkeit der gesamtschuldnerisch zu zahlenden Geld-

---

Slg. 1974, 223, 260; *Körner*, Die Gesamtschuld im europäischen Kartellbußgeldrecht – Voraussetzungen und Wirkungen, 2016, S. 38 f.

190 Europäische Kommission, Entscheidung v. 8.12.1977 – IV/29.132 – Hugin/Liptons, ABl. 1978 L 22/23.

191 Europäische Kommission, Entscheidung v. 25.11.1980 – IV/29.702 – Johnson&Johnson, ABl. 1980 L 377/16.

192 *Körner*, Die Gesamtschuld im europäischen Kartellbußgeldrecht – Voraussetzungen und Wirkungen, 2016, S. 40.

193 Vgl. *Schröter*, in: Dannecker/Fischer-Fritsch, Das EG-Kartellrecht in der Bußgeldpraxis, S. 263.

194 *Lipowsky*, Die Zurechnung von Wettbewerbsverstößen zwischen verbundenen Unternehmen im EWG-Wettbewerbsrecht, S. 171 f.; *Berg/Semmelmann*, Das Europäische Kartellrecht in aktuellen Entscheidungen der Gemeinschaftsgerichte und der Kommission, GPR 2004, 200, 208.

195 *Körner*, Die Gesamtschuld im europäischen Kartellbußgeldrecht – Voraussetzungen und Wirkungen, 2016, S. 43; *Rütsch*, Strafrechtlicher Durchgriff bei verbundenen Unternehmen?, S. 56; *Schröter*, in: Dannecker/Fischer-Fritsch, Das EG-Kartellrecht in der Bußgeldpraxis, S. 263; *Hamann*, Das Unternehmen als Täter im europäischen Wettbewerbsrecht, S. 42; a.A. *Lipowsky*, Die Zurechnung von Wettbewerbsverstößen zwischen verbundenen Unternehmen im EWG-Wettbewerbsrecht, S. 168.

196 Europäische Kommission, Entscheidung v. 28.1.2009 – COMP/39.406 – Marineschläuche, ABl. 2009 C 168/6, Rn. 324.

197 EuG v. 3.3.2011 – verb. Rs. T-122/07 bis T-124/07 – Siemens, Slg. 2011, II-793, Rn. 149 ff.; EuG v. 3.3.2011 – Rs T-117/07 und T-121/07 – Areva und Alstom, Slg. 2011, II-633, Rn. 204 ff.

198 EuGH v. 20.1.2011 – Rs. C-90/09 – General Química, Slg. 2011, I-1, Rn. 40; EuGH v. 10.09.2009 – Rs. C-97/08 P – Akzo Nobel, Slg. 2009, I-8237, Rn. 61, 77.

buße kein Zweifel mehr besteht.[199] Die Gerichte bestätigten dabei insbesondere, dass der Art. 15 Abs. 2 VO 17/62 eine taugliche Rechtsgrundlage für die Verhängung von gesamtschuldnerisch zu zahlenden Geldbußen darstellt.[200] Diese Feststellung ist für die Übertragbarkeit dieser Erkenntnisse auf aktuelle datenschutzrechtliche Konstellationen von großer Bedeutung, da die Norm jener der DSGVO ähnelt:

Art. 15 Abs. 2 VO 17/62:

„Die Kommission kann gegen Unternehmen und Unternehmensvereinigungen durch Entscheidung Geldbussen in Höhe von eintausend bis einer Million Rechnungseinheiten oder über diesen Betrag hinaus bis zu zehn vom Hundert des von dem einzelnen an der Zuwiderhandlung beteiligten Unternehmen im letzten Geschäftsjahr erzielten Umsatzes festsetzen, wenn sie vorsätzlich oder fahrlässig:

a) gegen Artikel 85 Absatz (1) oder Artikel 86 des Vertrages verstossen,

b) einer nach Artikel 8 Absatz (1) erteilten Auflage zuwiderhandeln.

Bei der Festsetzung der Höhe der Geldbusse ist neben der Schwere des Verstosses auch die Dauer der Zuwiderhandlung zu berücksichtigen."

Art. 83 Abs. 5 DSGVO:

„Bei Verstößen gegen die folgenden Bestimmungen werden im Einklang mit Absatz 2 Geldbußen von bis zu 20 000 000 EUR oder im Fall eines Unternehmens von bis zu 4 % seines gesamten weltweit erzielten Jahresumsatzes des vorangegangenen Geschäftsjahrs verhängt, je nachdem, welcher der Beträge höher ist:

a) die Grundsätze für die Verarbeitung, einschließlich der Bedingungen für die Einwilligung, gemäß den Artikeln 5, 6, 7 und 9;

b) die Rechte der betroffenen Person gemäß den Artikeln 12 bis 22;

c) die Übermittlung personenbezogener Daten an einen Empfänger in einem Drittland oder an eine internationale Organisation gemäß den Artikeln 44 bis 49;

---

199 Vgl. *Körner*, Die Gesamtschuld im europäischen Kartellbußgeldrecht – Voraussetzungen und Wirkungen, 2016, S. 47.

200 EuGH v. 16.11.2000 – Rs. C-294/98 P – Mersä-Serla, Slg. 2000, I-10157; EuG v. 14.5.1998 – verb. Rs. T-339/94 u.a. – Metsä-Serla, Slg. 1998, II-1727.

d) alle Pflichten gemäß den Rechtsvorschriften der Mitgliedstaaten, die im Rahmen des Kapitels IX erlassen wurden;

e) Nichtbefolgung einer Anweisung oder einer vorübergehenden oder endgültigen Beschränkung oder Aussetzung der Datenübermittlung durch die Aufsichtsbehörde gemäß Artikel 58 Absatz 2 oder Nichtgewährung des Zugangs unter Verstoß gegen Artikel 58 Absatz 1.“

Die insbesondere in ihrer Einleitung weitgehend ähnlich formulierten Normen haben gemeinsam, dass sie zwar die Verhängung von Geldbußen regeln, jedoch nicht ausdrücklich die Gesamtschuld. Die Feststellung, dass bei dieser Regelungslage eine gesamtschuldnerische Geldbußenfestsetzung möglich ist, ist demnach auf datenschutzrechtliche Konstellationen übertragbar, da sowohl der Wortlaut der zugrundeliegenden Normen als auch die Interessenlage vergleichbar sind.[201]

An diese grundsätzliche Feststellung anknüpfend stellt sich die Folgefrage, wie weit das Ermessen der Aufsichtsbehörde hinsichtlich der Auswahl des Bußgeldadressaten reicht.

Nach Auffassung der Kommission steht ihr ein Auswahlermessen hinsichtlich des Bußgeldadressaten zu.[202] Diese – von EuGH[203] und EuG[204] bestätigte Auffassung – führte regelmäßig dazu, dass diejenigen Rechtssubjekte als Bußgeldadressaten ausgewählt wurden, die einen sachlich-inhaltlichen Bezug zum Verstoß aufweisen und/oder sich als hinreichend solvent zur Zahlung der Geldbuße darstellen. Konkret wurden Bußgelder entweder allein gegenüber der Tochtergesellschaft[205] oder trotz Verantwortlichkeit der Tochter allein gegenüber der Muttergesellschaft verhängt,[206] oder gegen

---

201 Ebenso LG Bonn, Urt. v. 11.11.2020 – 29 OWi 1/20, Rn. 24.

202 Stellungnahme der Kommission in EuG v. 14.5.1998 – Rs. T-352/94 – Mo och Domsjö, Slg. 1998, II-1989, Rn. 85; vgl. ferner *Roth/Ackermann*, in: Frankfurter Kommentar zum Kartellrecht, Grundfragen EG, Art. 81 Abs. 1, Rn 127; *Sura*, in: Langen/Bunte, Kartellrecht, Art. 23 VO Nr. 1/2003, Rn 10; vgl. hierzu auch die Diskussion bei *Papakiriakou*, Das Europäische Unternehmensstrafrecht in Kartellsachen, S. 198 ff.; *Menz*, Wirtschaftliche Einheit und Kartellverbot, S. 125 f.

203 EuGH v. 24.9.2009 – Rs. C-125/07 P u.a. – Lombardclub, Slg. 2009, I-8681, Rn. 81 f.

204 EuG v. 13.7.2011 – verb. Rs. T-144/07 u.a. – Thyssen Krupp, Slg. 2011, II-5129, Rn. 119; EuG v. 14.12.2006 – verb. Rs. T-259/02 bis T-264/02 und T-271/02 – Lombardclub, Slg. 2006, II-5169, Rn. 331; EuG v. 30.9.2003 – Rs. T-203/01 – Michelin, Slg. 2003, II-4071, Rn. 290; EuG v. 11.3.1999 – Rs. T-156/94 – Siderúrgica Aristrain Madrid SL, Slg. 1999, II-645, Rn. 67.

205 EuG v. 29.4.2004 – verb. Rs. T-236/01 u.a. – Tokai Carbon, Slg. 2004, II-1181, Rn. 279 ff.

206 Europäische Kommission, Entscheidung v. 27.11.1981 – IV/30.188 – Moët et Chandon, ABl. 1982, L 94/7.

beide zusammen.[207] Eine allgemeine Regelung, nach der Tochter oder Muttergesellschaft vorrangig oder zwangsweise zu bebußen wäre, gibt es dabei nicht.[208] Das diesbezügliche Ermessen der Aufsichtsbehörde ist lediglich durch die primärrechtlich geprägten Grundsätze von Gleichbehandlung und Verhältnismäßigkeit beschränkt.[209]

III. Zurechnung von Mitarbeiterhandeln

1. Grundsätze

Dass eine juristische Person nach Maßgabe des Vorgesagten grundsätzlich Betroffene eines Bußgeldverfahrens sein kann, wirft die Frage auf, wann genau das der Fall ist. Spezifisch zielt diese Frage darauf ab, welche Handlungen welcher natürlichen Personen unter welchen Voraussetzungen der konkreten juristischen Person zugerechnet werden.

Aus der Anwendung des kartellrechtlichen Unternehmensbegriffs und der Grundsätze der wirtschaftlichen Einheit ergibt sich, dass auch im Datenschutzrecht das aus dem Kartellrecht bekannte EU-Modell einer unmittelbaren Verbandhaftung sui generis gilt.[210] Hiernach werden - anders als im deutschen Ordnungswidrigkeitenrecht (s.o.) - grundsätzlich sämtliche Handlungen von Mitarbeitern im Betriebsablauf ihrem Arbeitgeber zugerechnet, sodass es nicht auf ein Fehlverhalten der Geschäftsführer ankommt.[211] Dieses

207 *Körner*, Die Gesamtschuld im europäischen Kartellbußgeldrecht – Voraussetzungen und Wirkungen, 2016, S. 45.

208 EuGH v. 18.7.2013 – Rs. C-499/11 P – Dow Chemical u.a., WuW 2013, 1111, WuW/E Eu-R 2804, Rn. 49; EuGH v. 24.9.2009 – C-125/07 P u.a. – Erste Group Bank Ag, Slg. 2009, I-8681, Rn. 81f.; hins. der Auswahl nur eines Adressaten krit. GA Stix-Hackl, Schlussanträge v. 26.9.2002 – Rs. C-196/99 P – Aristrain,mSlg. 2003, I-11005, Rn. 105.

209 Vgl. EuGH v. 28.6.2005 – verb Rs. C-189/02 P u.a. – Dansk Rørindustri u.a., Slg. 2005, I-5425, Rn. 304 und 319; *van Bael/Bellis*, Competition Law of the European Community, S. 1090 f.; *Körner*, Die Gesamtschuld im europäischen Kartellbußgeldrecht – Voraussetzungen und Wirkungen, 2016, S. 44f.

210 *Bergt*, Sanktionierung von Verstößen gegen die Datenschutz-Grundverordnung, DuD 2017, 555, 556; *Holländer*, in: BeckOK Datenschutzrecht, Art. 83 DSGVO, Rn. 9 ff.; *Bergt*, in: Kühling/Buchner, Art. 83 DSGVO, Rn. 20; zum EU-Modell insgesamt *Mansdörfer/Timmerbeil* Das Modell der Verbandshaftung im europäischen Kartellbußgeldrecht, EuZW 2011, 214; *Kindhäuser/Meyer*, in: Jaeger/Kokott/Pohlmann/Schroeder, Frankfurter Kommentar zum Kartellrecht, Art. 101 AEUV, Rn. 22.

211 *Unabhängige Datenschutzaufsichtsbehörden des Bundes und der Länder*, Hambacher Erklärung zur Künstlichen Intelligenz; *Ambrock*, Mitarbeiterexzess im Datenschutzrecht, ZD 2020, 492, 493; *Faust/Spittka/Wybitul*, Milliardenbußgelder nach der DS-

Verständnis setzt nicht einmal voraus, dass die handelnde natürliche Person von der verfolgenden Aufsichtsbehörde konkret bezeichnet wird, solange es sich jedenfalls um einen ihrer Mitarbeiter handelt.[212] Dabei ist der Begriff des Mitarbeiters weit zu verstehen, sodass ohne Rücksicht auf die arbeits- oder vertragsrechtliche Beziehung sämtliche Personen umfasst werden, auf die die Unternehmensleitung einen bestimmenden Einfluss hat.[213] Ebenso kann sich die entsprechende juristische Person grundsätzlich nicht auf die Unkenntnis der Geschäftsführer aufgrund mangelhafter interner Organisation berufen, sondern hat sich so zu organisieren, dass Rechtsverstöße ausbleiben.[214]

2. Mitarbeiterexzess

Diese Feststellungen führen besonders dann zu Problemen, wenn Mitarbeiter bestimmte Handlungen ohne entsprechende Anweisung oder sogar gegen ausdrückliche Richtlinien des Unternehmens vornehmen. Dabei ist klar, dass nicht jedes eigenmächtige, eindeutig rechtswidrige Verhalten eines Mitarbeiters allein aufgrund eines Anstellungsverhältnisses dem Unternehmen zuzurechnen sein kann.[215] Ebenso klar ist, dass nicht jeder Verstoß eines Mitarbeiter gegen interne Regeln oder Richtlinien des Arbeitgebers letzteren automatisch von seiner Haftung befreit, da in diesem Fall der Arbeitgeber lediglich auf dem Papier rechtskonforme Richtlinien aufstellen

---

GVO? – Ein Überblick über die neuen Sanktionen bei Verstößen gegen den Datenschutz, ZD 2016, 120, 121; *Schönefeld/Thomé*, Auswirkungen der Datenschutz-Grundverordnung auf die Sanktionierungspraxis der Aufsichtsbehörden, PPinG 2017, 126, 127f.; *Kindhäuser/Meyer*, in: Jaeger/Kokott/Pohlmann/Schroeder, Frankfurter Kommentar zum Kartellrecht, Art. 101 AEUV, Rn. 22; *Dannecker/Biermann*, in: Immenga/Mestmäcker, Wettbewerbsrecht, VO 1/2003, vor Art. 23, Rn. 125.

212 LG Bonn, Urt. v. 11.11.2020 – 29 OWi 1/20, Rn 22 ff.; *Faust/Spittka/Wybitul*, Milliardenbußgelder nach der DS-GVO? – Ein Überblick über die neuen Sanktionen bei Verstößen gegen den Datenschutz, ZD 2016, 120, 121; *Bergt*, in: Kühling/Buchner, Art. 83 DSGVO, Rn. 20; *Schwarze/Bechtold/Bosch*, Rechtsstaatliche Defizite im Kartellrecht der Europäischen Gemeinschaft, S. 46 mwN.

213 *Ambrock*, Mitarbeiterexzess im Datenschutzrecht, ZD 2020, 492, 493.

214 EuG Urt v. 30.09.2009 - T-161/05, ECLI:EU:T:2009:366, Rn. 55; EuGH, Urt. v. 7.6.1983 – 100/80, Rn. 25ff.; *Bergt*, in: Kühling/Buchner, Art. 83 DSGVO, Rn. 20; *Kindhäuser/Meyer*, in: Jaeger/Kokott/Pohlmann/Schroeder, Frankfurter Kommentar zum Kartellrecht, Art. 101 AEUV, Rn. 22; *Bergt*, Sanktionierung von Verstößen gegen die Datenschutz-Grundverordnung, DuD 2017, 555, 556; *Ambrock*, Mitarbeiterexzess im Datenschutzrecht, ZD 2020, 492, 493.

215 Vgl. *Faust/Spittka/Wybitul*, Milliardenbußgelder nach der DS-GVO? – Ein Überblick über die neuen Sanktionen bei Verstößen gegen den Datenschutz, ZD 2016, 120, 121.

müsste um sich von seiner Haftung zu befreien, ohne dass er jemals deren Einhaltung kontrollieren oder Compliance-Maßnahmen irgendeiner Art treffen müsste.[216] Es muss daher eine Grenze geben, bis zu der Handlungen eines Mitarbeiters dem Arbeitgeber zugerechnet werden und ab deren Überschreiten er von seiner Verantwortung frei wird. Diese Grenze entscheidet mithin über das Vorliegen eines Mitarbeiterexzesses.

Ein erster Anhaltspunkt für die Grenzziehung ist dabei dem materiellen europäischen Datenschutzrecht zu entnehmen. Dieses regelt die Verantwortlichkeit für die Einhaltung datenschutzrechtlicher Vorgaben dergestalt, dass jeweils der „Verantwortliche" hierzu verpflichtet ist (Art. 24 DSGVO). Der Verantwortliche zeichnet sich dabei dadurch aus, dass er über Zwecke und Mittel der Verarbeitung bestimmt (Art. 4 Nr. 7 DSGVO). Solange ein Mitarbeiter daher für das Unternehmen handelt, weil er zu dessen Zwecken und mit dessen Mitteln Daten verarbeitet, ist dieses Verantwortlicher i.S.d. Art. 4 Nr. 7 DSGVO und haftet für Verstöße. Sobald ein Mitarbeiter jedoch ohne Kenntnis des Unternehmens aus privatem Anlass eigenmächtig Verstöße begeht, seine Handlung also nicht dem Kreis der jeweiligen unternehmerischen Tätigkeit zuzurechnen ist, wird er selbst Verantwortlicher für die Datenverarbeitung und damit tauglicher Adressat eines Bußgeldbescheides.[217]

Folge dieser Differenzierung ist, dass die Abgrenzung zwischen Verantwortlichkeit des Arbeitgebers und ihrem Entfall bei Mitarbeiterexzess sich an mehr Aspekten als nur den offiziellen Unternehmensrichtlinien ausrichten muss und stets nur im konkreten Einzelfall getroffen werden kann. Kriterien für die Entscheidung sind mithin beispielsweise die Fragen, in wessen Interesse die Datenverarbeitung lag, zu wessen Zwecken sie erfolgte, ob sie im Kreis der jeweiligen geschäftlichen Tätigkeit erfolgte, ob Vorgesetzte

---

216 EuGH Urt. v. 18.07.2013 - C-501/11 P, EU:C:2013:522; *Bergt*, in: Kühling/Buchner, Art. 83 DSGVO, Rn. 20; zu weitgehend damit wohl der Ausschluss bei *Born*, in: Specht/Mantz, Handbuch Europäisches und deutsches Datenschutzrecht, Teil A, § 8, Rn 23, der weisungswidriges Verhalten als Exzess sieht.

217 So auch *Unabhängige Datenschutzaufsichtsbehörden des Bundes und der Länder*, Hambacher Erklärung zur Künstlichen Intelligenz; *Thiel/Wybitul*, Bußgelder wegen Datenschutzverstößen – aus Sicht von Aufsichtsbehörden und Unternehmen, ZD 2020, 3; *Ambrock*, Mitarbeiterexzess im Datenschutzrecht, ZD 2020, 492, 493. Anders jedoch das Bayerische Landesamt für Datenschutzaufsicht und der Bayerische Landesbeautragte für den Datenschutz, vgl. *Bayerisches Landesamt für Datenschutzaufsicht*, 9. Tätigkeitsbericht, S. 71 f., kritisch hierzu *Ambrock*, Mitarbeiterexzess im Datenschutzrecht, ZD 2020, 492, 494.

hiervon Kenntnis hatten und ob die Datenverarbeitung vom Unternehmen geduldet wurde.[218]

Nach Maßgabe dieser Kriterien würde folglich ein Polizist, der eigenmächtig Daten aus Polizeisystemen abruft, ebenso wie ein Kellner, der im Rahmen der Covid-19-Eindämmungsverordnungen erhobene Kontaktdaten einsieht, im Exzess handeln, wenn deren Zweck in einer privaten Kontaktaufnahme mit dem Ziel der Anbahnung eines Beziehungsverhältnisses liegt.[219] Demgegenüber würde ein Exzess aber nicht vorliegen, wenn ein Beschäftigter auf eigene Faust rechtswidrige Ermittlungen zur Bonität einzelner Kunden vornimmt, weil dies im Interesse seines Unternehmens erfolgt, selbst wenn dessen Geschäftsleitung hiervon weder Kenntnis hat noch hiermit einverstanden ist.[220]

Schwieriger zu definieren ist, auf welche Art und Weise das Unternehmen sich in einem solchen Fall exkulpieren könnte. Nach einer Auffassung müsste es vortragen, dass derartige Ermittlungen nicht in den Aufgabenbereich des Mitarbeiters fallen, etwa weil dieser in einer ganz anderen Abteilung arbeitet, die keinen unmittelbaren Kundenbezug hat.[221] Dieser Auffassung ist zuzugeben, dass ein Exzess in der Tat umso näher liegt, je weiter der handelnde Mitarbeiter sich von seinen eigentlichen Aufgaben entfernt. Mindestens genauso überzeugend wäre es allerdings, solche Fälle nicht auf Ebene des Tatbestandes, sondern auf jener der Schuld zu lösen. Hiernach könnte sich das Unternehmen exkulpieren, indem es vorträgt, alles Denkbare, Mögliche und Zumutbare (etwa in Form von Richtlinien, Schulungen und Kontrollen) getan zu haben, um entsprechenden Verstößen vorzubeugen. Soweit sich ein Mitarbeiter trotz alledem rechtswidrig verhält, wäre dies mithin zwar ein dem Arbeitgeber zuzurechnender, tatbestandsmäßiger und rechtswidriger Verstoß gegen Datenschutzvorschriften, könnte allerdings mangels Schuld nicht zu einer Geldbuße gegen das Unternehmen führen. Andersherum könnte sich dagegen aus einem entsprechenden Verhalten des Mitarbeiters ein Verstoß des Arbeitgebers ergeben, etwa wenn die Ermittlungen ergeben, dass dessen Handlung durch mangelhafte technische und organisatorische Sicherungsmaßnahmen des Verantwortlichen ermöglicht oder begünstigt wurde.

---

218 Vgl. hierzu auch *Bergt*, in: Kühling/Buchner, Art. 83 DSGVO, Rn. 20.

219 Zu konkreten Fallbeispielen vgl. *Ambrock*, Mitarbeiterexzess im Datenschutzrecht, ZD 2020, 492, 494 mwN.

220 *Ambrock*, Mitarbeiterexzess im Datenschutzrecht, ZD 2020, 492, 493.

221 *Ambrock*, Mitarbeiterexzess im Datenschutzrecht, ZD 2020, 492, 493.

Darin könnte dann ein Verstoß des Unternehmens gegen dessen Pflichten aus Art. 25, 32 DSGVO liegen.[222]

Hierauf aufbauend ist ferner denkbar, dass ein Mitarbeiter zwar zunächst im Exzess handelt, dessen Handlung aber nachträglich von der Geschäftsleitung gebilligt wird. In diesem Fall wird eine nachträgliche Zurechnung vielfach für möglich gehalten.[223] Begründet wird dies damit, dass die Geschäftsleitung die vom Beschäftigten ursprünglich eigenmächtig vorgenommene Zweckbestimmung übernimmt und sich zu eigen macht.[224] Im oben genannten Beispiel würde damit das Unternehmen, welches eine Verarbeitung zu privaten Zwecken durch seine Mitarbeiter duldet, durch das Unterlassen eines Einschreitens hiergegen über die Zwecke und Mittel der Datenverarbeitung nach Art. 4 Nr. 7 DSGVO bestimmen.[225] Diese Auslegung vermag im Ergebnis zu überzeugen. Klarzustellen ist insoweit aber, dass nicht notwendigerweise die ursprüngliche und bereits abgeschlossene zweckentfremdende Datenverarbeitung durch den Mitarbeiter nachträglich dem Unternehmen zugerechnet werden muss, sondern sich die Zurechnung zum Unternehmen darauf stützen kann, dass mit der Duldung oder Billigung des Unternehmens eine gemeinsame Verantwortlichkeit nach Art. 26 Abs. 1 S. 2 DSGVO für die ab dann stattfindende Datenverarbeitung begründet wird, für die das Unternehmen bei unterstellter Rechtswidrigkeit haftet.[226]

D. Ergebnis

Im Ergebnis kann festgestellt werden, dass juristische Personen kraft ausdrücklicher materiell-rechtlicher Regelung „Betroffene" eines Datenschutzverstoßes im Sinne des deutschen Ordnungswidrigkeitsrechts sein können. Darauf aufbauend kann weiter festgestellt werden, dass der Begriff des Unternehmens in Art. 83 DSGVO im kartellrechtlichen Sinne zu verstehen ist, sodass die wirtschaftliche Einheit maßgeblich ist und in Konzernstrukturen

222 *Born*, in: Specht/Mantz, Handbuch Europäisches und deutsches Datenschutzrecht, Teil A, § 8, Rn 23; *Mantz*, in: Sydow, DSGVO, Art. 25, Rn. 60 und Art. 32, Rn. 22ff.

223 *Ambrock*, Mitarbeiterexzess im Datenschutzrecht, ZD 2020, 492, 493; *Ambrock/Karg*, in: v.d.Bussche/Voigt, Konzerndatenschutz, Teil 8, Rn. 102; *Faust/Spittka/Wybitul*, Milliardenbußgelder nach der DS-GVO? – Ein Überblick über die neuen Sanktionen bei Verstößen gegen den Datenschutz, ZD 2016, 120, 123.

224 *Ambrock*, Mitarbeiterexzess im Datenschutzrecht, ZD 2020, 492, 493.

225 *Ambrock*, Mitarbeiterexzess im Datenschutzrecht, ZD 2020, 492, 493.

226 Vgl hierzu auch die Darstellung bei *Ambrock*, Mitarbeiterexzess im Datenschutzrecht, ZD 2020, 492, 493.

regelmäßig ein Rückgriff auf die Muttergesellschaft möglich sein wird. Zuletzt ist dann festzustellen, dass dem Unternehmen sämtliche Handlungen der Mitarbeiter im Kreis der unternehmerischen Tätigkeit zugerechnet werden, soweit der konkrete Mitarbeiter die Datenverarbeitung zu Zwecken und mit Mitteln des Unternehmens durchführt.

Teil 4: Die Tat im Datenschutzrecht

A. *Grundlagen*

Nach Prüfung der „Täterschaft" im Datenschutzrecht ist weiter der Begriff der „Tat" im Datenschutzrecht zu untersuchen.

Nach § 66 Abs. 1 Nr. 3 OWiG muss der Bußgeldbescheid die Bezeichnung der Tat, die dem Betroffenen zur Last gelegt wird, Zeit und Ort ihrer Begehung, die gesetzlichen Merkmale der Ordnungswidrigkeit und die angewendeten Bußgeldvorschriften enthalten. Dabei ist die Bezeichnung der Tat im Sinne dieser Vorschrift eine Anlehnung an den dem Strafprozessrecht bekannten Begriff der prozessualen Tat in § 264 StPO, was sich aus § 46 Abs. 1 OWiG ergibt. Die Tat im prozessualen Sinne umfasst – unabhängig vom Vorliegen von Tateinheit oder Tatmehrheit – das gesamte Verhalten des Täters, soweit es nach der Auffassung des Lebens einen einheitlichen Vorgang darstellt.[227] Der einheitliche Vorgang umfasst die Verstoßhandlung einschließlich aller damit zusammenhängender und darauf bezüglicher Vorkommnisse und tatsächlicher Umstände, die nach der Auffassung des Lebens eine natürliche Einheit bilden.[228] Dieses Verhalten muss konkret bezeichnet und anschließend abstrakt unter die gesetzlichen Merkmale der Ordnungswidrigkeit(en) eingeordnet werden (§ 66 Abs. 1 Nr. 3 OWiG).

Diese Vorschrift, die dem Anklage- oder Strafbefehlsverfahren angeglichen ist (vgl. § 409 Abs. 1 Nr. 3 StPO), erfordert damit die Bezeichnung des Tathergangs inklusive der Tatzeit (§ 6 OWiG) und des Tatorts (§ 7 OWiG). Der Tathergang muss so genau bezeichnet werden, dass die Identität des geschichtlichen Vorgangs klargestellt und erkennbar wird, welche konkrete Tat Gegenstand des Verfahrens ist, auch in Abgrenzung zu anderen gleichartigen

227 BGH, Urt. v. 07.02.2012 - 1 StR 542/11, StraFo 2012, 190; OLG Hamm, Beschl. v. 06.01.2014 - III-3 RBs 248/13.

228 *Norouzi*, in: MüKo StPO, § 264, Rn. 10 mit Verweis auf BGH, Urt. v. 3.11.1959 – 1 StR 425/59, BGHSt 13, 320, 321; s. ferner BGH, Urt. v. 22.10.1957 – 5 StR 317/57, BGHSt 10, 396, 397; Urt. v. 21.12.1983 – 2 StR 578/83, BGHSt 32, 215, 216; BGH, Urt. v. 29.9.1987 – 4 StR 376/87, BGHSt 35, 60, 61; Urt. v. 16.10.1987 – 2 StR 258/87, BGHSt 35, 80, 81; Urt. v. 18.10.1995 – 3 StR 324/94, BGHSt 41, 292, 297; Urt. v. 23.9.1999 – 4 StR 700/98, BGHSt 45, 211, 212 f.; Urt. v. 11.9.2007 – 5 StR 213/07, NStZ 2008, 411; Urt. v. 2.12.2014 – 4 StR 381/14, BeckRS 2015, 00639.

ordnungswidrigen Handlungen des Betroffenen.[229] Diese Anforderung bildet die sogenannte Umgrenzungsfunktion der Anklageschrift bzw. des Bußgeldbescheides ab.[230] Darüber hinaus erfüllt der Bußgeldbescheid auch eine Informationsfunktion, die den Verfahrensbeteiligten verdeutlichen soll, was ihnen vorgeworfen wird, um ihre Verteidigung daran ausrichten zu können.[231] Der zentrale Unterschied zwischen diesen beiden Funktionen besteht darin, dass die Informationsfunktion auch unter Zuhilfenahme des Akteninhalts erfüllt werden kann, während die Umgrenzungsfunktion vom Bußgeldbescheid allein, ohne Zuhilfenahme anderer Quellen, erfüllt werden muss.[232] Aus dem Bußgeldbescheid selbst muss sich folglich eine Umgrenzung des Vorwurfs in sachlicher, rechtlicher und persönlicher Hinsicht ergeben, wobei von entscheidender Bedeutung ist, dass keine Gefahr der Verwechslung mit einem anderen, gleichartigen, vom Betroffenen zum angegebenen Zeitpunkt möglicherweise ebenfalls begangenen Verstoß besteht.[233] Nur dann ist der Bußgeldbescheid taugliche Grundlage eines gerichtlichen Bußgeldverfahrens.[234]

B. Problematik

Bei der Bezeichnung der Tat nach § 66 Abs. 1 Nr. 3 OWiG sind zwei Fragen von besonderer Relevanz: Zum einen ist fraglich, inwiefern ein bestimmter Verarbeitungsvorgang, der durch einen Verantwortlichen bei einer Vielzahl von Kunden, Beschäftigten, Webseitenbesuchern oder sonstigen betroffenen Personen immer wieder gleich oder ähnlich durchgeführt wird, eine einheitliche Tat darstellt oder ob jede einzelne Datei eine eigene Tat darstellt. Zum zweiten ist festzustellen, dass mit einer bestimmten rechtswidrigen Datenverarbeitung häufig Nebenverstöße einhergehen, etwa solche gegen Informationspflichten (Art. 13, 14 DSGVO) oder gegen formale Vorgaben (Aufnahme des rechtswidrigen Verarbeitungsvorgangs in das Verzeichnis der Verarbeitungstätigkeiten nach Art. 30 DSGVO, unterlassene Prüfung des

229 *Wieser*, OWiG, § 66, Nr. 3.4.1.
230 Zur Umgrenzungsfunktion im Einzelnen vgl. BGH, Urt. v. 28.10.2009 - 1 StR 205/09, NJW 2010, 308, NStZ 2010, 159.
231 Zur Informationsfunktion im Einzelnen vgl. BGH, Urt. v. 28.10.2009 - 1 StR 205/09, NJW 2010, 308, NStZ 2010, 159.
232 OLG Bamberg, Beschl. v. 18.11.2015 - 3Ss OWi 1218/15; BGH, Beschl. v. 08.10.1970 - 4 StR 190/70, BGHSt 23, 336.
233 *Wieser*, OWiG, § 66, Nr. 3.4.1.
234 *Wieser*, OWiG, § 66, Nr. 3.4.1.

Verarbeitungsvorgangs im Rahmen einer nach Art. 35 DSGVO erforderlichen Datenschutz-Folgenabschätzung und ähnliche). Daher ist ebenso zu prüfen, in welchem Umfang es sich bei mehreren inhaltlich zusammenhängenden, aber tatsächlich und rechtlich danebenstehenden Vorwürfen um eine einheitliche Tat handelt.

Diese Fragen lassen sich durchaus unter Anwendung etablierter Grundsätze der deutschen Strafrechtspraxis beantworten. Allerdings tritt hierdurch ein ähnliches Problem auf wie bei der oben durchgeführten Prüfung der tauglichen Bußgeldadressaten: Durch die weitgehende Harmonisierung des materiell-rechtlichen Datenschutzrechts auf EU-Ebene sollte verhindert werden, dass ein und derselbe Datenschutzverstoß in unterschiedlichen Staaten unterschiedlich sanktioniert wird. Dieses Ziel kann nur erreicht werden, wenn dem europäischen Datenschutzrecht nicht nur Vorgaben hinsichtlich des möglichen Täters zu entnehmen sind, sondern auch solche hinsichtlich der möglichen Tat. Es erschiene nämlich systemwidrig, wenn beispielsweise in Deutschland jeder einzelne Verarbeitungsvorgang für sich genommen eine Tat darstellen würde und deshalb von den Datenschutzbehörden aufwendig zu ermitteln und nachzuweisen wäre, während in Frankreich die generelle Praxis eines großen Verantwortlichen (beispielsweise das Setzen bestimmter Cookies bei jedem Webseitenbesucher durch einen Suchmaschinenbetreiber) als Anknüpfungspunkt ausreichen würde, sodass eine Sanktionierung bei Rechtswidrigkeit dieses Verhaltens deutlich leichter und erfolgversprechender wäre. Ebenso systemwidrig wäre es, wenn die Datenschutzbehörde eines Mitgliedsstaates nach rechtskräftiger Aburteilung einer rechtswidrigen Datenverarbeitung immer wieder neue Verfahren wegen daneben stehender Verstöße gegen Art. 13, 14, 30, 35 DSGVO anstrengen könnte, während die exakt gleiche Entscheidung in einem anderen Land zu einem umfassenden Strafklageverbrauch führen würde.

Nachfolgend wird daher die hoch umstrittene[235] Frage untersucht, wie der Begriff der prozessualen Tat im Datenschutzrecht bei Anwendung der etablierten deutschen Strafrechtsprinzipien aussähe, bevor geprüft wird, inwieweit dieses Ergebnis aus Gründen des vorrangig anzuwendenden EU-Rechts anzupassen ist.

---

235 Vgl. beispielsweise *Boehm*, in: Simitis/Hornung/Spiecker gen. Döhmann, Datenschutzrecht, DSGVO, Art. 83, Rn. 36; im Ergebnis ebenso *Frenzel*, in: Paal/Pauly, DSGVO, Art. 83, Rn. 16; *Bergt*, in: Kühlung/Buchner, DSGVO, Art. 83, Rn. 60; *Nemitz*, in: Ehmann/Selmayr, DSGVO, Art. 83, Rn. 31; *Moos/Schefzig*, in: Taeger/Gabel, DSGVO, Art. 83, Rn. 70.

C. Lösungsansätze

Bei der Feststellung mehrerer verwirklichten Tatbestände ist zunächst zu prüfen, ob das einschlägige materielle Recht eine Regelung zu deren Verhältnis untereinander trifft. Folglich ist zunächst zu prüfen, welche Lösungsansätze der DSGVO selbst entnommen werden können.

I. Ansatz am Verarbeitungsbegriff

Wie bereits dargestellt, besteht der bebußte Vorwurf in der Regel (zumindest unter anderem) darin, dass das Unternehmen Daten rechtswidrig verarbeitet hat. Dies soll zum Anlass genommen werden, den Begriff der Verarbeitung genauer zu untersuchen.

Der Begriff der Verarbeitung beschreibt nach Art. 4 Nr. 2 DSGVO *„jeden mit oder ohne Hilfe automatisierter Verfahren ausgeführten Vorgang oder jede solche Vorgangsreihe im Zusammenhang mit personenbezogenen Daten wie das Erheben, das Erfassen, die Organisation, das Ordnen, die Speicherung, die Anpassung oder Veränderung, das Auslesen, das Abfragen, die Verwendung, die Offenlegung durch Übermittlung, Verbreitung oder eine andere Form der Bereitstellung, den Abgleich oder die Verknüpfung, die Einschränkung, das Löschen oder die Vernichtung"*. Hieraus ergibt sich, dass eine Datenverarbeitung nicht notwendigerweise in der konkreten Speicherung einer einzelnen Datei liegen muss, sondern schon auf begrifflicher Ebene auch eine „Vorgangsreihe" umfassen kann.[236] Die Vorgangsreihe wird ihrerseits allerdings nicht definiert und taucht auch an keiner anderen Stelle der DSGVO wieder auf. Angesichts der nachfolgenden Aufzählung in Art. 4 Nr. 2 DSGVO, aus der sich Beispiele für einzelne Vorgänge entnehmen lassen, erscheint es aber naheliegend, unter einer Vorgangsreihe die Abfolge einzelner Vorgänge zu verstehen, sodass es beim Bezug zum Einzelfall bleibt.[237] Nach diesem Verständnis könnte ein Datenverarbeitungsvorgang beispielsweise in der Erfragung konkreter Urlaubserlebnisse einer bestimmten Mitarbeiterin beginnen (*Erhebung*) und sich in Form der Anfertigung einer Notiz (*Speicherung*), dem Upload auf ein für alle Führungskräfte einsehbares Netzlaufwerk (*Offenlegung*) und die Nutzung für die Entscheidung über ihre Entfristung (*Verwendung*) fortsetzen.

---

236 Vgl. hierzu auch *Ernst*, in: Paal/Pauly, DSGVO, Art. 4, Rn. 21, 22.

237 Ebenso *Herbst*, in: Kühling/Buchner, DSGVO, Art. 4, Rn. 15.

Während jeder dieser Datenverarbeitungsvorgänge nach Art. 6 Abs. 1 bzw. Art. 9 Abs. 2 DSGVO einer Rechtsgrundlage bedarf, wäre bei unterstellter Rechtswidrigkeit jedes einzelnen Vorgangs allein aus Art. 4 Nr. 2 DSGVO nicht ersichtlich, ob es sich nach Vorgabe des materiellen Rechts um Handlungs- bzw. Tateinheit oder -mehrheit handeln sollte. Es läge nämlich ein nach Art. 83 Abs. 5 lit. a DSGVO zu bebußender Verstoß gegen „die Grundsätze der Verarbeitung" nach Art. 6, 9 DSGVO vor. Diese Vorschriften regeln ihrerseits, wann „die Verarbeitung" rechtmäßig ist, welche – wie oben dargestellt – wahlweise aus einem einzelnen Vorgang oder aus einer Vorgangsreihe bestehen kann.

Aus dem Begriff der Verarbeitung kann mithin keine unmittelbare Regelung für das Konkurrenzverhältnis bei mehreren verwirklichten Tatbeständen ersehen werden.

II. Ansatz an Art. 83 Abs. 3 DSGVO

1. Anwendungsbereich

Zu prüfen ist weiter, ob aus der zentralen Bußgeldvorschrift des Art. 83 DSGVO Rückschlüsse auf das Konkurrenzverhältnis bei mehreren verwirklichten Tatbeständen gezogen werden können.

Der Art. 83 DSGVO bestimmt in seinem Absatz 3, dass in Fällen, in denen ein Verantwortlicher oder ein Auftragsverarbeiter bei gleichen oder miteinander verbundenen Verarbeitungsvorgängen vorsätzlich oder fahrlässig gegen mehrere Bestimmungen dieser Verordnung verstößt, der Gesamtbetrag der Geldbuße nicht den Betrag für den schwerwiegendsten Verstoß überschreiten darf.

Wie auch in Art. 4 Nr. 2 DSGVO verwendet das Gesetz in Art. 83 Abs. 3 DSGVO mithin einen Begriff, der in der DSGVO weder definiert wird noch ein zweites Mal vorkommt. Es ist damit fraglich, was unter „gleichen oder miteinander verbundenen Verarbeitungsvorgängen" gemeint und mithin Regelungsgegenstand des Art. 83 Abs. 3 DSGVO sein soll.

Aus dem Wortlaut dieser Vorschrift lässt sich eine Verbindung zu Art. 4 Nr. 2 DSGVO herstellen, die den Begriff des Verarbeitungsvorgangs definiert und mit Beispielen verdeutlicht. Aus Art. 83 Abs. 3 DSGVO ergibt sich ferner, dass er den Fall regeln soll, dass mehrere rechtswidrige Verarbeitungsvorgänge durch die Aufsichtsbehörde bebußt werden. Dabei weicht sein Wortlaut allerdings von der zweiten Alternative des Art. 4 Nr. 2 DSGVO ab, womit der Gesetzgeber zum Ausdruck bringen könnte, dass es sich nach seinem Verständnis zwar sowohl bei einer Vorgangsreihe als auch bei „gleichen oder miteinander verbundenen Verarbeitungsvorgängen“ um eine Mehrzahl einzelner Verarbeitungsvorgänge handelt, diese Mehrzahlen sich allerdings in irgendeiner Hinsicht unterscheiden. Der Wortlaut der DSGVO bleibt mithin zu der Frage, was unter der Formulierung in Art. 83 Abs. 3 DSGVO zu verstehen sein soll, unergiebig.

2. Streitstand

a) Erste Auffassung

Nach einer Auffassung soll unter gleichen Verarbeitungsvorgängen der Fall zu verstehen sein, dass es sich um dieselbe betroffene Person und den gleichen Verarbeitungsgegenstand handelt, etwa indem ein einzelner Fitness-Tracker mehrmals Daten an den Hersteller schickt.[238] Dagegen soll ein miteinander verbundener Verarbeitungsvorgang den Fall betreffen, dass ein identischer Verarbeitungsvorgang verschiedene Personen betrifft, also die Fitness-Tracker mehrerer Personen Daten an den Hersteller schicken.[239] Hieraus wird geschlossen, dass es sich aufgrund der sachlichen Gleichartigkeit bei gegebener zeitlicher Nähe in beiden Fällen um Tateinheit handeln soll, sodass nur eine einzige Geldbuße festzusetzen wäre, die sich nach der höchsten Strafandrohung richtet.[240]

Diese Auffassung ist methodisch mit den allgemeinen Grundsätzen der Tatbestandskonkurrenz im deutschen Strafrecht verwandt. Die Behandlung entsprechender Fälle beruhte historisch auf der vom Reichsgericht geschaffenen Rechtsfigur der fortgesetzten Handlung, welche geschaffen wurde, um bei natürlicher Betrachtung miteinander zusammenhängende Vorgänge sinnvoll rechtlich abbilden zu können und die Arbeit der Strafgerichte bei

238 *Boehm*, in: Simitis/Hornung/Spiecker gen. Döhmann, Datenschutzrecht, Art. 83, Rn. 36.

239 *Boehm*, in: Simitis/Hornung/Spiecker gen. Döhmann, Datenschutzrecht, Art. 83, Rn. 36.

240 *Boehm*, in: Simitis/Hornung/Spiecker gen. Döhmann, Datenschutzrecht, Art. 83, Rn. 36; im Ergebnis ebenso *Frenzel*, in: Paal/Pauly, DSGVO, Art. 83, Rn. 16; *Bergt*, in: Kühlung/Buchner, DSGVO, Art. 83 Rn. 60.

Feststellung einer großen Zahl von im Wesentlichen gleichartigen Einzelverstößen zu erleichtern.[241]

Nach dem Willen des Reichsgerichts sollte eine fortgesetzte Handlung (mit der Folge der Annahme einer Handlungseinheit) angenommen werden, wenn eine Begehung von Einzelakten vorlag, von denen objektiv[242] jeder für sich tatbestandsmäßig war und diese im Wesentlichen gleichartig und räumlich/zeitlich verbunden waren, sowie subjektiv[243] von einem Gesamtvorsatz getragen wurden.[244] Die Folgen dieser Rechtsfigur zeigten sich beispielsweise im Kartellrecht dadurch, dass wettbewerbswidrige Absprachen über Jahre hinweg zu einer einheitlichen Handlung im Rechtssinne verbunden wurden.[245]

Aufgrund erheblicher Anwendungsschwierigkeiten gab der BGH diese Rechtsfigur 1994 auf.[246] Zum Ersatz verwies er auf die Rechtsfigur der tatbestandlichen Bewertungseinheit,[247] die nachfolgend umfangreiche Anwendung im Bereich der Kartellordnungswidrigkeiten fand.[248] Eine tatbestandliche Bewertungseinheit und damit Handlungseinheit lag hiernach auch bei einer Vielzahl einzelner Preisabsprachen vor, wenn sie auf der Grundlage einer sog. Grundabsprache, also einer Absprache der wesentlichen Eckdaten,[249] beruhten und keinen darüber hinausgehenden eigenständigen

241 RG, Beschl. v. 11.7.1936 - GSSt 2/36, RGSt 70, 243, 244; *von Heintschel-Heinegg*, in: MüKo StGB, Vor § 52 ff., Rn. 4.

242 BGH, Urt. v. 30.9.1992 - 5 StR 169/92, NStZ 1993, 35.

243 BGH, Urt. v. 21.9.1951 - 2 StR 415/51, BGHSt 1, 313; Urt. v. 13.12.1960 – 5 StR 478/60, BGHSt 15, 268; Urt. v. 01.02.1989 – 3 StR 450/88, BGHSt 36, 105; Urt. v. 04.06.1991 – 5 StR 122/91, BGHSt 37, 45.

244 *Galle/Rengier*, Die Grundabsprache im deutschen Kartellrecht – Bewertungseinheit grenzenlos?, NZKart 2017, 229.

245 BGH, Urt. v. 24.3.1987 - KRB 8/86, WuW/E BGH 2394, 2395; Urt. v. 14.7.1980 - KRB 6/79, WuW/E BGH 1736, 1739; *Achenbach*, in: FK Kartellrecht, GWB, § 81 Rn. 95; *Galle/Rengier*, Die Grundabsprache im deutschen Kartellrecht – Bewertungseinheit grenzenlos?, NZKart 2017, 229, 230.

246 BGH, Beschl. v. 3.5.1994 - GSSt 2-3/93, NJW 1994, 1663; *Fischer*, StGB, vor § 52, Rn. 49; zur Aufgabe der Rechtsfigur auch speziell für Kartellordnungswidrigkeiten vgl. BGH, Urt. v. 19.12.1995 - KRB 33/95, WuW/E BGH 3043, 3049.

247 BGH, Urt. v. 19.12.1995 - KRB 33/95, WuW/E BGH 3043, 3049.

248 *Galle/Rengier*, Die Grundabsprache im deutschen Kartellrecht – Bewertungseinheit grenzenlos?, NZKart 2017, 229, 231.

249 BGH, Urt. v. 28.06.2005 – KRB 2/05, NStZ 2006, 228, 229; ebenso in der Vorinstanz das OLG Düsseldorf, Urt. v. 6.5.2004, Kart 41-43/01 OWi, juris, Rn. 208-213, WuW/E DE-R 1315, 1319 f.

Unrechtsgehalt erkennen lassen.[250] Im Ergebnis führt diese Definition jedenfalls im Kartellrecht dazu, dass die Figur des Fortsetzungszusammenhangs faktisch weitgehend beibehalten wurde.[251] Die damit einhergehenden Abgrenzungsschwierigkeiten sind der Rechtsprechung damit zwar bewusst, werden aber zugunsten der Erreichung sinnvoller und zweckmäßiger Ergebnisse hingenommen. Konkret genügte im Fall des sog. Wurstkartells die aufsichtsbehördliche Feststellung, es gäbe ein tradiertes Grundverständnis, sich über Preiserhöhungen zu verständigen, für die Annahme von Handlungseinheit, obwohl das Kartell sich über Jahre erstreckte und unterschiedliche Produktgruppen betraf.[252]

Die Übertragung dieser Erkenntnisse auf datenschutzrechtliche Konstellationen ergibt, dass eine Grundentscheidung des Verantwortlichen zu einer bestimmten Datenverarbeitung für die Annahme einer tatbestandlichen Bewertungseinheit nach deutschem Recht genügen würde.

b) Zweite Auffassung

Nach einer weiteren Auffassung soll der Begriff der miteinander verbundenen Verarbeitungsvorgängen aus teleologischen Gründen eng ausgelegt werden, da ansonsten die abschreckende Wirkung des Art. 83 DSGVO unterlaufen würde.[253] Hiernach wäre eine Verbindung von Verarbeitungsvorgängen durch mehrere Kriterien denkbar, insbesondere die Identität der betroffenen Person, die Identität des Verarbeitungszweckes, die Art der Verarbeitungsvorgänge an sich sowie ihre zeitliche Nähe.[254] Dabei reiche allerdings kein einzelnes dieser Kriterien für sich genommen, vielmehr sei regelmäßig die Identität der betroffenen Person und des Verarbeitungszweckes für die Annahme einer Verbundenheit erforderlich.[255] Folge dessen wäre, dass bei ver-

---

250 Vgl. hierzu ausführlich *Galle/Rengier*, Die Grundabsprache im deutschen Kartellrecht – Bewertungseinheit grenzenlos?, NZKart 2017, 229, 233.

251 *Galle/Rengier*, Die Grundabsprache im deutschen Kartellrecht – Bewertungseinheit grenzenlos?, NZKart 2017, 229, 233.

252 *Bundeskartellamt*, Pressemitteilung: Bundeskartellamt verhängt Bußgelder gegen Wursthersteller, 15.7.2014; *Galle/Rengier*, Die Grundabsprache im deutschen Kartellrecht – Bewertungseinheit grenzenlos?, NZKart 2017, 229, 234.

253 *Nemitz*, in: Ehmann/Selmayr, DSGVO, Art. 83, Rn. 31; vgl. ferner *Hartung/Büttgen*, Sanktionen und Haftungsrisiken nach der DSGVO, WPg 2017, 1152, 1154.

254 *Nemitz*, in: Ehmann/Selmayr, DSGVO, Art. 83, Rn. 31.

255 *Nemitz*, in: Ehmann/Selmayr, DSGVO, Art. 83, Rn. 31.

schiedenen betroffenen Personen grundsätzlich Tatmehrheit vorliegen würde.

c) Dritte Auffassung

Nach einer dritten Auffassung ist die Formulierung des Art. 83 Abs. 3 DSGVO im Gleichlauf zu Art. 30 DSGVO und Art. 35 DSGVO zu lesen.[256] Hintergrund dessen ist die englische Sprachfassung der DSGVO, die in Art. 83 Abs. 3 DSGVO von „same or linked processing operations" spricht und den Begriff der „processing operations" in ähnlicher Form in Art. 35 DSGVO verwendet. Hieraus sei zu schließen, dass Art. 83 Abs. 3 DSGVO ebenso wie Art. 35 DSGVO auf eine „derartige Verarbeitungstätigkeit als Ganzes" bezogen sei und folglich der einheitliche Zweck der Verarbeitungstätigkeit entscheidend sei.[257] Hierdurch könne gewährleistet werden, dass ein wirtschaftlich zusammenhängender Vorgang nicht künstlich auseinandergerissen werde, wodurch die Datenschutzbehörden den Bußgeldrahmen künstlich erhöhen könnten.[258] Folge dieser Auffassung wäre, dass eine durch ihren einheitlichen Zweck verbundene Verarbeitungstätigkeit eine einheitlich zu bebußende Tat darstellen würde.

Diese Auffassung lässt sich ferner auf Erfahrungen aus dem europäischen Kartellrecht stützen. Dieses stellt eine typische Materie für unionsrechtlich geprägte Ordnungswidrigkeiten dar und lässt insoweit viele Parallelen zum Datenschutzrecht erkennen. So ist etwa auch bei der Anwendung der kartellrechtlichen Vorschriften das Ziel kodifiziert, eine möglichst unionsweit einheitliche Anwendung des materiellen Rechts anzustreben.[259] Ferner müssen Geldbußen bei Verstößen nicht nur im Datenschutzrecht (vgl. Art. 83 Abs. 1 S. 1 DSGVO) wirksam und abschreckend sein, sondern auch im Kartellrecht.[260]

Zur Darstellung des Tatbegriffs im EU-Kartellrecht kann exemplarisch auf eines der größten Bußgeldverfahren verwiesen werden, welches sich wegen kartellrechtlicher Verstöße gegen Google und Alphabet richtete und am

256 *Moos/Schefzig*, in: Taeger/Gabel, DSGVO, Art. 83 Rn. 70.
257 *Moos/Schefzig*, in: Taeger/Gabel, DSGVO, Art. 83 Rn. 70.
258 *Moos/Schefzig*, in: Taeger/Gabel, DSGVO, Art. 83 Rn. 70.
259 Vgl. Erwägungsgrund 1 zur VO 1/2003.
260 EuGH, Urt. v. 07.06.1983, Rs. 100/80 bis 103/80, *Musique Diffusion française* u.a./Kommission, Slg. 1983, S. 1825, Rn. 106.

18.07.2018 mit einer Gesamtgeldbuße von 4,34 Mrd. Euro aufsichtsbehördlich abgeschlossen wurde.[261] In dem veröffentlichten Teil der Entscheidung geht die EU-Kommission auf die Frage der prozessualen Tat wie folgt ein: [262]

> *"Der Begriff der einheitlichen und fortgesetzten Zuwiderhandlung bezieht sich auf eine Serie von Handlungen, die Teil eines Gesamtplans sind, weil ihr einheitliches Ziel den Wettbewerb innerhalb des Binnenmarktes verzerrt.*
>
> *Um verschiedene Fälle von Handlungen als eine einheitliche und fortgesetzte Zuwiderhandlung zu charakterisieren, muss festgestellt werden, ob sie sich insofern ergänzen, als jede von ihnen dazu bestimmt ist, eine oder mehrere Folgen des normalen Wettbewerbsmusters zu beeinflussen und durch ihr Zusammenwirken zur Verwirklichung der im Rahmen dieses Gesamtplans angestrebten Ziele beizutragen. Dabei ist jeder Umstand zu berücksichtigen, der geeignet ist, diese komplementäre Verbindung herzustellen oder in Zweifel zu ziehen, wie etwa der Zeitraum der Anwendung, der Inhalt (einschließlich der eingesetzten Methoden) und, korrelativ dazu, das Ziel der verschiedenen fraglichen Aktionen".*[263]

---

261 *Europäische Kommission*, Pressemitteilung: Kartellrecht: Kommission verhängt Geldbuße von 4.34 Milliarden Euro gegen Google wegen illegaler Praktiken bei Android-Mobilgeräten zur Stärkung der beherrschenden Stellung der Google-Suchmaschine, 18.07.2018.

262 *Europäische Kommission*, Commision Decision of 18.7.2018 – AT.40099, Abschnitt 14.1, Rn. 1337f. unter Verweis auf EuGH, Urt. v. 01.07.2010, Az. T-321/05, AstraZeneca v. Kommission, EU:T:2010:266, Rn. 892, seinerseits bezugnehmend auf EuGH, verbundenes Verfahren zu den Az. C-204/00 P, C-205/00 P, C-211/00 P, C-213/00 P, C-217/00 P und C-219/00 P – Aalborg Portland and Others v Commission, EU:C:2004:6, Rn. 258 sowie verbundene Verfahren zu den Az. T-101/05 und T-111/05 BASF und UCB v Commission, EU:T:2007:380, Rn. 179, 181.

263 Übersetzung durch den Verfasser. Die Formulierung lautet im Original wie folgt: "*The concept of a single and continuous infringement relates to a series of actions which form part of an overall plan because their identical objective distorts competition within the internal market.*
For the purposes of characterising various instances of conduct as a single and continuous infringement, it is necessary to establish whether they complement each other inasmuch as each of them is intended to deal with one or more consequences of the normal pattern of competition and, by interacting, contribute to the realisation of the objectives intended within the framework of that overall plan. In that regard, it is necessary to take into account any circumstance capable of establishing or casting doubt on that complementary link, such as the period of application, the content (including the methods used) and, correlatively the objective of the various actions in question."

Diese Grundsätze hat die Kommission nachfolgend auf den ihr vorliegenden Fall angewendet. Der Vorwurf des Missbrauchs der Marktmacht bei Android-Mobilgeräten stütze sich dort darauf, dass Google

- von allen Herstellern als Bedingung für eine Lizenzierung des Google Play Stores verlangt hat, auch die Google Suchmaschinen App und den Google Chrome Browser auf ihren Geräten vorzuinstallieren,
- Zahlungen an bestimmte große Hersteller und Mobilfunknetzbetreiber geleistet hat, wenn diese ausschließlich die Google Suchmaschinen App auf ihren Geräten vorinstallierten und
- Hersteller, die Apps von Google auf ihren Geräten vorinstallieren wollten, daran gehindert hat, auch nur ein einziges intelligentes Mobilgerät zu verkaufen, das über eine alternative, von Google nicht genehmigte Android-Version – einen sogenannten Android-Fork – betrieben wird.[264]

Bei Anwendung der oben dargestellten Grundsätze auf diesen Sachverhalt hat die Kommission festgestellt, dass es sich bei

(1) der Verbindung der Google Suchmaschinen App mit dem Play Store;
(2) der Verbindung von Google Chrome mit dem Play Store und der Google Suchmaschinen App;
(3) der Lizenzierung des Google Play Stores und der Google Suchmaschinen App unter der Bedingung dass Hardware-Hersteller keine alternativen, von Google nicht genehmigten Android-Versionen vertreiben;
(4) den Zahlungen an große Hersteller und Mobilfunknetzbetreibern für die ausschließlich Installation der Google Suchmaschinen App auf bestimmten neuen Geräten

jeweils um eigenständige Verstöße gegen Art. 102 AEUV und Art. 54 des EWR-Abkommens handelt, die in ihrer Gesamtheit eine einheitliche und fortgesetzte Zuwiderhandlung darstellen.[265] Grund hierfür ist zum einen, dass sämtliche dieser Handlungen ein einheitliches Ziel verfolgen, nämlich die Stärkung von Googles dominanter Position im Suchmaschinenbereich.[266]

---

264 *Europäische Kommission*, Pressemitteilung: Kartellrecht: Kommission verhängt Geldbuße von 4.34 Milliarden Euro gegen Google wegen illegaler Praktiken bei Android-Mobilgeräten zur Stärkung der beherrschenden Stellung der Google-Suchmaschine, 18.07.2018.

265 *Europäische Kommission*, Commision Decision of 18.7.2018 – AT.40099, Abschnitt 14.2, Rn. 1339 f.

266 *Europäische Kommission*, Commision Decision of 18.7.2018 – AT.40099, Abschnitt 14.2, Rn. 1341.

Weiterer Grund ist, dass sämtliche dieser Handlungen miteinander verknüpft sind, indem Hersteller und Mobilfunknetzbetreiber Zahlungen nur erhalten haben, wenn sie auch die Verpflichtung eingingen, keine alternativen, von Google nicht genehmigten Android-Versionen vertreiben.[267]

Aus diesen Feststellungen folgt wiederum, dass eine einzige, einheitliche Geldbuße festzusetzen ist.[268] Eine Aufschlüsselung nach einzelnen Handlungen im Sinne des deutschen Ordnungswidrigkeitenrechts, etwa wann genau welche Summe an welchen Mobilfunknetzbetreiber gezahlt wurde, findet nicht statt. Ebenso findet, anders als in § 20 OWiG vorgesehen, keine Festsetzung von Einzelstrafen für jede einzelne Tat mit anschließender Kumulation statt.

3. Entscheidung

Aufgrund der unterschiedlichen Ergebnisse dieser Auffassungen und der weitreichenden hiervon ausgehenden praktischen Konsequenzen ist zu prüfen, welche der Auffassungen vorzugswürdig ist.

Dabei ist die zweite Auffassung schon deshalb abzulehnen, weil das durch sie sehr eng gezogene Verständnis gleicher oder miteinander verbundener Verarbeitungsvorgänge dazu führen würde, dass Datenschutzverstöße gegenüber jeder einzelnen natürlichen Person mit dem weitreichenden Bußgeldrahmen der Art. 83 Abs. 4 und Abs. 5 DSGVO sanktioniert werden könnten. Dies erscheint teleologisch wenig sinnvoll, da der hohe Bußgeldrahmen, der sogar Milliardenbußgelder ermöglicht, nur dann angebracht erscheint, wenn schwere Verstöße gegenüber einer Vielzahl von Betroffenen sanktioniert werden sollen. Würde jeder Betroffene für sich betrachtet werden, hätte es eines solchen Bußgeldrahmens nicht bedurft.

Die Entscheidung zwischen der erst- und letztgenannten hängt dann davon ab, inwieweit die etablierte Praxis des unionalen Kartellrechts auf das Datenschutzrecht übertragbar ist.

---

267 *Europäische Kommission*, Commision Decision of 18.7.2018 – AT.40099, Abschnitt 14.2, Rn. 1349 ff.

268 *Europäische Kommission*, Commision Decision of 18.7.2018 – AT.40099, Abschnitt 14.2, Rn. 1435.

In diesem Kontext ist zunächst festzustellen, dass die entsprechenden Bußgeldvorschriften im Kartellrecht[269] und im Datenschutzrecht[270] sehr ähnlich sind. Beide Vorschriften nehmen Bezug auf materiell-rechtliche Verbote und erlauben es den zuständigen Behörden, Verstöße gegen diese Verbote mittels Geldbußen zu sanktionieren. Beide Vorschriften sehen dabei keine näheren Bestimmungen vor, wie genau diese Geldbußen und das Verfahren ihrer Verhängung ausgestaltet sein müssen, sondern setzen die Anwendung anderweitiger Verfahrensvorschriften voraus und überlassen es im Übrigen den Aufsichtsbehörden, konkretisierende Leitlinien aufzustellen.[271] Dabei haben das Kartellrecht und das Datenschutzrecht auch hier gemein, dass auf europäischer Ebene in beiden Gebieten kaum Verfahrensvorschriften bestehen: Während dies im Datenschutzrecht einleuchtend ist, weil die Ausgestaltung der verfahrensrechtlichen Fragen trotz der dargestellten Schwierigkeiten zumindest im Detail den Mitgliedsstaaten überlassen wird[272] und die Bußgeldverfahren von den Aufsichtsbehörden der Mitgliedsstaaten geführt werden,[273] vermag dies im Kartellrecht aufgrund der teilweisen Verfahrensführung der Kommission zu verwundern. Deren Bußgeldverfahren wird hauptsächlich durch die VO 1/2003[274] in Verbindung mit den Geldbußenleitlinien der Kommission[275] und der Kronzeugenmitteilung der Kommission[276] geprägt.[277] Da diese Vorschriften keine besonderen Regelungen für das Bußgeldverfahren, etwa entsprechend der deutschen Unterscheidung zwischen

269 Vgl. Art. 23 Abs. 2 lit. a der VO 1/2003: „Die Kommission kann gegen Unternehmen und Unternehmensvereinigungen durch Entscheidung Geldbußen verhängen, wenn sie vorsätzlich oder fahrlässig (...) gegen Artikel 81 oder Artikel 82 des Vertrags [Anm.: heute Art. 101, 102 AEUV] verstoßen (...)".

270 Vgl. Art. 83 Abs. 5 lit. a DSGVO: „Bei Verstößen gegen die folgenden Bestimmungen werden (...) Geldbußen (...) verhängt (...): die Grundsätze für die Verarbeitung, einschließlich der Bedingungen für die Einwilligung, gemäß den Artikeln 5,6,7 und 9; (...)".

271 Vgl. Art. 70 Abs. 1 S. 1 lit. k DSGVO.

272 Vgl. Art. 83 Abs. 8 DSGVO, ErwG 148 S. 4, ErwG 152, § 41 BDSG.

273 Vgl. Art. 58 Abs. 2 lit. i DSGVO.

274 Verordnung (EG) Nr. 1/2003 des Rates vom 16. Dezember 2002 zur Durchführung der in den Artikeln 81 und 82 des Vertrags niedergelegten Wettbewerbsregeln, Amtsblatt Nr. L 001 vom 04/01/2003 S. 0001 – 0025.

275 *Europäische Kommission*, Leitlinien für das Verfahren zur Festsetzung von Geldbußen gemäß Artikel 23 Absatz 2 Buchstabe a) der Verordnung (EG) Nr. 1/2003 vom 01.09.2006, Amtsblatt der Europäischen Union, C 210/2.

276 *Europäische Kommission*, Mitteilung der Kommission über den Erlass und die Ermäßigung von Geldbußen in Kartellsachen vom 08.12.2006, Amtsblatt der Europäischen Union, C 298/11.

277 *Bechtold*, Kartellrechtliche Bußgeldverfahren in Deutschland und der EU, S. 9.

Bußgeld- und Verwaltungsverfahren, enthalten, trifft die Kommission ihre Entscheidung im Bußgeldverfahren nach Ausübung ihrer allgemeinen Ermittlungsbefugnisse und Anhörung des Unternehmens. Auch im Anschluss an die Entscheidung der Kommission richtet sich das weitere Verfahren nach allgemeinen Regelungen. So ist gegen ihre Entscheidung die Klage nach Art. 263 Abs. 4 AEUV zum Gericht der Europäischen Union statthaft, gegen dessen Entscheidung wiederum die Einlegung von Rechtsmitteln, über die der Europäische Gerichtshof entscheidet. Auch in deren Verfahrensordnungen finden sich dabei keine bußgeldspezifischen Vorschriften.[278]

Hieraus ergibt sich, dass zwischen dem Bußgeldverfahren im europäischen Kartellrecht und dem Bußgeldverfahren im europäischen Datenschutzrecht durchaus signifikante Unterschiede bestehen. Es ist nicht ersichtlich, dass die Vorgaben des europäischen Kartellrechts etwa kraft der Verweisung im Erwägungsgrund 150 zur DSGVO unmittelbar zwingende Wirkungen für den Tatbegriff im Bußgeldverfahren vor deutschen Datenschutzbehörden entfalten würden.

Trotz dessen könnte es allerdings rechtlich zulässig und praktisch sinnvoll erscheinen, sich in einem solchen Bußgeldverfahren an den Rechtsgrundlagen und Erfahrungen des europäischen Kartellrechts zu orientieren. Die Anwendung der auf dem Begriff der einheitlichen und fortgesetzten Zuwiderhandlung aufbauenden Grundsätze könnte sich damit beispielsweise insoweit als sinnvoll erweisen, dass sie eine weitreichende Konzentration sachlich zusammenhängender Sachverhalte zu einer einheitlichen Tat ermöglicht.

Einer solchen Konzentration kann auch nicht die fehlende Abschreckungswirkung entgegengehalten werden. Zwar wird nach dieser Auffassung die Bußgeldhöhe für die gesamte Tat durch Art. 83 Abs. 3 DSGVO beschränkt, allerdings eröffnet der Bußgeldrahmen der Art. 83 Abs. 4, Abs. 5 DSGVO einen hinreichend hohen Rahmen, um darin sämtliche Verstöße im Rahmen einer einheitlichen Tat schuldgerecht, abschreckend und wirksam zu bebußen.

Zudem spricht für diese Auslegung auch, dass die vom Reichsgericht bei Schaffung der Rechtsfigur der fortgesetzten Handlung[279] angesprochenen Schwierigkeiten ausgeräumt werden können. Durch diese Auslegung kann vermieden werden, dass die Datenschutzbehörde jede einzelne rechtswidrige verarbeitete Datei einzeln mit Tatzeit, Tatort und sonstigem Tathergang feststellen und bebußen müsste. Ebenso kann vermieden werden, dass die

278 *Bechtold*, Kartellrechtliche Bußgeldverfahren in Deutschland und der EU, S. 11.
279 RG, Beschl. v. 11.7.1936 - GSSt 2/36, RGSt 70, 243, 244.

Datenschutzbehörde in jedem Einzelfall Erwägungen anstellen müsste, ob einzelne Dateien im Verhältnis zueinander schwerer oder weniger schwer verwiegen, was offensichtlich nicht nur unnötig und hoch streitig wäre, sondern auch sachfremd, da an sich Gegenstand der Bebußung die allgemeine Praxis sein sollte, dass entsprechende Dateien rechtswidrig verarbeitet wurden.

Ferner spricht für diese Auslegung, dass durch sie ein erhöhtes Maß an Rechtssicherheit geschaffen werden könnte. Es erschiene widersinnig, wenn die Datenschutzbehörde ein Bußgeld für die rechtswidrige Verarbeitung von Daten verhängen und ggf. gerichtlich klären lassen könnte, nur um zu einem späteren Zeitpunkt erneut ein Bußgeldverfahren wegen hiermit sachlich eng zusammenhängender und der Behörde längst bekannter Verhaltensweisen einzuleiten. Es erscheint sehr viel eher sachgerecht, alle diese Verhaltensweisen zum Gegenstand eines einheitlichen Bußgeldverfahrens zu machen und nach dessen rechtskräftigem Abschluss Rechtssicherheit auf allen Seiten zu haben.

Ebenso erscheint es teleologisch geboten, keine strikte nationale Auslegung des Tatbegriffs vorzunehmen, sondern im Interesse einer einheitlichen Sanktionspraxis in der gesamten EU auf originär europäische Begriffe und Auslegungsmethoden zurückzugreifen.[280] Die klaren, oben bereits dargestellten Zielvorgaben des Unionsgesetzgebers zur Harmonisierung der Durchsetzung von Datenschutzvorschriften können zuverlässiger erfüllt werden, wenn die Sanktionierung in den einzelnen Mitgliedsstaaten nicht in einem Ausmaß auseinanderfällt, die praktisch signifikante, negative Auswirkungen auf die Fähigkeit der jeweiligen nationalen Aufsichtsbehörden zur Bußgeldverhängung hätte. Verfassungsrechtliche Bedenken auf nationaler oder europäischer Ebene, etwa wegen einer Verletzung der Justizgrundrechte (Art. 103 Abs. 2 GG, Art. 47 GRCh, Art. 6 EMRK) bestehen schon deswegen nicht, weil die Umgrenzungs- und Informationsfunktion einer Anklage auch bei diesem Ergebnis erfüllt werden können; hierauf hat die Aufsichtsbehörde bei Abfassung des Bußgeldbescheides und der Schilderung des Tatherganges nach § 66 Abs. 1 Nr. 3 OWiG von Amts wegen zu achten.

Nach alledem sprechen die besseren Gründe dafür, die Formulierung „bei gleichen oder miteinander verbundenen Verarbeitungsvorgängen“ in Art. 83

280 Ebenso *Bergt*, in: Kühling/Buchner, DSGVO, Art. 83, Rn. 60, welcher hervorhebt, dass es in jedem Fall nicht auf nationale Konstruktionen des deutschen Strafrechts ankommt, sondern nur auf die originär europarechtliche Umschreibung in Art. 83 Abs. 3 DSGVO, deren Begriffe autonom auszulegen sind.

Abs. 3 DSGVO im Lichte der von der Kommission zu Art. 101, 102 AEUV entwickelten Grundsätze zur einheitlichen und fortgesetzten Zuwiderhandlung auszulegen. Folglich liegen gleiche oder miteinander verbundene Verarbeitungsvorgänge immer dann vor, wenn es sich bei einem Verhalten um eine Mehrzahl von Verarbeitungsvorgängen handelt, die einen inneren Zusammenhang aufweisen und dergestalt miteinander verknüpft sind, dass sie ein einheitliches Ziel verfolgen.

D. Ergebnis

Aus dem Vorgesagten ergibt sich, dass bei Verstößen im Rahmen gleicher oder miteinander verbundener Verarbeitungsvorgänge des Verantwortlichen (Art. 83 Abs. 3 DSGVO) auch eine einzige Tat im prozessualen Sinne vorliegt, für die eine einheitliche Geldbuße festzusetzen ist. Dabei ist das Kriterium der gleichen oder miteinander verbundenen Verarbeitungsvorgänge ähnlich wie die einheitliche und fortgesetzte Zuwiderhandlung im Kartellrecht zu sehen (ErwG 150 S. 3 i.V.m. Art. 101, 102 AEUV). Maßgeblich ist mithin, ob es sich bei dem vorgeworfenen Verhalten um eine Mehrzahl von Verarbeitungsvorgängen handelt, die einen inneren Zusammenhang aufweisen und dergestalt miteinander verknüpft sind, dass sie ein einheitliches Ziel verfolgen.

Teil 5: Beweismittel

A. Problematik

Der Bußgeldbescheid hat gemäß § 66 Abs. 1 Nr. 4 OWiG ferner die Beweismittel zu bezeichnen. Gerade im Datenschutzrecht ist es allerdings selten so, dass Beweismittel mit klassischen strafprozessualen Maßnahmen wie Durchsuchungen oder Beschlagnahme erlangt werden. Vielmehr ist es eher so, dass Beweismittel vielfach aus Dokumenten, Unterlagen oder Angaben des Betroffenen bestehen, die dieser freiwillig oder in (ggf. zutreffender) Annahme einer eigenen Herausgabepflicht der Datenschutzbehörde zur Verfügung gestellt hat. Dieser Umstand macht es für Verantwortliche schwierig zu entscheiden, in welchem Umfang sie mit der Datenschutzbehörde kooperieren sollten. Zu prüfen ist damit zunächst, in welchem Umfang ein Verantwortlicher zur Kooperation mit der Datenschutzbehörde verpflichtet sind. Im Anschluss wird dann dargestellt, inwieweit eine Kooperation mit der Datenschutzbehörde auch ohne entsprechende Rechtspflicht sinnvoll ist.

B. Pflicht des Verantwortlichen zur Kooperation mit der Datenschutzbehörde

Dem Grunde nach ergeben sich Kooperationspflichten des Verantwortlichen aus Art. 31 DSGVO sowie aus § 40 Abs. 4 BDSG. Darin wird allerdings nur relativ oberflächlich geregelt, dass der Verantwortliche „auf Anfrage mit der Aufsichtsbehörde bei der Erfüllung ihrer Aufgaben“ zusammenarbeitet (Art. 31 DSGVO) bzw. der Aufsichtsbehörde „auf Verlangen die für die Erfüllung ihrer Aufgaben erforderlichen Auskünfte zu erteilen“ hat (§ 40 Abs. 4 S. 1 BDSG). Allerdings können hiervon auch Auskünfte betroffen sein, die auf ein rechtswidriges Verhalten des Verantwortlichen hindeuten. Dasselbe gilt für weitere Rechenschaftspflichten, etwa aus Art. 5 Abs. 2 oder Art. 58 Abs. 1 lit. a DSGVO. Hinzu kommt, dass Verantwortliche beispielsweise aus Art. 33 DSGVO verpflichtet sein können, der Aufsichtsbehörde Sachverhalte proaktiv zu melden, die Datenschutzverstöße darstellen können.

Diese Pflichten begegnen, jedenfalls in ihrer konkreten Reichweite, rechtsstaatlichen Bedenken.[281] Nach allgemeinen deutschen verfassungsrechtlichen Grundsätzen muss niemand sich selbst einer Straftat bezichtigen (*nemo tenetur se ipsum accusare*).[282] Entsprechendes gilt auch auf europäischer Ebene. Hier findet insbesondere die Grundrechte-Charta Anwendung, und zwar unabhängig davon, ob Organe der EU handeln oder die Mitgliedsstaaten EU-Recht selbst umsetzen (Art. 51 Abs. 1 S. 1 GRCh). Daraus folgen u.a. Grundsätze wie das Recht auf ein ordnungsgemäßes Verfahren (Art. 47 GRCh), die Unschuldsvermutung und Verteidigungsrechte (Art. 48 GRCh), Gesetzlichkeits- und Verhältnismäßigkeitsprinzip (Art. 49 GRCh) und Doppelbestrafungsverbot (Art. 50 GRCh).[283] Insoweit kommt durch die Normierung einer Auskunftspflicht ein möglicher Verstoß gegen den nemo tenetur Grundsatz als Ausprägung des Rechts auf ein ordnungsgemäßes Verfahren bzw. des Rechtsstaatsprinzips im Allgemeinen in Betracht.

C. *Typischer Verfahrensablauf*

Diese Problematik wird bei Betrachtung des typischen Ablaufs eines Verfahrens bei einer Datenschutzbehörden verdeutlicht.

Wie bereits in Teil 2 dargestellt, kann ein Verfahren auf verschiedene Weisen eingeleitet werden. Je nach Zuständigkeitsverteilung und Dezernatszuschnitt beginnen aufsichtsbehördliche Verfahren allerdings gerade im nicht-öffentlichen Bereich häufig mit der Beschwerde eines Betroffenen. Wie in Teil 2 weiter dargestellt, sind insbesondere die eigenen Beschäftigten als Beschwerdeführer besonders kritisch für Verantwortliche, da sie mögliche Interna kennen und zudem (anders als externe Betroffene) mitunter auch Belege oder Nachweise für behauptete Datenschutzverstöße liefern könnten oder jedenfalls als potentielle Zeugen zur Verfügung stehen. Während aktuelle Beschäftigte aufgrund ihres Abhängigkeitsverhältnisses möglicherweise von Beschwerden abgehalten werden oder diese nur anonym einreichen, können ehemalige Beschäftigte, die im Streit mit ihrem Arbeitgeber auseinander gegangen sind, auf diese Weise zu einem echten Risiko für Unternehmen werden.

---

281 Vgl. etwa *Scheffczyk*, in: BeckOK Datenschutzrecht, BDSG, § 42a, Rn. 70; *Martini*, in: Paal/Pauly, DSGVO, Art. 31 Rn. 31.

282 BVerfG, Beschl. v. 27.04.2010 - 2 BvL 13/07, Rn. 2.

283 *Bergt*, in: Kühling/Buchner, DSGVO, Art. 83, Rn. 18f.

Unabhängig von der Art des Verfahrensbeginns (Beschwerde, Data Breach Meldung, Presseberichte o.ä.) wird die Datenschutzbehörde zur Erfüllung ihrer gesetzlichen Aufgaben prüfen, ob im jeweiligen Einzelfall ein Datenschutzverstoß ersichtlich ist. Hierfür wird sie einerseits Informationen vom Anfragenden bzw. vom Beschwerdeführer einholen und andererseits an den Verantwortlichen herantreten, diesen um Stellungnahme bitten und ggf. konkretisierende Fragen stellen. Dieses erste Herantreten erfolgt dabei regelmäßig auf Basis eines informellen Schreibens.[284] Förmliche Verwaltungsakte sind insoweit eher ungewöhnlich und kommen eher bei Abschluss eines Verfahrens oder bei Ausbleiben einer Reaktion auf das informelle Schreiben in Betracht.

D. Rechtliche Grundlagen

Im deutschen Recht ergeben sich aus dem strafrechtlichen Gesetzesvorbehalt in Art. 103 Abs. 2 GG diverse Grundsätze für Strafverfahren, so etwa das zwingende Erfordernis einer vor Tatbegehung gesetzlich bestimmten Strafbarkeit des Verhaltens oder das Analogieverbot. Zudem ergibt sich aus dem Schuldprinzip aus Art. 1 Abs. 1 i.V.m. Art. 2 Abs. 1 GG, dass eine Strafe nur bei nachgewiesener Schuld verhängt werden darf (nulla poena sine culpa), wobei die Unschuld des Betroffenen vermutet wird und er nicht zur Selbstbelastung verpflichtet werden darf.[285] Während die Geltung des strafrechtlichen Gesetzesvorbehalts für juristische Personen anerkannt ist,[286] gilt dies für das Schuldprinzip nicht uneingeschränkt. Zwar darf auch gegen juristische Person eine Strafe nur verhängt werden, wenn ihre Schuld feststeht.[287] Allerdings gilt das Verbot des Zwangs zur Selbstbelastung für sie nach Rechtsprechung des Bundesverfassungsgerichts schon deswegen nicht, weil eine juristische Person lediglich ein „bloßes Zweckgebilde der Rechtsordnung" darstelle und sich die Selbstbelastungsfreiheit aus der Menschenwürde ergebe, die für juristische Personen nicht wesensmäßig übertragbar sei.[288] Hierdurch wird

284 Vgl. *Wenzel/Wybitul*, Vermeidung hoher DS-GVO-Bußgelder und Kooperation mit Datenschutzbehörden, ZD 2019, 290, 291.

285 BVerfG, Beschl. v. 04.02.1959, 1 BvR 197/53, BVerfGE 9, 167, 169; Beschl. v. 25.10.1966, 2 BvR 506/63, BVerfGE 20, 323, 333.

286 BVerfG, Beschl. v. 19.12.2012, 1 BvL 18/11, BVerfGE 133, 1, Rz. 92 ff.

287 BVerfG, Beschl. v. 25.10.1966, 2 BvR 506/63, BVerfGE 20, 323; BGH, Urt. v. 28.10.1965 – KRB 3/65, BGHSt 20, 333, Rn. 23.

288 BVerfG, Beschl. v. 26.02.1997 - 1 BvR 2172/96, BVerfGE 95, 220, 241f.

auch die Wertung widergespiegelt, dass die juristische Person lediglich Adressat einer Geldbuße wird, weil eine natürliche Person sich falsch verhalten hat, sodass die juristische Person nicht notwendigerweise ein eigener Schuldvorwurf oder eine ethische Missbilligung treffe.[289]

Auf europäischer Ebene sind nach Rechtsprechung von EuGH und EGMR umgekehrte Beweislastregeln dahingehend, dass der Verantwortliche nachweisen muss rechtmäßig zu handeln (Art. 5 Abs. 2 DSGVO), grundsätzlich zulässig, wenn sie in einem angemessenen Verhältnis zu dem verfolgten legitimen Ziel stehen, wenn die Möglichkeit besteht, den Beweis des Gegenteils zu erbringen und wenn die Verteidigungsrechte gewahrt sind.[290] Diese allgemeinen Regelungen wurden im kartellrechtlichen Kontext durch den EuGH dahingehend konkretisiert, dass die Grenze einer gesetzlichen Auskunftspflicht erst erreicht ist, wenn vom Verpflichteten verlangt würde, eigenes Zuwiderhandeln einräumen zu müssen.[291] Hieraus ergibt sich weniger ein Verbot der Selbstbezichtigungspflicht als vielmehr ein Verbot der Geständnispflicht.[292] Die Herausgabepflicht im Hinblick auf tatsächliche Informationen wird nämlich vom EuGH nicht als Selbstbezichtigung angesehen.[293] Demnach kann bei entsprechender Anordnung des Gesetzgebers vom Verantwortlichen nahezu grenzenlos die Herausgabe tatsächlicher Informationen und Auskünfte verlangt werden. Nur die Einlassung, dass es sich hierbei um rechtswidriges Verhalten handle, also ein Geständnis im umgangssprachlichen Sinne, kann nicht verlangt werden.

Diese unionsrechtliche Rechtsauslegung ist allerdings vor dem Hintergrund zu sehen, dass es in der Regel nicht darum geht, dass eine natürliche Person sich selbst belasten müsste, sondern eher um die Frage, inwieweit natürliche Personen als Vertreter von juristischen Personen letztere belasten

---

289 BVerfG, Beschl. v. 26.02.1997 - 1 BvR 2172/96, BVerfGE 95, 220, 241f.

290 EGMR, Urt. v. 23.07.2002 – 34619/97, Rn. 101 f.; EuGH, Urt. v. 29.9.2011 – C-521/09 P. ECLI:EU:C:2011:620, Rn. 62; Urt. v. 18.07.2013 – C-501/11 P, EU:C:2013:522, Rn. 107; *Bergt*, in: Kühling/Buchner, DSGVO, Art. 83 Rn. 111.

291 EuGH, Urt. v. 18.10.1989 – 374/87, ECLI:EU:C:1989:387, Rn. 35; Urt. v. 25.1.2007 – C-407/04 P, ECLI:EU:C:2007:53, Rn. 34.

292 Diesem Verständnis trägt beispielsweise im Kartellrecht der ErwG 23 zur VO 1/2003 Rechnung: „Unternehmen, die einer Entscheidung der Kommission nachkommen, können nicht gezwungen werden, eine Zuwiderhandlung einzugestehen; sie sind auf jeden Fall aber verpflichtet, Fragen nach Tatsachen zu beantworten und Unterlagen vorzulegen, auch wenn die betreffenden Auskünfte dazu verwendet werden können, den Beweis einer Zuwiderhandlung durch die betreffenden oder andere Unternehmen zu erbringen."

293 EuGH, Urt. v. 18.10.1989 – 374/87, ECLI:EU:C:1989:387, Rn. 37 ff.

müssen. Diese Nichtidentität von Handelndem und Benachteiligtem lässt diese gesetzgeberische Anordnung auch unter Berücksichtigung deutscher Verfassungsgrundsätze noch als vertretbar erscheinen.

E. Beweisverwertungsverbot

Auch die besonders kritische Regelung in Art. 33 DSGVO, die als einzige eine „proaktive Selbstbezichtigung" fordert, lässt unter Anwendung der EuGH-Rechtsprechung keinen Verstoß gegen höherrangiges Recht erkennen. Gleichwohl hat der deutsche Gesetzgeber mit §§ 42 Abs. 4, 43 Abs. 4 BDSG Regelungen geschaffen, die eine Verwendung dieser Meldungen für Straf- oder Bußgeldverfahren ausschließen sollen. Diesbezüglich ist eher umgekehrt fraglich, ob diese Regelungen nicht ihrerseits gegen höherrangiges Recht verstoßen.

Ihrer Natur nach ist die DSGVO als Verordnung in allen Mitgliedsstaaten unmittelbar anwendbar. Nationaler Umsetzungsgesetze bedarf es bei Verordnungen grundsätzlich nicht. Dementsprechend kann der Bundesgesetzgeber bei einer im Verordnungswege bereits konkret geregelten Materie nur dann eigenständig Regelungen erlassen, wenn die Verordnung hierfür Öffnungsklauseln vorsieht. In Betracht kommen hier insbesondere Art. 83 Abs. 8 DSGVO oder Art. 58 Abs. 4 DSGVO. Diese verweisen allerdings nur allgemein darauf, dass sowohl Unionsrecht als auch mitgliedsstaatliches Recht angemessene Verfahrensgarantien einschließlich wirksamer gerichtlicher Rechtsbehelfe und ordnungsgemäßer Verfahren vorsehen müssen. Eine spezifische, auf Art. 33 DSGVO bezogene Öffnungsklausel fehlt. Ob der Bundesgesetzgeber eine Gesetzgebungskompetenz auf eine derart allgemeine Regelung stützen kann, ist dementsprechend bereits fraglich.[294] Hinzu kommt allerdings, dass der Unionsgesetzgeber im Erwägungsgrund 87 S. 3 ausdrücklich äußert, dass eine Meldung nach Art. 33 DSGVO zu einem Tätigwerden der Aufsichtsbehörde führen kann. Die ansonsten naheliegende, hier aber fehlende Einschränkung bestimmten Tätigwerdens zeigt, dass er davon ausgeht, eine entsprechende Meldung könne grundsätzlich den Anlass für ein Bußgeldverfahren darstellen. Daher sprechen gute Gründe dafür, die §§ 42 Abs. 4, 43 Abs. 4 BDSG als unionsrechtswidrig zu betrachten.

294 *Bergt*, in: Kühling/Buchner, DSGVO, Art. 83 Rn. 112.

Ob eine Sanktionierung von meldenden Unternehmen durch Datenschutzbehörden dennoch versperrt ist, weil diese auf geltendes Bundesrecht vertrauen dürfen,[295] kann an dieser Stelle offen bleiben. In jedem Fall ist davon auszugehen, dass die Aufsichtsbehörden in aller Regel davon absehen werden, meldende Stellen ohne weiteres mit einem Bußgeld zu belegen. Dass dies zwar nicht ausnahmslos gilt, zeigt sich darin, dass es entsprechende Fälle bereits gegeben hat.[296] Allerdings ist zu erwarten, dass in entsprechenden Fällen ein Bußgeld nicht allein auf der Grundlage der Data Breach Meldung verhängt wird, sondern die Behörde weitere Ermittlungsschritte unternimmt, deren Ergebnisse dann nicht von §§ 42 Abs. 4, 43 Abs. 4 BDSG umfasst wären, weil das deutsche Recht grundsätzlich keine entsprechende Fernwirkung von Beweisverwertungsverboten (wie etwa die „fruit of the poisonous tree"-Doktrin des amerikanischen Rechts) kennt.

F. Ergebnis

Zusammenfassend ist damit festzuhalten, dass der nemo tenetur Grundsatz im europäischen Recht wenig umfasst und insbesondere die Regelungen in Art. 5 Abs. 2, 31, 33, 58 Abs. 1 S. 1 lit. a DSGVO, § 40 Abs. 4 BDSG nicht gegen höherrangiges Recht verstoßen. Im Gegenteil können Verantwortliche verpflichtet sein, Informationen herauszugeben, die sie selbst belasten. Diese Informationen können auch im Bußgeldverfahren gegen sie verwendet werden, die entgegenstehenden Beweisverwertungsverbote in §§ 42 Abs. 4, 43 Abs. 4 BDSG sind mangels Öffnungsklausel und damit mangels Gesetzgebungskompetenz des Bundes unionsrechtswidrig und damit unanwendbar.[297] Vielmehr ist der zugegebenermaßen sehr weitreichende Wille des Unionsgesetzgebers zu beachten, der entsprechende Regelungen bewusst und gewollt unterlassen hat. Nichtsdestotrotz dürfte eine rechtssichere Klärung dieser Frage durch deutsche Gerichte und den EuGH auf sich warten

---

295 So etwa *Wenzel/Wybitul*, Vermeidung hoher DS-GVO-Bußgelder und Kooperation mit Datenschutzbehörden, ZD 2019, 290, 293.

296 *Der Landesbeauftragte für Datenschutz und Informationsfreiheit Baden-Württemberg*, Pressemitteilung: LfDI Baden-Württemberg verhängt sein erstes Bußgeld in Deutschland nach der DS-GVO, 22.11.2018.

297 Ebenso *Bergt*, in: Kühling/Buchner, DSGVO, Art. 83 Rn. 112.

lassen, da Aufsichtsbehörden zurückhaltend damit umgehen dürften, Bußgelder auf Art. 33-Meldungen zu stützen.

Teil 6: Verhängung und Zumessung der Geldbuße

Nach Abschluss der Sachverhaltsermittlung hat die Datenschutzbehörde eine Entscheidung zu treffen, ob ein nachweisbarer Verstoß gegen Datenschutzvorschriften begangen wurde. Sollte das der Fall sein, hat sie von Amts wegen eine mögliche Sanktionierung zu prüfen, sodass sie einerseits eine Entscheidung über eine Einstellung des Verfahrens oder die Verhängung einer Geldbuße zu treffen hat (hierzu sogleich unter A.) und im letzteren Fall eine weitere Entscheidung über die Höhe der Geldbuße zu treffen hat.

A. Entscheidung über Einstellung oder Bebußung

Unter der Annahme, dass ein nachweisbarer Verstoß gegen Datenschutzvorschriften begangen wurde, steht damit an erster Stelle die Entscheidung über Einstellung oder Bebußung.

An dieser Stelle ist bereits fraglich, ob der Datenschutzbehörde ein diesbezügliches Ermessen zukommt[298] oder ob sie bei Feststellung des Datenschutzverstoßes zur Bußgeldverhängung von Gesetzes wegen verpflichtet ist.[299]

298 So etwa *Frenzel*, in: Paal/Pauly, DSGVO, Art. 83, Rn. 10 ff.; *Holländer*, in: BeckOK Datenschutzrecht, DSGVO, Art. 83, Rn. 26 f.; *Becker*, in: Plath, DSGVO, Art. 82, Rn. 2 und BDSG, § 41, Rn. 4 f.; *Härting*, DSGVO im Praxistest, Rn. 251; *Laue/Kremer*, Das neue Datenschutzrecht in der betrieblichen Praxis, § 11, Rn. 22; *Popp*, in: HK DS-GVO/BDSG, DSGVO, Art. 83, Rn. 11; *Rost*, Datenschutzsanktionen: scharfes Schwer oder Papiertiger?: Die deutsche Datenschutzaufsicht erstarkt durch ein neues Maßnahmen- und Sanktionsinstrumentarium, DuD 2019, 488, 491; *Eckhardt/Menz*, Bußgeldsanktionen der DS-GVO, DuD 2018, 139, 141; *Braun*, Kooperation oder Konfrontation? Erste Bußgelder nach DSGVO, ZD-Aktuell 2019, 06445; *Taeger*, Data Breach Notification – Melde- und Benachrichtigungspflicht bei „Datenpannen", RDV 2020, 3, 9; *Neun/Lubitzsch*, EU-Datenschutz-Grundverordnung – Behördenvollzug und Sanktionen, BB 2017, 1538, 1542; *Schwartmann/Jacquemain*, in: HK DS-GVO/BDSG, DSGVO, Art. 83. Rn. 10, 50 f.; *Gola*, in: Gola, DS-GVO, Art. 83, Rn. 30; *Golla*, in: Auernhammer, DSGVO/BDSG, DSGVO, Art. 83, Rn. 8 f., 12; *Golla*, Das Opportunitätsprinzip für die Verhängung von Bußgeldern nach der DSGVO, CR 2018, 353, 354 ff.; *Schreibauer/Spittka*, in: Wybitul, DS-GVO, Art. 83, Rn. 11 ff.; *Hartung/Büttgen*, Sanktionen und Haftungsrisiken nach der DSGVO, WPg 2017, 1152, 1154; *Ehmann*, in: Gola/Heckmann, BDSG, § 41, Rn. 15 ff.; *Brodowski/Nowak*, in: BeckOK Datenschutzrecht, BDSG, § 41, Rn. 41, 42; *Moos/Schefzig*, in: Taeger/Gabel, DSGVO, Art. 83, Rn. 28.

Für eine entsprechende Pflicht zur Bußgeldverhängung könnte dabei zunächst der Wortlaut von Art. 83 DSGVO sprechen. Darin heißt es, „Geldbußen werden (...) verhängt" bzw. im Englischen „shall be imposed" oder im Französischen „sont imposées". Demgegenüber hat der Ratsentwurf zur DSGVO noch vorgesehen, dass eine Geldbuße „verhängt werden (...) kann", bzw. etwa im Englischen „may impose a fine that shall not exceed".[300] Auch der Erwägungsgrund 148 S. 1 sieht vor, dass „im Interesse einer konsequenten Durchsetzung der Vorschriften dieser Verordnung (...) zusätzlich zu den geeigneten Maßnahmen [nach Art. 58 Abs. 2 DSGVO] (...) oder an Stelle solcher Maßnahmen Sanktionen einschließlich Geldbußen verhängt werden" sollten (Englisch: „should be imposed"; Französisch: „devraient être infligées"). Der Vergleich mit der Entwurfsfassung des Rates („können verhängt werden", „may be imposed", „peuvent être infligées")[301] zeigt, dass die Gesetz gewordenen Formulierungen nicht zufällig in ihrer finalen Form gewählt wurden. Daraus ließe sich ableiten, dass lediglich die Maßnahmen nach Art. 58 Abs. 2 DSGVO optional sind und einem Ermessen der Datenschutzbehörde unterliegen, während die Verhängung von Geldbußen gerade nicht optional sein soll.

Aus den genannten Vorschriften lässt sich auch in teleologischer Hinsicht ableiten, dass sie der konsequenten Durchsetzung des Datenschutzrechts zu dienen bestimmt sind. Gleichwohl vermag eben dieser Zweck der Vorschriften in Kombination mit der soeben dargestellten Auslegung zu verwundern: Die Verhängung einer Geldbuße hat nämlich zwar sehr wohl einen faktischen, aber nicht notwendigerweise einen rechtlichen Zusammenhang mit der Abstellung des Verstoßes. Während etwa die Untersagung einer rechtswidrigen Datenverarbeitung notfalls mit verwaltungsrechtlichen Mitteln vollstreckt werden kann, um einen rechtskonformen Zustand herbeizuführen, gilt das bei der Geldbuße nicht. Der Verantwortliche könnte damit in Ausreizung seiner Unschuldsvermutung den Bußgeldbescheid über das Zwischenverfahren in das gerichtliche Verfahren erster Instanz, zweiter Instanz

---

299 So etwa *Bergt*, in: Kühling/Buchner, DSGVO, Art. 83, Rn. 30 ff.; *Nemitz*, in: Ehmann/Selmayr, DSGVO, Art. 83, Rn. 14; *Boehm*, in: Sydow, DSGVO, Art. 83, Rn. 15 f., 22; *Spindler*, Die neue EU-Datenschutz-Grundverordnung, DB 2016, 937, 947; *Albrecht*, Das neue EU-Datenschutzrecht – von der Richtlinie zur Verordnung, CR 2016, 88, 96.

300 Art. 79a Abs. 1 – 3 DSGVO-E (Rat); andere Auslegung des hier zitierten Wortlautes *Neun/Lubitzsch*, EU-Datenschutz-Grundverordnung – Behördenvollzug und Sanktionen, BB 2017, 1538, 1542; kritisch zu dieser anderen Auslegung *Bergt*, in: Kühling/Buchner, DSGVO, Art. 83 Rn. 32.

301 Erwägungsgrund 118b des DSGVO-E (Rat).

und ggf. noch vor den EuGH bringen, während die ihm zugrundeliegende Datenverarbeitung weiter betrieben wird. Soweit der Unionsgesetzgeber mit den genannten Vorschriften eine effektive Durchsetzung des Datenschutzrechts erzwingen will, erscheint die genannte Auslegung in teleologischer Hinsicht fragwürdig, wenn sie das dazu rechtlich bestimmte Mittel nur subsidiär begreift und Korrekturen rechtswidriger Zustände eher über das Bußgeldverfahren herstellen will.

Diese Erwägungen entsprechend auch der bereits oben dargestellten tatsächlichen Arbeitsweise der Datenschutzbehörden. Wie dort gezeigt werden konnte, werden Bußgeldverfahren nur in einem absoluten Bruchteil von Beschwerdeverfahren eingeleitet. Es entspricht mithin gerade nicht gelebter Praxis, dass jeder festgestellte Verstoß zur Einleitung eines Bußgeldverfahrens führt. Vielmehr gehen Datenschutzbehörden in entsprechenden Fällen stufenweise vor: Bei (nach Gesamtwürdigung und unter Berücksichtigung der Kriterien des Art. 83 Abs. 2 DSGVO) leichten Verstößen belässt es die Datenschutzbehörde häufig bei einem formlosen Hinweis an den Verantwortlichen, der faktisch einer leichten Strafe gleich kommen kann, weil im Zuge dessen Verwaltungsgebühren in drei- bis vierstelliger Höhe erhoben werden können.[302] Bei schwereren Verstößen wird regelmäßig zunächst geprüft, ob der in Frage stehende Verstoß bereits abgestellt wurde oder dies noch geschehen muss. Im letzteren Fall wird die Datenschutzbehörde, soweit der Verantwortliche den Verstoß nicht freiwillig abstellt, eher zu Maßnahmen nach Art. 58 Abs. 2 DSGVO greifen. Erst nach Abstellung des Verstoßes wäre die Einleitung eines Bußgeldverfahrens angezeigt, was schon deswegen sinnvoll ist, als dass bei einer parallelen Ergreifung beider Maßnahmen der Streitgegenstand in zwei getrennten Verfahren vor zwei getrennten Gerichtsbarkeiten (Bußgeldbescheide vor der ordentlichen Gerichtsbarkeit, Anweisungen vor der Verwaltungsgerichtsbarkeit) verhandelt werden müssten.[303]

Diese gelebte Praxis beruht auf einer gemeinsamen Entschließung der europäischen Datenschutzbehörden, die dem Gesetz keine Verpflichtung zur Bußgeldverhängung in jedem einzelnen Fall festgestellter Verstöße entnehmen.[304] Darin heißt es, dass jeder Fall einzeln betrachtet werden muss, sodass

302 Vgl. für Hamburg exemplarisch § 25 Abs. 1 HmbDSG i.V.m. der HmbDSGebO.

303 Zur Schwierigkeit der Abgrenzung dieser beiden Zuständigkeiten im jeweiligen Einzelfall vgl. den Verweisungsbeschluss des VG Hamburg, Beschl. v. 28.04.2021, 17 K 788/21.

304 *Art. 29-Datenschutzgruppe*, Guidelines on the application and setting of administrative fines for the purposes of the Regulation 2016/679, Ziff. II.3, IV.

weder Maßnahmen nach Art. 58 Abs. 2 DSGVO noch Geldbußen nach Art. 83 DSGVO zwingend sind und keine dieser beiden Kategorien Vorrang vor der jeweils anderen hat.[305]

Diese Auslegung lässt sich – neben den gezeigten teleologischen Erwägungen – auch nach dem Wortlaut des Gesetzes rechtfertigen. So spricht etwa der zweite Satz des Erwägungsgrundes 148 davon, dass im Falle eines geringfügigeren Verstoßes anstelle einer Geldbuße eine Verwarnung erteilt werden kann. Gleiches ergibt sich aus Art. 83 Abs. 2 S. 2 DSGVO („Bei der Entscheidung über die Verhängung einer Geldbuße und über deren Betrag [...]").

Die gelebte Praxis stellt damit keinen Verstoß gegen zwingende gesetzliche Vorschriften dar.[306] Die große Masse der von den Datenschutzbehörden bearbeiteten Verfahren haben keine oder nur geringfügige Verstöße zum Gegenstand.[307] Es ist dabei auch nicht so, dass das Vorliegen eines vorsätzlichen Verstoßes die Geringfügigkeit ausschließen würde oder die fahrlässige, unvollständige Data Breach Meldung in der Regel die Geringfügigkeit ausschließen würde.[308] Wenn der Verantwortliche beispielsweise in einem Einzelfall bei der Aufnahme der Stammdaten eines Kunden neben den erforderlichen Daten (Name, Adresse) auch ein für seine Zwecke nicht notwendigerweise erforderliches Datum (E-Mail-Adresse) aufnimmt, so wäre das zwar ein vorsätzlicher Verstoß, allerdings wohl kaum bußgeldwürdig. Ebenso wenig wird eine Data Breach Meldung, die versehentlich nicht die nach Art. 33 Abs. 3 lit. b DSGVO vorgeschriebene Nennung von Namen und Kontaktdaten des Datenschutzbeauftragten enthält, vernünftigerweise zu einem Bußgeld führen können.

Folgerichtig sind Datenschutzbehörden nicht bei jedem festgestellten Verstoß zur Verhängung von Bußgeldern verpflichtet.[309] Schon gar nicht sind sie

305 So auch *Bergt*, in: Kühling/Buchner, DSGVO, Art. 83, Rn. 32d.

306 In diese Richtung auch *Bergt*, in: Kühling/Buchner, DSGVO, Art. 83, Rn. 32d.

307 So jedenfalls scheinbar die Auslegung der zu einer entsprechenden Ermessensentscheidung berufenen Datenschutzbehörden selbst, da diese ja im Übrigen zur Einleitung einer deutlich größeren Zahl von Bußgeldverfahren verpflichtet sein könnten.

308 So aber *Bergt*, in: Kühling/Buchner, DSGVO, Art. 83 Rn. 32e.

309 Ebenso *Frenzel*, in: Paal/Pauly, DSGVO, Art. 83, Rn. 10 ff.; *Holländer*, in: BeckOK Datenschutzrecht, DSGVO, Art. 83, Rn. 26 f.; *Becker*, in: Plath, DSGVO, Art. 82, Rn. 2 und BDSG, § 41, Rn. 4 f.; *Härting*, DSGVO im Praxistest, Rn. 251; *Laue/Kremer*, Das neue Datenschutzrecht in der betrieblichen Praxis, § 11, Rn. 22; *Popp*, in: HK DS-GVO/BDSG, DSGVO, Art. 83, Rn. 11; *Rost*, Datenschutzsanktionen: scharfes Schwer oder Papiertiger?: Die deutsche Datenschutzaufsicht erstarkt durch ein neues Maßnahmen- und Sanktionsinstrumentarium, DuD 2019, 488, 491; *Eckhardt/Menz*, Bußgeldsanktionen der DS-GVO, DuD 2018, 139, 141; *Braun*, Kooperation oder Konfrontation?

bei Verstößen regelhaft zur Verhängung von Bußgeldern und einer parallelen Abhilfemaßnahme nach Art. 58 Abs. 2 DSGVO verpflichtet.[310] Vielmehr sind Datenschutzbehörden in jedem Einzelfall berechtigt und verpflichtet, nach eigenem Ermessen die Schwere des Verstoßes einzuschätzen und in Abhängigkeit hiervon geeignete Maßnahmen zur Abstellung des Verstoßes und zu seiner Sanktionierung zu ergreifen. Nur bei erhöhter Schwere des Verstoßes kann dieses Ermessen in einem bestimmten Einzelfall auf Null reduziert sein.[311]

B. *Verfahrensablauf nach der Entscheidung zur Bebußung*

Sofern sich die Behörde dem Grunde nach zur Verhängung eines Bußgeldes entschieden hat, leitet sie ein Bußgeldverfahren ein. Dies trägt dem Umstand Rechnung, dass Datenschutzbehörden ihre Verfahren typischerweise als Verwaltungsverfahren nach dem VwVfG führen und nur bei Feststellung von Verstößen und Entscheidung zur Bebußung ins Bußgeldverfahren nach dem OWiG übergehen. Dieser Übergang hat typischerweise auch einen behördeninternen Zuständigkeitswechsel zur Folge.[312]

Erste Bußgelder nach DSGVO, ZD-Aktuell 2019, 06445; *Taeger*, Data Breach Notification – Melde- und Benachrichtigungspflicht bei „Datenpannen", RDV 2020, 3, 9; *Neun/Lubitzsch*, EU-Datenschutz-Grundverordnung – Behördenvollzug und Sanktionen, BB 2017, 1538, 1542; *Schwartmann/Jacquemain*, in: HK DS-GVO/BDSG, DSGVO, Art. 83. Rn. 10, 50 f.; *Gola*, in: Gola, DS-GVO, Art. 83, Rn. 30; *Golla*, in: Auernhammer, DSGVO/BDSG, DSGVO, Art. 83, Rn. 8 f., 12; *Golla*, Das Opportunitätsprinzip für die Verhängung von Bußgeldern nach der DSGVO, CR 2018, 353, 354 ff.; *Schreibauer/Spittka*, in: Wybitul, DS-GVO, Art. 83, Rn. 11 ff.; *Hartung/Büttgen*, Sanktionen und Haftungsrisiken nach der DSGVO, WPg 2017, 1152, 1154; *Ehmann*, in: Gola/Heckmann, BDSG, § 41, Rn. 15 ff.; *Brodowski/Nowak*, in: BeckOK Datenschutzrecht, BDSG, § 41, Rn. 41, 42; *Moos/Schefzig*, in: Taeger/Gabel, DSGVO, Art. 83, Rn. 28.

310 So auch *Nemitz*, in: Ehmann/Selmayr, DSGVO, Art. 83, Rn. 14.

311 In diese Richtung etwa *Moos/Schefzig*, in: Taeger/Gabel, DSGVO, Art. 83, Rn. 28, wobei offen bleibt, ob die betroffene Person insoweit klagebefugt ist und wenn ja, vor welchem Gericht sie die Einleitung eines Bußgeldverfahrens durch die Datenschutzbehörde erzwingen könnte.

312 So erfolgt bei einer Entscheidung zur Bebußung in Hamburg eine Übergabe an das behördeninterne Justiziariat und in Niedersachsen eine Übergabe an die sog. Bußgeldstelle. Auch über Deutschland hinaus ist ein solches Verfahren nicht unüblich, bspw. erfolgt auch in Irland ein Übergang vom „Investigator" zum „Decision-Maker", vgl. *European Data Protection Board*, Binding Decision 1/2021 on the dispute arisen on the draft decision of the Irish Supervisory Authority regarding WhatsApp Ireland under Article 65(1)(a) GDPR, 20.07.2021, S. 6.

Die Einleitung des Bußgeldverfahrens erfolgt sodann durch Versand einer Anhörung an das Unternehmen, mit dem diesem die Einleitung des Bußgeldverfahrens bekannt gegeben und Gelegenheit zur Stellungnahme gegeben wird. Aufgrund des vorangegangenen Verwaltungsverfahrens wird zwar eine Anhörung des Unternehmens regelmäßig bereits erfolgt sein, allerdings wird hierdurch sichergestellt, dass das Unternehmen auch zu den spezifischen Fragen des Bußgeldverfahrens Stellung nehmen kann und ihm insoweit vollständiges rechtliches Gehör gewährt wird.

Nachdem die Behörde dem Unternehmen Gelegenheit zur Stellungnahme gegeben hat, bestehen keine weiteren formalen Anforderungen an das Verfahren bis zum Erlass eines Bußgeldbescheides. Insbesondere ist es der Behörde grundsätzlich unbenommen, nach Fristablauf unmittelbar eine förmliche Entscheidung in Bescheidform zu treffen. Gleichwohl gewähren Datenschutzbehörden den betroffenen Unternehmen im Bußgeldverfahren typischerweise Gelegenheit, in ein Verständigungsverfahren einzutreten.[313]

I. Rechtlicher Rahmen von Verständigungsverfahren

Das Verständigungsverfahren ist für den Bereich des Ordnungswidrigkeitenrechts im Allgemeinen und für den Bereich des Datenschutzrechts im Besonderen nicht ausdrücklich gesetzlich geregelt.[314] Die im Strafverfahren einschlägige Regelung des § 257c StPO ist ausweislich ihres Wortlautes („Verständigung zwischen <u>Gericht</u> und Verfahrensbeteiligten")[315] weder direkt

313 Dasselbe gilt für andere Verfolgungsbehörden wie etwa das Bundeskartellamt, vgl. *Bundeskartellamt*, Merkblatt: Das Settlement-Verfahren des Bundeskartellamtes in Bußgeldsachen, 23.12.2013 sowie *Monopolkommission*, Auszug aus Hauptgutachten 2012/2013, Kurzfassung, Rn. 147. Ob sich aus dieser Praxis eine Verpflichtung der Behörden ergibt, aufgrund von Art. 3 Abs. 1 GG alle Betroffenen gleich zu behandeln und mit diesen auf Wunsch in Verständigungsgespräche einzutreten (vgl. hierzu *Pichler/Klar*, Rechtliche Rahmenbedingungen für kartellrechtliche Settlements in Deutschland – insbesondere Reichweite der Übertragbarkeit strafprozessualer Vorgaben für Verständigungen, NZKart 2015, 217, 218), kann an dieser Stelle dahinstehen, da jedenfalls kein Anspruch auf einen tatsächlichen Abschluss des Verfahrens mittels Verständigung bestehen kann und der reine Anspruch auf Führung von Verständigungsgesprächen dem Unternehmen aufgrund des ohnehin bestehenden Anspruchs auf rechtliches Gehör wenig praktischen Nutzen geben wird.

314 Hintergrund dessen ist, dass der Bundesgesetzgeber das Ordnungswidrigkeitenverfahren nicht übermäßig formalisieren wollte, vgl. Regierungsbegründung zum Gesetz zur Regelung der Verständigung im Strafverfahren, BT-Drs. 16/12310, S. 16.

315 Hervorhebung durch den Verfasser.

noch über den Generalverweis in § 46 Abs. 1, 2 OWiG anwendbar.[316] Eine ausdrückliche gesetzliche Normierung ist allerdings auch nicht zwingend rechtlich erforderlich.[317] Da das Verständigungsverfahren weder die rechtliche Grundlage des Bußgeldbescheides selbst berührt und für den Betroffenen aufgrund der verfahrensbeschleunigenden und bußgeldreduzierenden Wirkung von Vorteil ist, ist mit ihm kein Grundrechtseingriff verbunden, der nach dem Grundsatz des Vorbehalts des Gesetzes eine normative Regelung zwingend voraussetzen würde.[318]

In Ermangelung einer ausdrücklichen normativen Regelung hat sich das Verständigungsverfahren an allgemeinen rechtsstaatlichen Grundsätzen zu orientieren.[319] Diese umfassen insbesondere das in Art. 20 Abs. 3 GG i.V.m. Art. 103 Abs. 2 GG verankerte Schuldprinzip und die mit ihm verbundene Pflicht zur Erforschung der materiellen Wahrheit sowie den Grundsatz des fairen, rechtsstaatlichen Verfahrens, die Unschuldsvermutung und die Neutralitätspflicht.[320]

II. Gegenstand des Verständigungsverfahrens

Im Kern dient das Verständigungsverfahren dem Zweck, ein Verfahren auf einvernehmliche Weise schnell und sachgerecht abzuschließen. Gegenstand des Verständigungsverfahrens ist damit eine geständige Einlassung des

316 Nach § 46 Abs. 2 OWiG hat die Verfolgungsbehörde im Bußgeldverfahren dieselben Rechte und Pflichten wie die Staatsanwaltschaft bei der Verfolgung von Straftaten, d.h. sie hat gerade nicht die Stellung des in § 257c StPO vorausgesetzten Gerichts. Im Ergebnis ebenso *Lampe*, in: Karlsruher Kommentar zum OWiG, § 46, Rn. 5 und *Pichler/Klar*, Rechtliche Rahmenbedingungen für kartellrechtliche Settlements in Deutschland – insbesondere Reichweite der Übertragbarkeit strafprozessualer Vorgaben für Verständigungen, NZKart 2015, 217, 220; a.A. *Seitz*, in Göhler, OWiG, § 71, Rn. 38 h; *Dannecker/Biermann*, in Immenga/Mestmäcker, GWB, § 81, Rn. 290; *Brenner*, „Settlements" in Kartellverfahren des Bundeskartellamtes – Perspektiven und Grenzen, WuW 2011, 590, 594, mit Blick auf den Regierungsentwurf BT-Drs. 16/12310, S. 16.

317 Anders etwa *Brenner*, „Settlements" in Kartellverfahren des Bundeskartellamtes – Perspektiven und Grenzen, WuW 2011, 590, 600, der eine gesetzliche Normierung aufgrund eines abstrakten Missbrauchspotentials für zwingend erforderlich hält.

318 Ebenso *Pichler/Klar*, Rechtliche Rahmenbedingungen für kartellrechtliche Settlements in Deutschland – insbesondere Reichweite der Übertragbarkeit strafprozessualer Vorgaben für Verständigungen, NZKart 2015, 217, 218.

319 Vgl. zu diesen Grundsätzen BVerfG, Urt. v. 19.03.2013 - 2 BvR 2628/10.

320 BVerfG, Urt. v. 19.03.2013 - 2 BvR 2628/10, Leitsatz.

Unternehmens, welche eine Beschreibung der prozessualen Tat (nicht jedoch ihre Einstufung als Datenschutzverstoß)[321] und Angaben über die für die Bußgeldbemessung maßgeblichen Umstände (insbesondere den Vorjahresumsatz) enthält.[322] Die geständige Einlassung muss deutlich machen, dass das Unternehmen den ihm zur Last gelegten Sachverhalt als aus seiner Sicht zutreffend anerkennt.[323] Im Gegenzug stellt die Behörde einen konkreten Betrag als Maximalhöhe des Bußgeldes in Aussicht.[324] Dabei berücksichtigt sie die geständige Einlassung als schuldmindernden Umstand und kann eine weitere Senkung des Bußgeldes erreichen, indem sie von der Verfolgung kleinerer Tatteile absieht.[325] Ein Rechtsmittelverzicht ist nicht Teil der Verständigung.[326]

Dieser Gegenstand entspricht auch dem oben dargestellten rechtlichen Rahmen des Verständigungsverfahrens. Insbesondere stellt das Abstellen auf die geständige Einlassung des Unternehmens keinen Verstoß gegen die Pflicht zur bestmöglichen Erforschung der materiellen Wahrheit[327] dar, der gem. § 46 Abs. 1 OWiG i.V.m. § 160 StPO auch im Ordnungswidrigkeitenverfahren Anwendung findet. Anders als beim Legalitätsprinzip des § 152 Abs. 2 StPO im Strafverfahren ist der Unrechts- und Schuldgehalt bei Ordnungswidrigkeiten typischerweise eher gering,[328] weshalb § 47 OWiG dort die Geltung des Opportunitätsprinzips anordnet. Es liegt damit insgesamt im Ermessen der Verfolgungsbehörde, ob und wann sie überhaupt ein Verfahren

---

321 *Polley/Heinz*, Settlements bei der Europäischen Kommission und beim Bundeskartellamt - ein Praxisvergleich, WuW 2012, 14, 21; *Pichler/Klar*, Rechtliche Rahmenbedingungen für kartellrechtliche Settlements in Deutschland – insbesondere Reichweite der Übertragbarkeit strafprozessualer Vorgaben für Verständigungen, NZKart 2015, 217, 219.

322 *Bundeskartellamt*, Merkblatt: Das Settlement-Verfahren des Bundeskartellamtes in Bußgeldsachen, 23.12.2013, S. 2.

323 *Bundeskartellamt*, Merkblatt: Das Settlement-Verfahren des Bundeskartellamtes in Bußgeldsachen, 23.12.2013, S. 2.

324 *Bundeskartellamt*, Merkblatt: Das Settlement-Verfahren des Bundeskartellamtes in Bußgeldsachen, 23.12.2013, S. 2.

325 *Pichler/Klar*, Rechtliche Rahmenbedingungen für kartellrechtliche Settlements in Deutschland – insbesondere Reichweite der Übertragbarkeit strafprozessualer Vorgaben für Verständigungen, NZKart 2015, 217, 221.

326 Vgl. für kartellrechtliche Verfahren *Bundeskartellamt*, Merkblatt: Das Settlement-Verfahren des Bundeskartellamtes in Bußgeldsachen, 23.12.2013, S. 2.

327 BVerfG, Urt. v. 19.03.2013 - 2 BvR 2628/10, Leitsatz.

328 *Pichler/Klar*, Rechtliche Rahmenbedingungen für kartellrechtliche Settlements in Deutschland – insbesondere Reichweite der Übertragbarkeit strafprozessualer Vorgaben für Verständigungen, NZKart 2015, 217, 220.

einleitet, sodass es auch keinen durchgreifenden rechtlichen Bedenken begegnet, wenn sie im Rahmen ihrer Untersuchung die geständige Einlassung des Unternehmens berücksichtigt, sofern sie diese nicht ungeprüft und ohne eigene Sachverhaltsaufklärung übernimmt.[329]

Darüber hinaus liegt auch kein Verstoß gegen das Prinzip des fairen, rechtsstaatlichen Verfahrens vor, solange ein Rechtsmittelverzicht nicht Teil der Verständigung ist. Dieses (für Strafverfahren ausdrücklich in § 302 Abs. 1 S. 2 StPO kodifizierte) Prinzip gilt nach Maßgabe der oben dargestellten Grundsätze auch im Ordnungswidrigkeitenverfahren sinngemäß. Dieses Prinzip soll die Transparenz des Verfahrens stärken und die Rechte des Betroffenen wahren, in dem es eine Überprüfbarkeit durch ein Gericht (bzw. Rechtsmittelgericht) ermöglicht.[330] Aus demselben Grund ist das betroffene Unternehmen nach § 35a S. 3 StPO in der Rechtsmittelbelehrung darüber aufzuklären, dass es in jedem Fall in seiner Entscheidung frei ist, ein Rechtsmittel einzulegen.[331]

III. Folgen der Einlegung eines Rechtsmittels nach Verständigung

Das Verständigungsverfahren wird typischerweise mit einem Kurzbescheid abgeschlossen, der nur die Mindestangaben nach § 66 OWiG enthält.[332] Sollte das Unternehmen gegen den Bescheid ein Rechtsmittel einlegen, würde die Behörde den Kurzbescheid aufheben und an seiner Stelle einen neuen, ausführlichen Bescheid erlassen.[333]

Die im Vertrauen auf eine Verständigung abgegebene geständige Einlassung des Unternehmens darf im weiteren Verfahren nicht verwertet wer-

329 Ebenso *Pichler/Klar*, Rechtliche Rahmenbedingungen für kartellrechtliche Settlements in Deutschland – insbesondere Reichweite der Übertragbarkeit strafprozessualer Vorgaben für Verständigungen, NZKart 2015, 217, 221.

330 BVerfG, Urt. v. 19.03.2013 - 2 BvR 2628/10, Rn. 65.

331 Diese Vorschrift findet über § 46 Abs. 1 OWiG auch im Ordnungswidrigkeitenverfahren Anwendung.

332 Vgl. für kartellrechtliche Verfahren *Bundeskartellamt*, Merkblatt: Das Settlement-Verfahren des Bundeskartellamtes in Bußgeldsachen, 23.12.2013, S. 3.

333 § 69 Abs. 2 S. 1 OWiG, vgl. für kartellrechtliche Verfahren *Bundeskartellamt*, Merkblatt: Das Settlement-Verfahren des Bundeskartellamtes in Bußgeldsachen, 23.12.2013, S. 3 f.

den.[334] Aufgrund ihres Wegfalls entfällt jedoch auch die schuldmindernde Wirkung, sodass der neue Bußgeldbescheid einen höheren Betrag ausweisen kann.

C. Bußgeldzumessung

Nach Feststellung eines Datenschutzverstoßes durch die Datenschutzbehörde und ihrer Entscheidung zur Bebußung dieses Verstoßes stellt sich die Frage, wie genau das Bußgeld zu bemessen ist. Wie genau dies zu erfolgen hat, ist bislang weitgehend ungeklärt. Daher wird nachfolgend anhand der von der DSGVO vorgegeben Grundsätze, der allgemeinen strafrechtlichen Grundsätze sowie der bisherigen Sanktionskonzepte und der Sanktionspraxis deutscher und europäischen Behörden untersucht, wie eine adäquate Bußgeldzumessung ausgestaltet sein kann.

I. Ausgangspunkt

Der erste und wichtigste Ausgangspunkt jeder Bußgeldbemessung ist die allgemeine gesetzgeberische Regelung in Art. 83 Abs. 1 DSGVO, wonach Bußgelder in jedem Einzelfall wirksam, verhältnismäßig und abschreckend sein müssen.

Das Bußgeld ist wirksam, wenn es geeignet ist, sein Ziel zu erreichen.[335] Welchen Zielen die Verhängung eines Bußgeldes ganz allgemein zu dienen bestimmt sein kann, wird sogleich unter II. untersucht.

Das Bußgeld ist ferner verhältnismäßig, wenn es sich im Verhältnis zu der Natur, der Schwere und den Folgen des Verstoßes als angemessen darstellt.[336] Die Verhältnismäßigkeit stellt dabei einen allgemeinen Grundsatz des deutschen und europäischen Rechts dar[337] und ist ebenfalls im Kontext der nachfolgend darzustellenden Ziele der Maßnahme zu sehen.

---

334 Für das Strafverfahren ausdrücklich in § 257c Abs. 4 S. 3 StPO kodifiziert, für das datenschutzrechtliche Ordnungswidrigkeitenverfahren nach Maßgabe der oben dargestellten Grundsätze sinngemäß anzuwenden.

335 Ähnlich *Moos/Schefzig*, in: Taeger/Gabel, DSGVO, Art. 83, Rn. 24.

336 *Moos/Schefzig*, in: Taeger/Gabel, DSGVO, Art. 83, Rn. 25.

337 Vgl. Art. 49 Abs. 3, 52 Abs. 1 GRCh; EuGH Urt. v. 27.03.2014 - C-565/12, ECLI:EU:C:2014:190, Rn. 45.

Zuletzt muss das Bußgeld auch abschreckend sein. Hieraus ergibt sich, dass die Höhe von Bußgeldern so bemessen sein muss, dass sowohl das verantwortliche Unternehmen im Konkreten wie auch alle anderen Marktteilnehmer im Allgemeinen von der Begehung entsprechender Verstöße abgehalten werden müssen.[338]

In der Gesamtschau dieser drei Vorgaben zeigt sich damit, dass für jedes der Kriterien „wirksam, verhältnismäßig und abschreckend" von Bedeutung ist, welche Ziele die Verhängung der Geldbuße überhaupt verfolgt.

II. Allgemeine strafrechtliche Grundsätze der Strafzumessung

Wenngleich der Unionsgesetzgeber eine möglichst einheitliche Anwendung und Durchsetzung der Datenschutzvorschriften als Ziel vorgibt, überlässt er die tatsächliche Durchführung der Bußgeldverfahren weitestgehend dem Ermessen einzelner nationaler Datenschutzbehörden. Für Deutschland führt das dazu, dass Bußgelder durch eine Datenschutzbehörde der Länder oder des Bundes verhängt werden und im weiteren Verfahren von normalen Strafgerichten überprüft und gegebenenfalls angepasst werden. Es ist daher zum einen zu erwarten, dass die zukünftige deutsche Bußgeldpraxis maßgeblich durch die Rechtsprechung der zuständigen Strafgerichte geprägt wird, und zum anderen, dass diese Strafgerichte hierbei allgemeine strafrechtliche Grundsätze der Strafzumessung (jedenfalls begleitend) berücksichtigen werden. Es ist daher sinnvoll und erforderlich zu prüfen, ob diesen allgemeinen strafrechtlichen Grundsätzen Anhaltspunkte für eine sachgerechte Strafzumessung in datenschutzrechtlichen Bußgeldverfahren entnommen werden können.

1. Strafzwecke

Im allgemeinen Strafrecht geht die Strafzumessung vom Sinn und Zwecke der Strafe (den sog. Strafzwecken) aus, auf deren ausdrückliche Normierung der deutsche Gesetzgeber zwar verzichtet hat, die er jedoch nach den Rechtsgedanken der §§ 46, 47 StGB jeder Strafe zugrunde legt. Die Strafzwecke lassen sich dabei in absolute und relative Straftheorien gliedern.

---

338 Vgl. *Bergt*, in: Kühling/Buchner, DSGVO, Art. 83, Rn. 50; *Hecker*, Europäisches Strafrecht, Kap. 7, Rn. 62; *Bergt*, Sanktionierung von Verstößen gegen die Datenschutz-Grundverordnung, DuD 2017, 555, 559; *Hartung/Büttgen*, Sanktionen und Haftungsrisiken nach der DSGVO, WPg 2017, 1152, 1154.

Die absoluten Straftheorien, unter deren Anhängern sich bekannte Philosophen wie Immanuel Kant und Georg Wilhelm Friedrich Hegel finden, verstehen Strafe als Vergeltung.[339] Sie sind von einem retrospektiven Blickwinkel geprägt, der die zukünftigen Wirkungen der Strafe weitgehend außer Acht lässt und die Strafe am begangenen Unrecht ausrichtet, was mitunter auch spiegelbildlich verstanden werden kann (historisch formuliert als „Auge um Auge, Zahn um Zahn“ oder „wie du mir, so ich dir“; heute als Talionsprinzip bekannt).[340] Die Kritik hieran konzentriert sich auf die Uferlosigkeit des hiermit verknüpften potentiellen Strafanspruchs sowie auf das mögliche Auseinanderfallen von verübtem Unrecht und individueller Schuld einer konkreten Einzelperson.[341]

Dem gegenüber schaffen die modernen relativen Straftheorien einen Bezug zum Täter (Spezialprävention) und zur Allgemeinheit (Generalprävention), wodurch der Blick notwendigerweise auf die Zukunft ausgerichtet wird: In ihren negativen Ausprägungen zielen sie darauf ab, zu verhindern dass der Täter erneut straffällig wird (negative Spezialprävention) und die Allgemeinheit vor vor dem Täter zu schützen (negative Generalprävention), während sie in ihren positiven Ausprägungen eine Resozialisierung des Täters zu künftigem gesetzestreuem Verhalten anstreben (positive Spezialprävention) und die Allgemeinheit zur Rechtstreue ermahnen und sie hierin bestärken (positive Generalprävention).[342]

Die deutsche Rechtsprechung versucht, alle diese Zwecke bei der Strafzumessung zu berücksichtigen.[343] Während sich hieraus keine grundsätzliche und allgemeingültige Abstufung der Relevanz einzelner Strafzwecke ergibt, erscheint es im Sinne einer sachgerechten und verhältnismäßigen Strafzumessung angemessen, insbesondere der Generalprävention eine erhöhte Bedeutung zuzumessen, sodass angedrohte und verhängte Strafe die Allgemeinheit von der Begehung zukünftiger Straftaten abhalten.[344]

2. Konsequenzen für die konkrete Strafzumessung im Einzelfall

Für die Strafzumessung in einem konkreten Einzelfall sind diese Zwecke von unmittelbarer Bedeutung. Das Strafgericht geht bei der Strafzumessung im

339 *Neubacher*, Strafzwecke und Völkerstrafrecht, NJW 2006, 966, 968.
340 *Roxin/Greco*, Strafrecht Allgemeiner Teil Band I, S. 70 ff.
341 *Neubacher*, Strafzwecke und Völkerstrafrecht, NJW 2006, 966, 968.
342 BVerfG, Urt. v. 21.06.1977 - 1 BvL 14/76, BVerfGE 45, 187, 253 ff.
343 BVerfG, Urt. v. 21.06.1977 - 1 BvL 14/76, BVerfGE 45, 187, 253 ff.
344 *Fischer*, StGB, § 46, Rn. 3.

typischen Strafverfahren vom gesetzlichen Strafrahmen (ggf. angepasst nach Qualifikationen, Milderungen und ähnlichen Strafrahmenverschiebungen) aus. Innerhalb dieses Rahmens spricht das Gericht eine Strafe aus, die der Tat und der individuellen Schuld des Täters angemessen ist (§ 46 Abs. 1 StGB). Die konkrete Strafe orientiert sich dabei jedoch nicht notwendigerweise an mathematischen oder sonstigen berechenbaren Erwägungen, sondern vielfach an Erfahrungswerten in Vergleichsfällen und einer etablierten Praxis, die das Gericht typischerweise formelhaft damit begründet, dass das ausgesprochene Strafmaß erforderlich, aber auch ausreichend ist. Mit dieser Formulierung wird u.a. der abstrakte Bezug zu den Strafzwecken hergestellt, zu deren Erfüllung die Strafe erforderlich und ausreichend sein kann. Eine abstrakt gültige und potentiell auf das Datenschutzrecht übertragbare Art und Weise der algorithmischen oder sonstigen Festlegung eines konkreten Strafmaßes innerhalb eines Strafrahmens ist dieser Praxis nicht zu entnehmen.

III. Bußgeldkonzepte von Datenschutzbehörden

1. Deutsche Datenschutzbehörden

a) Grundlagen

Der Unionsgesetzgeber hat bei Regelung der Bußgeldvorschriften die Wichtigkeit erkannt, vergleichbare Fälle auch bußgeldrechtlich vergleichbar zu behandeln, um ungerechte Wettbewerbsverzerrungen zu vermeiden.[345] Hierfür weist er in Art. 70 Abs. 1 lit. k DSGVO dem EDSA die Aufgabe zu, Leitlinien über die Festsetzung von Geldbußen zu erarbeiten. Solche Leitlinien sind derzeit noch in Ausarbeitung. Bislang liegen lediglich Leitlinien für die Anwendung und Festsetzung von Geldbußen der Artikel-29-Datenschutzgruppe vom 03.10.2017 (WP253) vor, die der EDSA in seiner ersten Plenarsitzung am 25.05.2018 als weitergeltend bestätigt hat.

Vom europäischen Gesamtkontext abgesehen, zeigt sich im Bußgeldrecht stets eine starke nationale Komponente. Dies zeigt sich neben den oben dargestellten Erwägungen auch darin, dass nach der Rechtsprechung des EuGH weder der ne bis in idem Grundsatz, noch andere allgemeine Rechtsgrundsätze eine Aufsichtsbehörde verpflichten, bereits in anderen Staaten gegen

345 *Nemitz*, in: Ehmann/Selmayr, DSGVO, Art. 83, Rn. 9; *Hartung/Büttgen*, Sanktionen und Haftungsrisiken nach der DSGVO, WPg 2017, 1152, 1154.

das Unternehmen verhängte Sanktionen zu berücksichtigen, auch wenn sie auf dem gleichen Verhalten beruhen.[346] Dies verdeutlicht die Notwendigkeit, schon vor Ausarbeitung europäischer Leitlinien jedenfalls für den nationalen deutschen Raum das Verhalten der Aufsichtsbehörden von Bund und Ländern zu koordinieren und deren Geldbußenverhängung zu vereinheitlichen. Dem sind die deutschen Behörden mit dem sogenannten Bußgeldkonzept nachgekommen.[347] Darin haben sie einstimmig Leitlinien für die Berechnung von Bußgeldern erarbeitet. Unabhängig von der allenfalls akademisch relevanten Frage der Bindung der Aufsichtsbehörden an dieses Konzept (etwa zur Vermeidung von Wettbewerbsverzerrungen, nach den Grundsätzen der Selbstbindung der Verwaltung aus Art. 3 Abs. 1 GG oder auf Grundlage der entsprechenden Formulierungen im Konzept selbst[348]), ist dessen Anwendung jedenfalls aus Sicht der Aufsichtsbehörden naheliegend und sinnvoll, solange sich alle Behörden einstimmig hierauf geeinigt haben und keine neuen Erkenntnisse oder Konzepte aufkommen.

b) Inhalt des Bußgeldkonzeptes

Das erarbeitete Bußgeldkonzept regelt in inhaltlicher Hinsicht zunächst nur die Bußgeldzumessung in Verfahren gegen Unternehmen. Es findet kraft ausdrücklicher Regelung keine Anwendung auf Geldbußen gegen Vereine oder natürliche Personen außerhalb ihrer wirtschaftlichen Tätigkeit und ebensowenig auf grenzüberschreitende Fälle.[349] In der Sache stellen die

346 EuGH Urt. v. 29.06.2006 - C-289/04 P, EU:C:2006:431, Rn. 56f.; Urt. v. 9.7.2015 - C-231/14 P, ECLI:EU:C:2015:451, Rn. 75; *Bergt*, in: Kühling/Buchner, DSGVO, Art. 83, Rn. 54.

347 *Unabhängige Datenschutzaufsichtsbehörden des Bundes und der Länder*, Konzept der unabhängigen Datenschutzaufsichtsbehörden des Bundes und der Länder zur Bußgeldzumessung in Verfahren gegen Unternehmen, 14. Oktober 2019. Ein entsprechendes Konzept des Europäischen Datenschutzausschusses liegt bislang trotz entsprechenden Regelungsauftrags in Art. 70 Abs. 1 S. 2 lit. k DSGVO nicht vor.

348 Vgl. *Unabhängige Datenschutzaufsichtsbehörden des Bundes und der Länder*, Konzept der unabhängigen Datenschutzaufsichtsbehörden des Bundes und der Länder zur Bußgeldzumessung in Verfahren gegen Unternehmen, 14. Oktober 2019, S. 1: „Das Konzept ist auch weder für grenzüberschreitende Fälle noch für andere Datenschutzaufsichtsbehörden der EU bindend. Ferner entfaltet es keine Bindung hinsichtlich der Festlegung von Geldbußen durch Gerichte."

349 *Unabhängige Datenschutzaufsichtsbehörden des Bundes und der Länder*, Konzept der unabhängigen Datenschutzaufsichtsbehörden des Bundes und der Länder zur Bußgeldzumessung in Verfahren gegen Unternehmen, 14. Oktober 2019, S. 1.

deutschen Aufsichtsbehörden die zweifellos nicht unumstrittene und für Zwecke dieser Untersuchung nachfolgend noch zu hinterfragende These auf, dass der Umsatz eines Unternehmens eine „geeignete, sachgerechte und faire Anknüpfung zur Sicherstellung der Wirksamkeit, Verhältnismäßigkeit und Abschreckung darstellt".[350] Auf Grundlage dieser These soll die Bußgeldzumessung in Verfahren gegen Unternehmen wie folgt ablaufen:

In einem ersten Schritt wird das betroffene Unternehmen einer Größenklasse von A bis D zugeordnet.[351] Der Begriff des Unternehmens soll dabei wie in Erwägungsgrund 150 S. 3 vorgegeben im funktionalen Sinne verstanden werden (Art. 101, 102 AEUV).[352] Größenklasse A soll Kleinstunternehmen mit einem Vorjahresumsatz bis 2 Millionen Euro abbilden, Größenklasse B kleine Unternehmen mit einem Vorjahresumsatz zwischen 2 und 10 Millionen Euro, Größenklasse C mittlere Unternehmen mit einem Vorjahresumsatz zwischen 10 und 50 Millionen Euro und Größenklasse D Großunternehmen mit einem Vorjahresumsatz über 50 Millionen Euro.[353] Diese Größenklassen werden durch Untergruppen nach folgendem Muster näher konkretisiert:[354]

---

350 *Unabhängige Datenschutzaufsichtsbehörden des Bundes und der Länder*, Konzept der unabhängigen Datenschutzaufsichtsbehörden des Bundes und der Länder zur Bußgeldzumessung in Verfahren gegen Unternehmen, 14. Oktober 2019, S. 2; kritisch hierzu beispielsweise LG Bonn, Urt. v. 11.11.2020, 29 OWi 1/20.

351 *Unabhängige Datenschutzaufsichtsbehörden des Bundes und der Länder*, Konzept der unabhängigen Datenschutzaufsichtsbehörden des Bundes und der Länder zur Bußgeldzumessung in Verfahren gegen Unternehmen, 14. Oktober 2019, S. 3.

352 Vgl. hierzu im Einzelnen oben Teil 3.

353 *Unabhängige Datenschutzaufsichtsbehörden des Bundes und der Länder*, Konzept der unabhängigen Datenschutzaufsichtsbehörden des Bundes und der Länder zur Bußgeldzumessung in Verfahren gegen Unternehmen, 14. Oktober 2019, S. 3.

354 *Unabhängige Datenschutzaufsichtsbehörden des Bundes und der Länder*, Konzept der unabhängigen Datenschutzaufsichtsbehörden des Bundes und der Länder zur Bußgeldzumessung in Verfahren gegen Unternehmen, 14. Oktober 2019, S. 3 f.

Kleinstunternehmen sowie kleine und mittlere Unternehmen						Großunternehmen	
A		B		C		D	
Kleinstunternehmen		Kleine Unternehmen		Mittlere Unternehmen			
A.I	Vorjahresumsatz bis 700.000 Euro	B.I	Vorjahresumsatz über 2 bis 5 Millionen Euro	C.I	Vorjahresumsatz über 10 bis 12,5 Millionen Euro	D.I	Vorjahresumsatz über 50 bis 75 Millionen Euro
A.II	Vorjahresumsatz über 700.000 bis 1,4 Millionen Euro	B.II	Vorjahresumsatz über 5 bis 7,5 Millionen Euro	C.II	Vorjahresumsatz über 12,5 bis 15 Millionen Euro	D.II	Vorjahresumsatz über 75 bis 100 Millionen Euro
A.III	Vorjahresumsatz über 1,4 bis 2 Millionen Euro	B.III	Vorjahresumsatz über 7,5 bis 10 Millionen Euro	C.III	Vorjahresumsatz über 15 bis 20 Millionen Euro	D.III	Vorjahresumsatz über 100 bis 200 Millionen Euro
				C.IV	Vorjahresumsatz über 20 bis 25 Millionen Euro	D.IV	Vorjahresumsatz über 200 bis 300 Millionen Euro
				C.V	Vorjahresumsatz über 25 bis 30 Millionen Euro	D.V	Vorjahresumsatz über 300 bis 400 Millionen Euro
				C.VI	Vorjahresumsatz über 30 bis 40 Millionen Euro	D.VI	Vorjahresumsatz über 400 bis 500 Millionen Euro
				C.VII	Vorjahresumsatz über 40 bis 50 Millionen Euro	D.VII	Vorjahresumsatz über 500 Millionen Euro

Nach Zuordnung des betroffenen Unternehmens zu einer Größenklasse nach obigem Muster soll in einem zweiten Schritt der mittlere Jahresumsatz für Unternehmen der entsprechenden Größe bestimmt werden.[355] Dies erfolgt nach folgendem Muster:[356]

Kleinstunternehmen sowie kleine und mittlere Unternehmen						Großunternehmen	
A		B		C		D	
Kleinstunternehmen		Kleine Unternehmen		Mittlere Unternehmen			
A.I	350.000 Euro	B.I	3,5 Millionen Euro	C.I	11,25 Millionen Euro	D.I	62,5 Millionen Euro
A.II	1.050.000 Euro	B.II	6,25 Millionen Euro	C.II	13,75 Millionen Euro	D.II	87,5 Millionen Euro
A.III	1,7 Millionen Euro	B.III	8,75 Millionen Euro	C.III	17,5 Millionen Euro	D.III	150 Millionen Euro
				C.IV	22,5 Millionen Euro	D.IV	250 Millionen Euro
				C.V	27,5 Millionen Euro	D.V	350 Millionen Euro
				C.VI	35 Millionen Euro	D.VI	450 Millionen Euro
				C.VII	45 Millionen Euro	D.VII	Konkreter Vorjahresumsatz des betroffenen Unternehmens

355 *Unabhängige Datenschutzaufsichtsbehörden des Bundes und der Länder*, Konzept der unabhängigen Datenschutzaufsichtsbehörden des Bundes und der Länder zur Bußgeldzumessung in Verfahren gegen Unternehmen, 14. Oktober 2019, S. 5 f.

356 *Unabhängige Datenschutzaufsichtsbehörden des Bundes und der Länder*, Konzept der unabhängigen Datenschutzaufsichtsbehörden des Bundes und der Länder zur Bußgeldzumessung in Verfahren gegen Unternehmen, 14. Oktober 2019, S. 6.

In einem dritten Schritt wird ein wirtschaftlicher Grundwert errechnet,[357] der seiner Natur nach dem strafrechtlichen Konzept eines Tagessatzes entspricht. Hierfür wird der aus der obigen Tabelle abgeleitete Wert der einschlägigen Untergruppe durch 360 geteilt, woraus sich folgende Tagessatzhöhen ergeben:[358]

Kleinstunternehmen sowie kleine und mittlere Unternehmen						Großunternehmen	
A		B		C		D	
Kleinstunternehmen		Kleine Unternehmen		Mittlere Unternehmen			
A.I	972 Euro	B.I	9.722 Euro	C.I	31.250 Euro	D.I	173.611 Euro
A.II	2.917 Euro	B.II	17.361 Euro	C.II	38.194 Euro	D.II	243.056 Euro
A.III	4.722 Euro	B.III	24.306 Euro	C.III	48.611 Euro	D.III	416.667 Euro
				C.IV	62.500 Euro	D.IV	694.444 Euro
				C.V	76.389 Euro	D.V	972.222 Euro
				C.VI	97.222 Euro	D.VI	1,25 Millionen Euro
				C.VII	125.000 Euro	D.VII	Konkreter Tagessatz des betroffenen Unternehmens

In einem vierten Schritt wird sodann die Schwere der Tat nach Maßgabe der Kriterien des Art. 83 Abs. 2 S. 2 DSGVO beurteilt.[359] Die Schwere der Tat wird in Schweregrade (leicht, mittel, schwer, sehr schwer) einsortiert, aus denen sich nach folgendem Muster ein Faktor ergibt, der zur Ermittlung des konkreten Bußgeldes mit dem obigen Tagessatz multipliziert wird:[360]

357 *Unabhängige Datenschutzaufsichtsbehörden des Bundes und der Länder*, Konzept der unabhängigen Datenschutzaufsichtsbehörden des Bundes und der Länder zur Bußgeldzumessung in Verfahren gegen Unternehmen, 14. Oktober 2019, S. 6.

358 *Unabhängige Datenschutzaufsichtsbehörden des Bundes und der Länder*, Konzept der unabhängigen Datenschutzaufsichtsbehörden des Bundes und der Länder zur Bußgeldzumessung in Verfahren gegen Unternehmen, 14. Oktober 2019, S. 6 f.

359 *Unabhängige Datenschutzaufsichtsbehörden des Bundes und der Länder*, Konzept der unabhängigen Datenschutzaufsichtsbehörden des Bundes und der Länder zur Bußgeldzumessung in Verfahren gegen Unternehmen, 14. Oktober 2019, S. 7.

360 *Unabhängige Datenschutzaufsichtsbehörden des Bundes und der Länder*, Konzept der unabhängigen Datenschutzaufsichtsbehörden des Bundes und der Länder zur Bußgeldzumessung in Verfahren gegen Unternehmen, 14. Oktober 2019, S. 7 f.

Schweregrad der Tat	Faktor für formelle Verstöße (Art. 83 Abs. 4 DSGVO)	Faktor für materielle Verstöße (Art. 83 Abs. 5 DSGVO)
Leicht	1 bis 2	1 bis 4
Mittel	2 bis 4	4 bis 8
Schwer	4 bis 6	8 bis 12
Sehr schwer	> 6	> 12

Zuletzt wird das so errechnete Bußgeld in einem fünften Schritt anhand aller sonstigen für und gegen das betroffene Unternehmen sprechenden Umstände angepasst.[361] Da im vierten Schritt die tatbezogenen Kriterien umfänglich gewürdigt wurden, lässt der fünfte Schritt Raum für eine Berücksichtigung täterbezogener Umstände.[362] Darüber hinaus können hier Kriterien Berücksichtigung finden, die bislang nicht berücksichtigt wurden und beispielsweise nicht ausdrücklich im Katalog des Art. 83 Abs. 2 DSGVO aufgeführt sind, wie etwa eine lange Verfahrensdauer oder eine drohende Insolvenz des Unternehmens.[363]

Vereinfacht lässt sich hieraus ableiten, dass die Bemessung von Bußgeldern ähnlich der Festsetzung von Geldstrafen im deutschen Strafverfahren ablaufen soll: Die ersten drei Schritte münden sinngemäß in einem konkret bezifferten Tagessatz (hier als wirtschaftlicher Grundwert bezeichnet), die letzten beiden Schritte ergeben die von Tat und Schuld abhängige Anzahl von Tagessätzen (hier als Faktor bezeichnet). Mit dieser Berechnungsmethode können die Aufsichtsbehörden damit zumindest dem Grunde nach auf eine lange etablierte Strafrechtspraxis zurückgreifen und müssen sich nicht der Kritik aussetzen, eine schon aufgrund der Berechnungsart völlig lebensfremde Bußgeldbemessung vorgeschlagen zu haben.

361 *Unabhängige Datenschutzaufsichtsbehörden des Bundes und der Länder*, Konzept der unabhängigen Datenschutzaufsichtsbehörden des Bundes und der Länder zur Bußgeldzumessung in Verfahren gegen Unternehmen, 14. Oktober 2019, S. 8.

362 *Unabhängige Datenschutzaufsichtsbehörden des Bundes und der Länder*, Konzept der unabhängigen Datenschutzaufsichtsbehörden des Bundes und der Länder zur Bußgeldzumessung in Verfahren gegen Unternehmen, 14. Oktober 2019, S. 8.

363 *Unabhängige Datenschutzaufsichtsbehörden des Bundes und der Länder*, Konzept der unabhängigen Datenschutzaufsichtsbehörden des Bundes und der Länder zur Bußgeldzumessung in Verfahren gegen Unternehmen, 14. Oktober 2019, S. 8.

c) Kritik

Die Datenschutzbehörden des Bundes und der Länder gehörten mit ihrem Bußgeldkonzept EU-weit zu den ersten Datenschutzbehörden, die ein kohärentes Konzept für die Bemessung von Bußgeldern aufgestellt und veröffentlicht haben. Damit füllten sie zumindest für Deutschland die Lücke, die der Europäische Datenschutzausschuss dadurch verursachte, dass er seiner Verpflichtung aus Art. 70 Abs. 1 S. 2 lit. k DSGVO zur Ausarbeitung von Leitlinien für die Aufsichtsbehörden in Bezug auf die Anwendung von Maßnahmen nach Art. 58 Abs. 1, 2 und 3 DSGVO und die Festsetzung von Geldbußen gemäß Art. 83 DSGVO nicht nachkam. Auch über Deutschland hinaus setzte dieses Konzept folglich wichtige Referenzwerte.

Inhaltlich ist die größte Stärke des Konzepts darin zu sehen, dass es eine beispiellose Transparenz gewährleistet. Ein Unternehmen kann aus dem Konzept verhältnismäßig präzise erkennen, wie hoch das Bußgeld für einen bestimmten Datenschutzverstoß ausfallen könnte. Die Schritte 1 bis 3 sind ausschließlich konkret berechenbare mathematische Operationen, während Schritt 4 zwar Raum für Argumentation lässt, aber zumindest die ungefähre Größenordnung bzw. einen möglichen Bußgeldkorridor klar vorgibt. Hierdurch gibt das Bußgeldkonzept den unternehmensinternen und -externen Datenschutzbeauftragten, Datenschutzkoordinatoren und (anwaltlichen) Datenschutzberatern eine wichtige Argumentationshilfe an die Hand, da diese die Bedeutung des Datenschutzes hieran darstellen und die Abschreckungswirkung möglicher Bußgelder sehr konkret beziffern können. Allein hierdurch hat das Konzept bereits einen erheblichen Beitrag zur Stärkung des Datenschutzes geleistet.

Dies alles bedeutet allerdings nicht, dass dieses Bußgeldkonzepts frei von öffentlicher Kritik gewesen wäre. Kritisch bewertet wurde insbesondere die sehr starre Orientierung am Unternehmensumsatz als Bezugsgröße, die nämlich zu schwer nachvollziehbaren Ergebnissen führt, wenn Tatschwere und Umsatzstärke zu sehr auseinanderfallen: Bei einem sehr schweren Verstoß eines nahezu umsatzlosen Unternehmen (beispielsweise eines unabhängigen Call Centers zulasten seiner Beschäftigten) kommen sehr niedrige Bußgelder heraus, während ein sehr leichter Verstoß eines sehr großen Unternehmens (beispielsweise eine um drei Minuten verspätete Data Breach Meldung eines DAX-Konzerns) eine Milliardenstrafe nach sich ziehen würde.[364] Ferner erscheint kritisch, dass die nach dieser Berechnungsmethode zustandekommende Strafe sehr unterschiedlich bei im Wesentlichen gleicher Sachlage führen würde, etwa bei schweren Datenschutzverstößen eines unabhängigen Call Centers zulasten seiner Beschäftigten im Vergleich zu jenen eines faktisch eigenständigen, aber in einen großen Konzern eingegliederten Call Centers.

Da gerade im Datenschutzrecht die Schwere der Tat äußert breit gefächert sein kann, etwa vom bloßen Formfehler bei Abfassung einer Datenschutzfolgeabschätzung bis hin zu schwersten Grundrechtseingriffen bei rechtswidriger Totalüberwachung von Beschäftigten, wiegen diese Kritikpunkte am Bußgeldkonzept besonders schwer. Es verliert damit nämlich die Eignung, seinem eigenen Anspruch entsprechen zu können, nämlich die Bußgeldverhängung durch deutsche Datenschutzbehörden auf nachvollziehbare, berechenbare und allgemeingültige Grundsätze aufzubauen. Das bedeutet zwar nicht, dass es keine Anwendung mehr finden kann, da es bei Verstößen mittlerer Art durch Unternehmen mittlerer Größe durchaus zu sachgerechten Ergebnissen führen kann.[365] Gleichwohl zeigen diese Schwachpunkte, dass es angepasst werden muss, um allgemeingültig angewandt werden zu können. Um zu prüfen, in welcher Art und Weise dies erfolgen kann, soll daher nachfolgend auf Bußgeldkonzepte von Behörden anderer Staaten eingegangen werden.

2. Art. 29-Gruppe

Das erste internationale Papier zur Bußgeldfestsetzung in datenschutzrechtlichen Verfahren findet sich im Working Paper 253 der Art. 29 Arbeitsgruppe zum Titel „Guidelines on the application and setting of administrative fines for the purposes of the Regulation 2016/679“.[366]

Darin werden zunächst die grundlegenden Prinzipien für die Bußgeldzumessung definiert. Das erste hiervon ist das bereits oben dargestellte Ziel des Unionsgesetzgebers, möglichst gleiche Sanktionierung bei gleichen Verstö-

364 Vgl. zur grundsätzlichen Kritik auch LG Bonn, Urteil vom 11.11.2020 – 29 OWi 1/20, Rn. 67 ff. sowie als Anmerkung hierzu *von dem Bussche*, Authentifizierung von Telefonanrufern – Unternehmenshaftung und DS-GVO-Bußgeldkonzept, ZD 2021, 154; ferner *Vogt*, Bußgeldbemessung im Datenschutz: Dänemark als Vorbild?.

365 Ebenso LG Bonn, Urteil vom 11.11.2020 – 29 OWi 1/20, Rn. 67.

366 Abrufbar unter https://ec.europa.eu/newsroom/article29/items/611237, verabschiedet am 03.10.2017 und vom Europäischen Datenschutzausschuss in seiner ersten Plenarsitzung am 25.05.2018 als weitergeltend bestätigt.

ßen in der Europäischen Union zu erreichen.[367] Es erkennt insbesondere an, dass dies vor Geltung der DSGVO unter Geltung der Datenschutz-Richtlinie 95/46/EC nicht hinreichend der Fall war.[368] Zur Erreichung dieses Ziels trennt es denkbare Verstöße in grenzüberschreitende Fälle, bei denen die gebotene Kohärenz mittels des one-stop-shop Verfahrens nach Art. 56 DSGVO hergestellt werden soll, und in nationale Fälle, in denen Kohärenz durch Anwendung der einschlägigen gesetzlichen Vorschriften und des WP253 hergestellt werden soll.[369]

Die übrigen Prinzipien erscheinen dagegen wenig aufschlussreich für die konkrete Bußgeldzumessung, da sie sich weitgehend auf die Wiedergabe der gesetzlichen Regelungen beschränken (Erforderlichkeit von wirksamen, verhältnismäßigen und abschreckenden Sanktionen[370], Erforderlichkeit der Berücksichtigung des jeweiligen Einzelfalls[371], Erforderlichkeit des Austausches unter den Aufsichtsbehörden[372]). Von besonderer Relevanz ist lediglich die in dieser Untersuchung bereits dargestellte Festlegung der europäischen Aufsichtsbehörden auf eine Anwendung des funktionalen Unternehmensbegriffs nach Art. 101, 102 AEUV.[373]

Im Anschluss an die Darstellung dieser Prinzipien geht das WP253 auf die einzelnen allgemeinen Zumessungskriterien des Art. 83 Abs. 2 DSGVO ein, die allerdings nur abstrakt wiedergegeben und um einige zusätzliche Erwägungen angereichert werden, ohne eine konkrete Bußgeldzumessung nahezulegen. Im Hinblick hierauf begnügt sich das entsprechende Papier mit der

367 *Art. 29-Datenschutzgruppe*, Guidelines on the application and setting of administrative fines for the purposes of the Regulation 2016/679, S. 5.

368 *Art. 29-Datenschutzgruppe*, Guidelines on the application and setting of administrative fines for the purposes of the Regulation 2016/679, S. 5.

369 *Art. 29-Datenschutzgruppe*, Guidelines on the application and setting of administrative fines for the purposes of the Regulation 2016/679, S. 5.

370 *Art. 29-Datenschutzgruppe*, Guidelines on the application and setting of administrative fines for the purposes of the Regulation 2016/679, S. 6 unter Wiederholung von Art. 83 Abs. 1 DSGVO.

371 *Art. 29-Datenschutzgruppe*, Guidelines on the application and setting of administrative fines for the purposes of the Regulation 2016/679, S. 6 unter Wiederholung von Art. 83 Abs. 2 S. 1 DSGVO.

372 *Art. 29-Datenschutzgruppe*, Guidelines on the application and setting of administrative fines for the purposes of the Regulation 2016/679, S. 8 unter Wiederholung von Art. 51 Abs. 2 S. 2 DSGVO.

373 *Art. 29-Datenschutzgruppe*, Guidelines on the application and setting of administrative fines for the purposes of the Regulation 2016/679, S. 6.

Feststellung, dass die Errichtung einer entsprechenden Arbeitsgruppe des Europäischen Datenschutzausschusses angeraten wird.[374]

Detaillierte Anknüpfungspunkte für eine Bußgeldbemessung im Einzelfall sind dem WP253 mithin nicht zu entnehmen.

3. Dänische Datenschutzbehörde

Im Januar 2021 hat die dänische Datenschutzbehörde Datatilsynet ein eigenes detailliertes Konzept zur Berechnung von Bußgeldern vorgestellt.[375] Dieses ist – ebenso wie das Konzepts der deutschen Aufsichtsbehörden – mehrstufig aufgebaut und folgt im Kern ebenfalls der deutschen Systematik, indem zunächst ein konkret beziffertes Betrag (ähnlich einem Tagessatz) festgelegt wird und dieser anschließend mit einem tat- und schuldabhängigen Faktor multipliziert wird. Angesichts der Ausdifferenziertheit des Konzepts im Einzelnen soll es nachfolgend genauer dargestellt werden.

a) Funktionsweise der Bußgeldzumessung

In einem ersten Schritt wird geprüft, gegen welche Vorschriften der DSGVO das Verhalten des Unternehmens verstößt, um in Abhängigkeit hiervon eine erste grobe Einordnung der Schwere der Tat zu ermöglichen. Anders als beim deutschen Modell fließt mithin bereits auf Ebene der Berechnung eines Grundwertes der konkrete Tatvorwurf mit ein.

---

374 *Art. 29-Datenschutzgruppe*, Guidelines on the application and setting of administrative fines for the purposes of the Regulation 2016/679, S. 17.

375 *Datatilsynet*, Bødevejledning Udmåling af bøder til virksomheder.

Das dänische Konzept bildet die Kategorien wie folgt:[376]

Bußgeldnorm	**Katego-rie**	**Verstoß gegen...**	**Grundwert**
Art. 83 Abs. 4 DSGVO	1	Art. 27 DSGVO (Bestellung eines Vertreters)	5 % der möglichen Höchststrafe
		Art. 31 DSGVO (Zusammenarbeit mit der Aufsichtsbehörde)	
	2	Art. 11 DSGVO (Verarbeitung, die eine Identifizierung nicht erfordert)	10 % der möglichen Höchststrafe
		Art. 30 DSGVO (Verzeichnis von Verarbeitungstätigkeiten)	
		Art. 33 DSGVO (Data Breach Meldungen)	
		Art. 37-39 DSGVO (Benennung eines Datenschutzbeauftragten)	
	3	Art. 8 DSGVO (Einwilligung von Kindern)	20 % der möglichen Höchststrafe
		Art. 25 DSGVO (Privacy by Design)	
		Art. 26 DSGVO (Verträge zur gemeinsamen Verantwortlichkeit)	
		Art. 28 DSGVO (Auftragsverarbeitungsverträge)	
		Art. 29 DSGVO (Verarbeitung unter Aufsicht)	
		Art. 32 DSGVO (Datensicherheitsmaßnahmen)	
		Art. 34 DSGVO (Benachrichtigung von Betroffenen von Data Breaches)	
		Art. 35-36 DSGVO (Datenschutzfolgenabschätzung)	
		Art. 41 Abs. 4 DSGVO (Überwachung der genehmigten Verhaltensregeln)	
		Art. 42-43 DSGVO (Zertifizierung)	

376 *Datatilsynet*, Bødevejledning Udmåling af bøder til virksomheder, S. 6 f (Übersetzung durch den Verfasser).

Bußgeldnorm	**Kategorie**	**Verstoß gegen...**	**Grundwert**
Art. 83 Abs. 5 DSGVO	4	Art. 19 DSGVO (Mitteilungspflicht bei Berichtigung oder Löschung)	5 % der möglichen Höchststrafe
		Art. 20 DSGVO (Recht auf Datenübertragbarkeit)	
	5	Art. 5 DSGVO (Grundsätze für die Verarbeitung)	10 % der möglichen Höchststrafe
		Art. 7 DSGVO (Bedingungen für die Einwilligung)	
		Art. 12 DSGVO (Transparenzpflichten)	
		Art. 13 DSGVO (Informationspflicht bei der Erhebung von Daten bei der betroffenen Person)	
		Art. 6 DSGVO (Rechtmäßigkeit der Verarbeitung)	
		Art. 14 DSGVO (Informationspflicht bei der Erhebung von Daten nicht bei der betroffenen Person)	
		Art. 15 DSGVO (Auskunftsrecht)	
		Art. 16 DSGVO (Berichtigungsrecht)	
		Art. 17 DSGVO (Löschungsrecht)	
		Art. 18 DSGVO (Recht auf Einschränkung der Verarbeitung)	
		Art. 21 DSGVO (Widerspruchsrecht)	
		Art. 22 DSGVO (Automatisierte Entscheidungen im Einzelfall einschl. Profiling)	
	6	Art. 9-10 DSGVO (Verarbeitung besonderer Kategorien personenbezogener Daten und von Daten über strafrechtliche Verurteilungen und Straftaten)	20 % der möglichen Höchststrafe
		Art. 44-49 DSGVO (Übermittlung von Daten in Drittstaaten)	

In diesem ersten Schritt wird mithin der Verstoß einer dieser Kategorien zugeordnet. Um den Grundwert berechnen zu können, muss im nächsten Schritt berechnet werden, welche Strafe dem Unternehmen maximal auferlegt werden kann. Dies ergibt sich unmittelbar aus Art. 83 Abs. 4, 5 DSGVO. Während sich aus diesen Vorschriften für große Unternehmen eine dynamische und damit kraft Gesetzes unmittelbar auf den Einzelfall angepasste Höchststrafe ergibt, fallen kleinere Unternehmen unter die starre Grenze von 10 bzw. 20 Millionen Euro, sodass diese feiner untergliedert werden müssen, um zu sachgerechten Ergebnissen zu kommen. Die dänische Behörde unterscheidet daher weiter nach mittelständischen Unternehmen, Kleinunternehmen und Kleinstunternehmen, für die sie eigene Abstufungen der starren Grenze vorsieht (jeweils auf 0,10%, 0,02% und 0,004% der starren Grenze). Dabei hebt sie jedoch hervor, dass sie bei kleineren Unternehmen nicht allein auf den Umsatz abstellt, sondern auch Rücksicht auf den Marktanteil nimmt. Der Verstoß eines verhältnismäßig kleinen Unternehmens, welches aber einen großen Marktanteil hat, kann nämlich ungleich größere Auswirkungen auf den entsprechenden Markt haben, was durch Anpassungen bei der Bußgeldhöhe berücksichtigt werden muss.[377]

Die Berechnung setzt sich damit wie folgt fort:[378]

Unternehmensgröße	Kat. 1	Kat. 2	Kat. 3
Sehr große Unternehmen (Umsatz > 500 Mio. Euro)	> 500 TEUR	> 1 Mio. EUR	> 2 Mio. EUR
Große Unternehmen (Umsatz ≤ 500 Mio. Euro)	500 TEUR	1 Mio. EUR	2 Mio. EUR
Mittelständische Unternehmen (Umsatz ≤ 50 Mio. Euro)	≥ 50 TEUR	≥ 100 TEUR	≥ 200 TEUR
Kleinunternehmen (Umsatz ≤ 10 Mio. Euro)	≥ 10 TEUR	≥ 20 TEUR	≥ 40 TEUR
Kleinstunternehmen (Umsatz ≤ 2 Mio. Euro)	≥ 2 TEUR	≥ 4 TEUR	≥ 8 TEUR

Unternehmensgröße	Kat. 4	Kat. 5	Kat. 6
Sehr große Unternehmen (Umsatz > 500 Mio. Euro)	> 1 Mio. EUR	> 2 Mio. EUR	> 4 Mio. EUR
Große Unternehmen (Umsatz ≤ 500 Mio. Euro)	1 Mio. EUR	2 Mio. EUR	4 Mio. EUR
Mittelständische Unternehmen (Umsatz ≤ 50 Mio. Euro)	≥ 100 TEUR	≥ 200 TEUR	≥ 400 TEUR
Kleinunternehmen (Umsatz ≤ 10 Mio. Euro)	≥ 20 TEUR	≥ 40 TEUR	≥ 80 TEUR
Kleinstunternehmen (Umsatz ≤ 2 Mio. Euro)	≥ 4 TEUR	≥ 8 TEUR	≥ 16 TEUR

377 Lobend hierzu *Vogt*, Bußgeldbemessung im Datenschutz: Dänemark als Vorbild?.

378 *Datatilsynet*, Bødevejledning Udmåling af bøder til virksomheder, S. 8 f (Übersetzung durch den Verfasser). Alle Werte wurde näherungsweise von DKK in EUR umgerechnet.

Aus der Eingruppierung des Verstoßes in eine Kategorie und deren Zuordnung zu einer Höchststraße lässt sich damit ein Grundwert berechnen, der der nachfolgenden Bußgeldbemessung zugrunde gelegt wird.

Der so errechnete Grundwert wird im nächsten Schritt in Abhängigkeit von Art, Schwere und Dauer des Verstoßes angepasst, bevor im Anschluss sämtliche sonstigen Umstände mit einbezogen werden, die sich erschwerend oder mildernd auswirken. Beides erfolgt in Anbetracht des jeweiligen Einzelfalles und folgt keinen mathematischen oder sonstigen im Voraus feststellbaren Methoden. Dieser Schritt endet mit der Festlegung einer vorläufigen Bußgeldsumme.

Hieran anschließend erfolgt eine kurze Kontrolle, ob das Bußgeld sich auch nach der so vorgenommenen freien Anpassung noch im gesetzlich vorgegebenen Rahmen des Art. 83 DSGVO bewegt. Sollten die Grenzen nach oben hin überschritten worden sein, wird das Bußgeld entsprechend abgesenkt.

Im letzten Schritt wird die Zahlungsfähigkeit des Unternehmens berücksichtigt. Als Ausfluss des Verhältnismäßigkeitsprinzips ist nämlich dann, wenn eine Geldbuße ungewollt existenzbedrohliche Ausmaße annimmt und dieser Tatsache nicht im Rahmen einer Ratenzahlungserlaubnis begegnet werden kann, eine Absenkung der Geldbuße in Betracht zu ziehen.[379] Mit diesem Schritt endet die Berechnung, sodass ein konkret beziffertes Bußgeld feststeht.

b) Bewertung und Kritik

Das dänische Bußgeldmodell vermag Kritikpunkten zu begegnen, die dem deutschen Konzept immer wieder entgegengebracht werden.[380] Konkret löst es sich etwas von der starken Umsatzfixierung des deutschen Konzeptes zugunsten einer abgestuften Umsatzfixierung, wodurch den oben bereits dargestellten Schwierigkeiten des deutschen Konzeptes bei einem Auseinanderfallen von Tatschwere und Unternehmensgröße eher begegnet werden kann.

Gleichwohl darf die vordergründige Kategorisierung der Verstöße nicht darüber hinwegblenden, dass der grundsätzliche Anknüpfungspunkt gleichbleibt. Die bisherige Erfahrung zeigt, dass jedenfalls in Deutschland Bußgelder (insbesondere hohe Bußgelder) schon dem Grunde nach in erster Linie dann verhängt werden, wenn es sich um einen relativ schwerwiegenden Ver-

379 Vgl. *Vogt*, Bußgeldbemessung im Datenschutz: Dänemark als Vorbild?.

380 Zum Vergleich der beiden Konzepte eingehend *Vogt*, Bußgeldbemessung im Datenschutz: Dänemark als Vorbild?.

stoß handelt. Bei einem isolierten Verstoß gegen Normen wie Art. 27 DSGVO oder Art. 35 DSGVO würde vieles dafürsprechen, von der Verhängung eines Bußgeldes insgesamt abzusehen. Wenn hierdurch nur bei den höher kategorisierten Verstößen überhaupt Bußgelder verhängt werden, stellt sich dadurch die Abstufung durch Kategorien als insgesamt wenig hilfreich heraus.

Im Ergebnis lässt sich damit feststellen, dass das dänische Bußgeldkonzept zwar gute Ansätze einbringt, allerdings kein Allheilmittel für die Schwächen des deutschen Konzeptes darstellt.

4. Niederländische Datenschutzbehörde

Auch die niederländische Datenschutzbehörde hat ein Konzept für die Bemessung von Bußgeldern veröffentlicht.[381] Nach deren Konzept erfolgt die Bußgeldzumessung in fünf Schritten.

a) Funktionsweise der niederländischen Bußgeldzumessung

aa) Schritt 1: Kategorisierung des Verstoßes

Zunächst wird ein Bußgeldrahmen ermittelt, der nach Art. 83 Abs. 4 DSGVO und Art. 83 Abs. 5 DSGVO unterscheidet und die darin jeweils genannten Normen in Abhängigkeit von der abstrakten Schwere eines Verstoßes gegen diese Normen einer Kategorie zwischen I und IV zuordnet.[382]

Die Zuteilung zu den Kategorien erfolgt für Verstöße nach Art. 83 Abs. 4 DSGVO gemäß folgendem Schema:[383]

Bußgeldnorm	**Verstoß gegen**	**Kategorie**
Art. 83 Abs. 4 DSGVO	Art. 8 DSGVO (Einwilligung von Kindern)	II
	Art. 11 DSGVO (Verarbeitung, die eine Identifizierung nicht erfordert)	I
	Art. 25 DSGVO (Privacy by Design)	II
	Art. 26 DSGVO (Verträge zur gemeinsamen Verantwortlichkeit)	I

381 *Autoriteit Persoonsgegevens*, Boetebeleidsregels Autoriteit Persoonsgegevens 2019.
382 *Autoriteit Persoonsgegevens*, Boetebeleidsregels Autoriteit Persoonsgegevens 2019, S. 1.
383 *Autoriteit Persoonsgegevens*, Boetebeleidsregels Autoriteit Persoonsgegevens 2019, S. 5.

Bußgeldnorm	Verstoß gegen	Kategorie
	Art. 27 DSGVO (Bestellung eines Vertreters) – ausgenommen Absatz 3	III
	Art. 27 Abs. 3 DSGVO (Bestellung eines Vertreters)	II
	Art. 28 DSGVO (Auftragsverarbeitungsverträge) – ausgenommen Abs. 9	II
	Art. 28 Abs. 9 DSGVO (Auftragsverarbeitungsverträge)	I
	Art. 29 DSGVO (Verarbeitung unter Aufsicht)	wenn der Täter eine natürliche Person ist: I wenn der Täter eine juristische Person ist: II
	Art. 30 DSGVO (Verzeichnis von Verarbeitungstätigkeiten) – ausgenommen Abs. 3	II
	Art. 30 Abs. 3 DSGVO (Verzeichnis von Verarbeitungstätigkeiten)	I
	Art. 31 DSGVO (Zusammenarbeit mit der Aufsichtsbehörde)	III
	Art. 32 DSGVO (Datensicherheitsmaßnahmen)	II
	Art. 33 DSGVO (Data Breach Meldungen) – ausgenommen Abs. 3	III
	Art. 33 Abs. 3 DSGVO (Data Breach Meldungen)	II
	Art. 34 DSGVO (Benachrichtigung von Betroffenen von Data Breaches) – ausgenommen Abs. 2	III
	Art. 34 Abs. 2 DSGVO (Benachrichtigung von Betroffenen von Data Breaches)	II
	Art. 35 DSGVO (Datenschutzfolgenabschätzung) – ausgenommen Abs. 9	II
	Art. 35 Abs. 9 DSGVO (Datenschutzfolgenabschätzung)	I
	Art. 36 DSGVO (vorherige Konsultation)	II
	Art. 37 DSGVO (Benennung eines Datenschutzbeauftragten) – ausgenommen Abs. 7	II
	Art. 37 Abs. 7 DSGVO (Benennung eines Datenschutzbeauftragten)	I
	Art. 38 DSGVO (Stellung des Datenschutzbeauftragten) – ausgenommen Abs. 2 und 6	II
	Art. 38 Abs. 2, 6 DSGVO (Stellung des Datenschutzbeauftragten)	I
	Art. 39 DSGVO (Aufgaben des Datenschutzbeauftragten)	II

Bußgeldnorm	**Verstoß gegen**	**Kategorie**
	Art. 41 Abs. 4 DSGVO (Überwachung der genehmigten Verhaltensregeln)	I
	Art. 42 DSGVO (Zertifizierung) - ausgenommen Abs. 3 und 6	II
	Art. 42 Abs. 3 DSGVO (Zertifizierung)	I
	Art. 42 Abs. 6 DSGVO (Zertifizierung)	III
	Art. 43 DSGVO (Zertifizierungsstellen)	I

Die Zuteilung zu den Kategorien erfolgt für Verstöße nach Art. 83 Abs. 5 DSGVO gemäß folgendem Schema:[384]

Bußgeldnorm	**Verstoß gegen**	**Kategorie**
Art. 83 Abs. 5 DSGVO	Art. 5 Abs. 1 DSGVO (Grundsätze für die Verarbeitung) - ausgenommen lit. A	III
	Art. 5 Abs. 1 lit. a, Abs. 2 DSGVO (Grundsätze für die Verarbeitung)	I, II, III oder IV
	Art. 6 DSGVO (Rechtmäßigkeit der Verarbeitung)	III
	Art. 7 DSGVO (Bedingungen für die Einwilligung)	III
	Art. 9 DSGVO (Verarbeitung besonderer Kategorien personenbezogener Daten)	IV
	Art. 12 DSGVO (Transparenzpflichten) - ausgenommen Abs. 3 bis Abs. 5	III
	Art. 12 Abs. 3 bis Abs. 5 DSGVO (Transparenzpflichten)	II
	Art. 13 DSGVO (Informationspflicht bei der Erhebung von Daten bei der betroffenen Person)	III
	Art. 14 DSGVO (Informationspflicht bei der Erhebung von Daten nicht bei der betroffenen Person)	III
	Art. 15 DSGVO (Auskunftsrecht)	III
	Art. 16 DSGVO (Berichtigungsrecht)	III
	Art. 17 DSGVO (Löschungsrecht)	III
	Art. 18 DSGVO (Recht auf Einschränkung der Verarbeitung) - ausgenommen Abs. 3	III
	Art. 18 Abs. 3 DSGVO (Recht auf Einschränkung der Verarbeitung)	II
	Art. 19 DSGVO (Mitteilungspflicht bei Berichtigung oder Löschung)	II
	Art. 20 DSGVO (Recht auf Datenübertragbarkeit)	III

384 *Autoriteit Persoonsgegevens*, Boetebeleidsregels Autoriteit Persoonsgegevens 2019, S. 6.

	Art. 21 DSGVO (Widerspruchsrecht) – ausgenommen Abs. 4	III
	Art. 21 Abs. 4 DSGVO (Widerspruchsrecht)	II
	Art. 22 DSGVO (Automatisierte Entscheidungen im Einzelfall einschl. Profiling)	IV
	Art. 44 DSGVO (Allgemeine Grundsätze der Datenübermittlung)	III
	Art. 45 DSGVO (Datenübermittlung auf der Grundlage eines Angemessenheitsbeschlusses)	III
	Art. 46 DSGVO (Datenübermittlung vorbehaltlich geeigneter Garantien)	III
	Art. 47 DSGVO (Verbindliche interne Datenschutzvorschriften)	III
	Art. 48 DSGVO (Nach dem Unionsrecht nicht zulässige Übermittlung oder Offenlegung)	III
	Art. 49 DSGVO (Ausnahmen für bestimmte Fälle)	III

Weitere Kategorisierungstabellen bestehen für verschiedene Verstöße gegen einzelne nationalstaatliche Bußgeldvorschriften, die hier aufgrund der fehlenden Vergleichbarkeit nicht näher aufgeführt werden.[385]

bb) Schritt 2: Bildung des Bußgeldrahmens

In Abhängigkeit von der abstrakten Kategorisierung des Verstoßes wird sodann ein Bußgeldrahmen gemäß folgendem Muster gebildet:[386]

Kategorie	**Bußgeldrahmen**
I	0 € bis 200.000 €
II	120.000 € bis 500.000 €
III	300.000 € bis 750.000 €
IV	450.000 € bis 1.000.000 €

385 *Autoriteit Persoonsgegevens*, Boetebeleidsregels Autoriteit Persoonsgegevens 2019, S. 6 ff.

386 *Autoriteit Persoonsgegevens*, Boetebeleidsregels Autoriteit Persoonsgegevens 2019, S. 1.

cc) Schritt 3: Festlegung der Grundstrafe

Als Grundstrafe wird sodann der Wert festgelegt, der genau in der Mitte des jeweils konkret ermittelten Bußgeldrahmens liegt:[387]

Kategorie	Grundstrafe
I	100.000 €
II	310.000 €
III	525.000 €
IV	725.000 €

dd) Schritt 4: Anpassung der Grundstrafe

Die so ermittelte Grundstrafe wird sodann innerhalb des gegebenen Rahmens nach oben oder unten angepasst.[388] Diese konkrete Anpassung ist an den Kriterien des Art. 83 Abs. 2 DSGVO auszurichten.

ee) Schritt 5: Überschreitung des Bußgeldrahmens

Die Behörde prüft sodann, ob eine Überschreitung oder Unterschreitung des konkreten Bußgeldrahmens innerhalb der gesetzlichen Grenzen erforderlich ist, um eine angemessene Sanktionierung herbeizuführen.[389] Dies gilt insbesondere in Fällen, in denen aufgrund des hohen Umsatzes des konkret betroffenen Unternehmens die dynamische Bußgeldgrenze der Art. 83 Abs. 4, Abs. 5 DSGVO zum Tragen kommt.[390]

b) Bewertung und Kritik

Das niederländische Konzept der Bußgeldzumessung vermag punktuell Klarheit in die konkrete Bußgeldberechnung im Einzelfall zu bringen. Die abstrakte Kategorisierung von Verstößen ermöglicht nämlich durchaus eine

387 *Autoriteit Persoonsgegevens*, Boetebeleidsregels Autoriteit Persoonsgegevens 2019, S. 1.
388 *Autoriteit Persoonsgegevens*, Boetebeleidsregels Autoriteit Persoonsgegevens 2019, S. 3.
389 *Autoriteit Persoonsgegevens*, Boetebeleidsregels Autoriteit Persoonsgegevens 2019, S. 3.
390 *Autoriteit Persoonsgegevens*, Boetebeleidsregels Autoriteit Persoonsgegevens 2019, S. 3f.

relativ präzise Abschätzung des zu befürchtenden Bußgeldes. Die grundlegende Annahme, dass Verstöße gegen einen bestimmten Artikel eine abstrakte Schwere aufweisen, die in individuellen Strafrahmen abgedeckt werden kann, deckt sich beispielsweise mit den Strafrahmenvorgaben des deutschen Strafrechts, die ebenfalls abstrakt und nur vom jeweiligen Delikt abhängig bestimmte Rahmen vorsehen. Insoweit kann der niederländischen Datenschutzbehörde auch nicht mehr als dem deutschen Gesetzgeber vorgeworfen werden, dass die Zuordnung von verletzten Datenschutzvorschriften zu den Kategorien I-IV willkürlich erfolgen würde; dies ist vielmehr bereits dem grundlegenden Ansatz immanent. Ebenso wie etwa Strafrahmen für eine normale Körperverletzung von Staat zu Staat differieren können, sind auch hier Abweichungen nicht weiter verwunderlich, etwa die schwerere Bewertung der niederländischen Behörde von Verstößen gegen Art. 20 DSGVO im Vergleich zur leichteren Bewertung solcher Verstöße durch die dänische Behörde.

Zusammenfassend kann damit festgestellt werden, dass trotz der etwas willkürlichen Zuordnung von Verstößen zu Kategorien und trotz der etwas willkürlichen Festlegung der Bußgeldrahmen bei den einzelnen Kategorien das niederländische Konzept seinen Zweck erfüllt und dem Normadressaten eine präzisere Abschätzung ermöglicht, mit welchem Bußgeld er für welchen Verstoß zu rechnen hat. Ob das Konzept in der tatsächlichen Anwendung allerdings zu sinnvollen Ergebnissen führt, erscheint fraglich. So ergibt sich aus den o.g. Tabellen, dass ein Verstoß gegen Art. 15 DSGVO (Auskunftsrecht) der Kategorie III zuzuordnen ist, die mit einem Bußgeldrahmen von 300.000 € bis 750.000 € zu ahnden ist. Es ist allerdings nicht davon auszugehen, dass die niederländische Behörde jede unvollständige oder leicht verspätete Auskunftserteilung mit einem Bußgeld in dieser Höhe sanktionieren wird. Hinsichtlich der Verhältnismäßigkeit eines solchen Vorgehens bestünden auch ganz erhebliche Zweifel. Insoweit müsste die errechnete Strafe wiederum in Schritt 4 relativ frei angepasst werden, um eine angemessene Sanktion zu erreichen. Dies stellt allerdings stellt die Nützlichkeit des Konzepts insgesamt in Frage.

Eine weitere maßgebliche Schwäche ist die Behandlung von Unternehmen, die unter die dynamische, umsatzabhängige Bußgeldgrenze der Art. 83 Abs. 4, Abs. 5 DSGVO fallen. Zur Behandlung solcher Unternehmen gibt das Konzept der niederländischen Behörde nämlich wenig konkrete Regelungen vor. Es ist auch nicht so, als ob sich die Werte aus dem Bußgeldrahmen und der Grundstrafe einfach hochrechnen ließen, da daraus die gleiche Problematik wie beim deutschen Bußgeldkonzept entstehen würde: Ein Unternehmen würde bei einem Einzelfallverstoß, der mit der Unternehmensgröße nichts zu tun hat, völlig unverhältnismäßig mit einem Millionenbußgeld überzogen, wodurch es im Wesentlichen allein dafür bestraft werden würde, dass es groß ist. Dass das Konzept zur Bußgeldzumessung bei großen Unternehmen keine konkreten Vorgaben macht, lässt ebenfalls seine Nützlichkeit und praktische Anwendbarkeit fraglich erscheinen.

5. Sanktionspraxis der europäischen Datenschutzbehörden

Über die dargestellten Konzepte hinaus ist ferner zu prüfen, ob sich aus der tatsächlichen Sanktionspraxis der europäischen Datenschutzbehörden Rückschlüsse auf eine sinnvolle Bußgeldzumessung ziehen lassen.

Hierfür kann auf den Datensatz des sogenannten GDPR Enforcement Trackers zurückgegriffen werden, der von der Rechtsanwaltskanzlei CMS Hasche Sigle betrieben wird.[391]

Aus diesem Datensatz lässt sich die tatsächliche Bußgeldverhängung wie folgt ablesen:

Land	**Geldbußen im Bereich**	**Anzahl**
Österreich	0 € – 1.000 €	5
	1.001 € – 10.000 €	3
	10.001 € - 20.000 €	1
	20.001 € - 50.000 €	1
	50.001 € – 100.000 €	0
	100.001 € – 500.000 €	0
	500.001 € – 1.000.000 €	0
	1.000.001 € – 10.000.000 €	0
	>10.000.001 €	0
Summe:	70.950 €	10

391 *CMS Hasche Sigle Partnerschaft von Rechtsanwälten und Steuerberatern mbB*, GDPR Enforcement Tracker.

Belgien	0 € – 1.000 €	4
	1.001 € – 10.000 €	12
	10.001 € - 20.000 €	1
	20.001 € - 50.000 €	6
	50.001 € – 100.000 €	1
	100.001 € – 500.000 €	0
	500.001 € – 1.000.000 €	1
	1.000.001 € – 10.000.000 €	0
	>10.000.001 €	0
Summe:	1.003.000 €	25

Bulgarien	0 € – 1.000 €	6
	1.001 € – 10.000 €	9
	10.001 € - 20.000 €	1
	20.001 € - 50.000 €	2
	50.001 € – 100.000 €	0
	100.001 € – 500.000 €	0
	500.001 € – 1.000.000 €	1
	1.000.001 € – 10.000.000 €	1
	>10.000.001 €	0
Summe:	3.210.690 €	20

Zypern	0 € – 1.000 €	2
	1.001 € – 10.000 €	8
	10.001 € - 20.000 €	2
	20.001 € - 50.000 €	2
	50.001 € – 100.000 €	1
	100.001 € – 500.000 €	0
	500.001 € – 1.000.000 €	0
	1.000.001 € – 10.000.000 €	0
	>10.000.001 €	0
Summe:	224.000 €	15

Tschechien	0 € – 1.000 €	8
	1.001 € – 10.000 €	7
	10.001 € - 20.000 €	1
	20.001 € - 50.000 €	0
	50.001 € – 100.000 €	0
	100.001 € – 500.000 €	1
	500.001 € – 1.000.000 €	0
	1.000.001 € – 10.000.000 €	0
	>10.000.001 €	0
Summe:	165.903 €	17

Dänemark	0 € – 1.000 €	0
	1.001 € – 10.000 €	3
	10.001 € - 20.000 €	2
	20.001 € - 50.000 €	1
	50.001 € – 100.000 €	0
	100.001 € – 500.000 €	2
	500.001 € – 1.000.000 €	0
	1.000.001 € – 10.000.000 €	0
	>10.000.001 €	0
Summe:	375.750 €	8

Estland	0 € – 1.000 €	2
	1.001 € – 10.000 €	0
	10.001 € - 20.000 €	0
	20.001 € - 50.000 €	0
	50.001 € – 100.000 €	3
	100.001 € – 500.000 €	0
	500.001 € – 1.000.000 €	0
	1.000.001 € – 10.000.000 €	0
	>10.000.001 €	0
Summe:	300.548 €	5

Finnland	0 € – 1.000 €	0
	1.001 € – 10.000 €	1
	10.001 € - 20.000 €	2
	20.001 € - 50.000 €	0
	50.001 € – 100.000 €	3
	100.001 € – 500.000 €	0
	500.001 € – 1.000.000 €	0
	1.000.001 € – 10.000.000 €	0
	>10.000.001 €	0
Summe:	282.500 €	6

Frankreich	0 € – 1.000 €	0
	1.001 € – 10.000 €	3
	10.001 € - 20.000 €	2
	20.001 € - 50.000 €	0
	50.001 € – 100.000 €	1
	100.001 € – 500.000 €	5
	500.001 € – 1.000.000 €	1
	1.000.001 € – 10.000.000 €	1
	>10.000.001 €	1
Summe:	54.661.300 €	14

Deutschland	0 € – 1.000 €	6
	1.001 € – 10.000 €	5
	10.001 € - 20.000 €	3
	20.001 € - 50.000 €	2
	50.001 € – 100.000 €	4
	100.001 € – 500.000 €	4
	500.001 € – 1.000.000 €	1
	1.000.001 € – 10.000.000 €	1
	>10.000.001 €	2
Summe:	49.186.833 €	28

Griechenland	0 € – 1.000 €	1
	1.001 € – 10.000 €	11
	10.001 € - 20.000 €	2
	20.001 € - 50.000 €	0
	50.001 € – 100.000 €	0
	100.001 € – 500.000 €	4
	500.001 € – 1.000.000 €	0
	1.000.001 € – 10.000.000 €	0
	>10.000.001 €	0
Summe:	791.000 €	18

Ungarn	0 € – 1.000 €	7
	1.001 € – 10.000 €	25
	10.001 € - 20.000 €	2
	20.001 € - 50.000 €	3
	50.001 € – 100.000 €	4
	100.001 € – 500.000 €	1
	500.001 € – 1.000.000 €	0
	1.000.001 € – 10.000.000 €	0
	>10.000.001 €	0
Summe:	783.483 €	42

Island	0 € – 1.000 €	0
	1.001 € – 10.000 €	1
	10.001 € - 20.000 €	0
	20.001 € - 50.000 €	2
	50.001 € – 100.000 €	0
	100.001 € – 500.000 €	0
	500.001 € – 1.000.000 €	0
	1.000.001 € – 10.000.000 €	0
	>10.000.001 €	0
Summe:	52.700 €	3

Irland	0 € – 1.000 €	0
	1.001 € – 10.000 €	0
	10.001 € - 20.000 €	0
	20.001 € - 50.000 €	1
	50.001 € – 100.000 €	5
	100.001 € – 500.000 €	1
	500.001 € – 1.000.000 €	0
	1.000.001 € – 10.000.000 €	0
	>10.000.001 €	0
Summe:	875.000 €	7

Italien	0 € – 1.000 €	1
	1.001 € – 10.000 €	35
	10.001 € - 20.000 €	13
	20.001 € - 50.000 €	12
	50.001 € – 100.000 €	7
	100.001 € – 500.000 €	4
	500.001 € – 1.000.000 €	1
	1.000.001 € – 10.000.000 €	3
	>10.000.001 €	3
Summe:	76.308.601 €	79

Lettland	0 € – 1.000 €	0
	1.001 € – 10.000 €	2
	10.001 € - 20.000 €	1
	20.001 € - 50.000 €	0
	50.001 € – 100.000 €	1
	100.001 € – 500.000 €	1
	500.001 € – 1.000.000 €	0
	1.000.001 € – 10.000.000 €	0
	>10.000.001 €	0
Summe:	243.250 €	5

Litauen	0 € – 1.000 €	0
	1.001 € – 10.000 €	1
	10.001 € - 20.000 €	3
	20.001 € - 50.000 €	0
	50.001 € – 100.000 €	1
	100.001 € – 500.000 €	0
	500.001 € – 1.000.000 €	0
	1.000.001 € – 10.000.000 €	0
	>10.000.001 €	0
Summe:	106.500 €	5

Luxemburg	0 € – 1.000 €	1
	1.001 € – 10.000 €	3
	10.001 € - 20.000 €	1
	20.001 € - 50.000 €	0
	50.001 € – 100.000 €	0
	100.001 € – 500.000 €	0
	500.001 € – 1.000.000 €	0
	1.000.001 € – 10.000.000 €	0
	>10.000.001 €	0
Summe:	25.900 €	5

Norwegen	0 € – 1.000 €	0
	1.001 € – 10.000 €	5
	10.001 € - 20.000 €	5
	20.001 € - 50.000 €	6
	50.001 € – 100.000 €	3
	100.001 € – 500.000 €	5
	500.001 € – 1.000.000 €	0
	1.000.001 € – 10.000.000 €	0
	>10.000.001 €	0
Summe:	1.451.750 €	24

Polen	0 € – 1.000 €	1
	1.001 € – 10.000 €	9
	10.001 € - 20.000 €	5
	20.001 € - 50.000 €	5
	50.001 € – 100.000 €	0
	100.001 € – 500.000 €	4
	500.001 € – 1.000.000 €	1
	1.000.001 € – 10.000.000 €	0
	>10.000.001 €	0
Summe:	2.066.548 €	25

Portugal	0 € – 1.000 €	0
	1.001 € – 10.000 €	2
	10.001 € - 20.000 €	1
	20.001 € - 50.000 €	0
	50.001 € – 100.000 €	0
	100.001 € – 500.000 €	1
	500.001 € – 1.000.000 €	0
	1.000.001 € – 10.000.000 €	0
	>10.000.001 €	0
Summe:	424.000 €	4

Rumänien	0 € – 1.000 €	7
	1.001 € – 10.000 €	42
	10.001 € - 20.000 €	6
	20.001 € - 50.000 €	0
	50.001 € – 100.000 €	2
	100.001 € – 500.000 €	2
	500.001 € – 1.000.000 €	0
	1.000.001 € – 10.000.000 €	0
	>10.000.001 €	0
Summe:	697.850 €	59

Spanien	0 € – 1.000 €	10
	1.001 € – 10.000 €	117
	10.001 € - 20.000 €	13
	20.001 € - 50.000 €	44
	50.001 € – 100.000 €	41
	100.001 € – 500.000 €	4
	500.001 € – 1.000.000 €	2
	1.000.001 € – 10.000.000 €	5
	>10.000.001 €	0
Summe:	29.619.010 €	236

Schweden	0 € – 1.000 €	0
	1.001 € – 10.000 €	1
	10.001 € - 20.000 €	4
	20.001 € - 50.000 €	6
	50.001 € – 100.000 €	2
	100.001 € – 500.000 €	5
	500.001 € – 1.000.000 €	0
	1.000.001 € – 10.000.000 €	5
	>10.000.001 €	0
Summe:	13.731.730 €	23

Niederlande	0 € – 1.000 €	0
	1.001 € – 10.000 €	1
	10.001 € - 20.000 €	2
	20.001 € - 50.000 €	1
	50.001 € – 100.000 €	0
	100.001 € – 500.000 €	3
	500.001 € – 1.000.000 €	6
	1.000.001 € – 10.000.000 €	0
	>10.000.001 €	0
Summe:	5.564.500 €	13

Vereinigtes Königreich	0 € – 1.000 €	0
	1.001 € – 10.000 €	0
	10.001 € - 20.000 €	0
	20.001 € - 50.000 €	0
	50.001 € – 100.000 €	0
	100.001 € – 500.000 €	1
	500.001 € – 1.000.000 €	0
	1.000.001 € – 10.000.000 €	1
	>10.000.001 €	2
Summe:	44.221.000 €	4

Gesamt	0 € – 1.000 €	61
	1.001 € – 10.000 €	306
	10.001 € - 20.000 €	73
	20.001 € - 50.000 €	94
	50.001 € – 100.000 €	79
	100.001 € – 500.000 €	48
	500.001 € – 1.000.000 €	14
	1.000.001 € – 10.000.000 €	17
	>10.000.001 €	8
Summe:	286.444.296 €	700

Vor der nachfolgenden Auswertung dieser Zahlen ist festzustellen, dass der Datensatz lediglich die öffentlich bekanntgegebenen Geldbußen der Datenschutzbehörden zur Grundlage hat und damit naturgemäß weit entfernt von einem wirklich vollständigen Bild der Sanktionspraxis ist. Da es sich bei der Sanktionspraxis der Datenschutzbehörden unter der Geltung der DSGVO um ein sehr junges und aktuelles Gebiet handelt, ist dies allerdings der beste vorhandene und öffentlich zugängliche Datensatz, sodass er eine geeignete Grundlage für eine vorläufige und vorsichtige Aufarbeitung der bisherigen Bußgeldzumessung darstellt.

Aus dem Datensatz lässt sich zum einen entnehmen, dass die Sanktionspraxis in den einzelnen Staaten sehr unterschiedlich ausfällt. Zweifellos werden weitreichende Differenzen in den einzelnen mitgliedsstaatlichen Regelungen zu Veröffentlichungsbefugnissen der Datenschutzbehörden in Bezug auf verhängte Geldbußen bestehen, allerdings wird sich ein bestimmter Trend nicht negieren lassen. Wie sich bereits im Voraus vermuten ließe, wird die Liste der verhängten Bußgelder sowohl der Zahl als auch der Gesamthöhe nach maßgeblich von den großen westeuropäischen Industriestaaten (Deutschland, Italien, Frankreich, Vereinigtes Königreich, Spanien) geprägt. Deren Gewicht wäre vermutlich noch höher, wenn der Datensatz nicht Bußgelder, die zwischenzeitlich von Gerichten aufgehoben wurden, mit einem Betrag von 0 € führen würde.[392]

Aus dem Datensatz lässt sich ferner entnehmen, dass eine weitreichende Nutzung und Ausschöpfung des gesetzlich vorgegebenen Strafrahmens schon heute der gelebten Praxis der Datenschutzbehörden entsprechen. Es lässt sich erkennen, dass Datenschutzbehörden nicht erst bei äußert gravierenden Verstößen überhaupt Geldbußen verhängen, sondern dass sich der ganz überwiegende Teil der verhängten Geldbußen im vierstelligen oder niedrigen fünfstelligen Bereich bewegen.

Diese Erkenntnis ist von herausragender Bedeutung für die praktische Geldbußenzumessung: Ganz offensichtlich ist aufseiten der Datenschutzbehörden ein entweder konzeptionell gewolltes oder zufällig entstandenes, aber in jedem Fall gut ausgeprägtes Verständnis dafür vorhanden, dass es eine Kategorie mittelschwerer Verstöße gibt, die zwar der Sanktionierung durch eine Geldbuße bedürfen, aber gerade nicht an den Umsatz des Unternehmens geknüpft werden. Diese mittelschweren Verstöße werden oft pauschal mit einer bestimmten runden Geldbuße von etwa 3.000 € oder 5.000 € geahndet, von denen mehrere dutzend gleichförmig verhängt werden (besonders gut an Spanien und Italien erkennbar).

Diese Situation ist ihrer Natur nach mit der Sanktionierung von Verkehrsverstößen in Deutschland vergleichbar. Leichte bis mittlere Verstöße werden mithilfe eines Bußgeldkataloges sanktioniert, der für alle Personen gleich ist und sich nicht am individuellen Einkommen orientiert. Die wiederholte Begehung solcher Verstöße oder die Begehung schwerer Verstöße kann allerdings Anlass zu weiteren staatlichen Maßnahmen, beispielsweise der Einleitung eines Strafverfahrens geben, an dessen Ende eine einkommensbezogene Geldstrafe steht.

Es ist dabei bemerkenswert, dass die Datenschutzbehörden mangels eines einheitlichen europäischen Konzeptes zur Bußgeldzumessung quasi unabhängig voneinander intuitiv festgestellt haben, dass dieser Ansatz zur Erzielung sachgerechter Ergebnisse sinnvoll ist. Dieser richtige Ansatz sollte für die zukünftige Zumessung von Geldbußen daher beibehalten werden.

---

392 Die relevantesten entsprechenden Fälle dürften dabei die Verfahren gegen die Deutsche Wohnen SE und gegen die Österreichische Post sein.

IV. Bußgeldbemessungskonzepte anderer Behörden

1. Bußgeldzumessung im europäischen Kartellrecht

a) Allgemeines

Bei der Regelung von Bußgeldern im Datenschutzrecht verweist der Unionsgesetzgeber – wie oben bereits dargestellt – in das europäische Kartellrecht. Dieser Verweis erfolgt maßgeblich in einem Erwägungsgrund, der in seiner Gesamtheit nicht nur die Verhängung von Bußgeldern konkretisiert, sondern auch Vorgaben zu deren Zumessung trifft.[393] Der Verweis in das Kartellrecht umfasst dabei zwar nicht ausdrücklich die Anordnung, auch die datenschutzrechtliche Bußgeldzumessung hieran auszurichten. Gleichwohl erscheint es zweckmäßig, die im europäischen Kartellrecht geltenden Regelungen zur Bußgeldzumessung auf ihre Übertragbarkeit auf datenschutzrechtliche Fallgestaltungen hin zu überprüfen.

Die dem Art. 83 DSGVO entsprechende Vorschrift, die die Bußgeldverhängung im europäischen Kartellrecht regelt, findet sich in Art. 23 Abs. 2 lit. a VO (EG) 1/2003.[394] Ebenso wie der Art. 83 DSGVO eröffnet sie ein weites Ermessen bei der Bußgeldzumessung und trifft nur sehr vage Vorgaben, etwa die Verpflichtung zur Berücksichtigung von Schwere und Dauer der Zuwiderhandlung.[395] Zur Konkretisierung dieser Vorgaben hat die Kommission 1998 Leitlinien für das Verfahren zur Festsetzung von Geldbußen veröffentlicht,[396] die zuletzt 2006 maßgeblich überarbeitet wurden.[397]

Diese Leitlinien definieren zu Beginn Ziele, denen die Verhängung von Bußgeldern zu dienen bestimmt ist. Diese ähneln den bereits oben dargestellten allgemeinen Strafzwecken. Ausdrücklich wird darauf hingewiesen, dass

---

393 Vgl. Erwägungsgrund 150.

394 Verordnung (EG) Nr. 1/2003 des Rates vom 16. Dezember 2002 zur Durchführung der in den Artikeln 81 und 82 des Vertrags niedergelegten Wettbewerbsregeln, ABl. L1 vom 4.1.2003, S. 1.

395 Zum weiten Ermessen vgl. etwa EuGH Urt. v. 28.06.2005, Dansk Rørindustri A/S u.a./ Kommission, Rs. C-189/02 P, C-202/02 P, C-205/02 P bis C-208/02 P und C-213/02 P, Slg. 2005, S. I-5425, Rdnr. 172.

396 *Europäische Kommission*, Leitlinien für das Verfahren zur Festsetzung von Geldbußen, die gemäß Artikel 15 Absatz 2 der Verordnung Nr. 17 und gemäß Artikel 65 Absatz 5 EGKS-Vertrag festgesetzt werden, ABl. C 9 vom 14.1.1998.

397 *Europäische Kommission*, Leitlinien für das Verfahren zur Festsetzung von Geldbußen gemäß Artikel 23 Absatz 2 Buchstabe a) der Verordnung (EG) Nr. 1/2003, ABl. C 210, 1.9.2006.

die Maßnahmen auch im kartellrechtlichen Kontext eine Abschreckungswirkung entfalten sollen,[398] was sich neben dem Gesetz auch aus ständiger Rechtsprechung ergibt.[399] Zudem sollen Bußgelder so hoch angesetzt werden, dass nicht nur die verantwortlichen Unternehmen spezialpräventiv bestraft werden, sondern auch andere Marktteilnehmer von solchen Verstößen generalpräventiv abgeschreckt werden.[400]

Hiervon ausgehend soll die Bußgeldberechnung in zwei Schritten erfolgen, nämlich durch Bildung eines Grundbetrages und durch dessen Anpassung nach oben oder unten.[401]

Der Grundbetrag wird gebildet, indem die Kommission zunächst den Umsatz ermittelt, den das Unternehmen im letzten vollständigen Geschäftsjahr mit innerhalb des EWR verkauften Waren oder Dienstleistungen erzielt hat, die mit dem Verstoß in einem mittelbaren oder unmittelbaren Zusammenhang stehen.[402] Von diesem Umsatz wird ein bestimmter Anteil genommen, der sich nach der Schwere des Verstoßes bestimmt, und mit der Anzahl der Jahre multipliziert, die der Verstoß andauerte.[403] Der Anteil kann dabei bis zu 30% des Umsatzes betragen.[404] Um die Berechnung nicht zu stark an der Dauer des Verstoßes auszurichten und Unternehmen von vornherein von der Begehung entsprechender Verstöße abzuschrecken, kann zuletzt ein Betrag zwischen 15% und 25% des Umsatzes hinzuaddiert werden.[405]

Der so zustande gekommene Grundbetrag wird sodann im zweiten Schritt angepasst.

Die Anpassung bemisst sich nach einer Gesamtwürdigung möglicher strafschärfender und strafmildernder Gesichtspunkte. Strafschärfend wirken

---

398 *Europäische Kommission,* Leitlinien für das Verfahren zur Festsetzung von Geldbußen gemäß Artikel 23 Absatz 2 Buchstabe a) der Verordnung (EG) Nr. 1/2003, Rn. 4.

399 EuGH, Urt. v. 7.06.1983, Rs. 100/80 bis 103/80, Musique Diffusion française u.a./ Kommission, Slg. 1983, S. 1825, Rn. 106.

400 *Europäische Kommission,* Leitlinien für das Verfahren zur Festsetzung von Geldbußen gemäß Artikel 23 Absatz 2 Buchstabe a) der Verordnung (EG) Nr. 1/2003, Rn. 4.

401 *Europäische Kommission,* Leitlinien für das Verfahren zur Festsetzung von Geldbußen gemäß Artikel 23 Absatz 2 Buchstabe a) der Verordnung (EG) Nr. 1/2003, Rn. 9 ff.

402 *Europäische Kommission,* Leitlinien für das Verfahren zur Festsetzung von Geldbußen gemäß Artikel 23 Absatz 2 Buchstabe a) der Verordnung (EG) Nr. 1/2003, Rn. 13 ff.

403 *Europäische Kommission,* Leitlinien für das Verfahren zur Festsetzung von Geldbußen gemäß Artikel 23 Absatz 2 Buchstabe a) der Verordnung (EG) Nr. 1/2003, Rn. 19.

404 *Europäische Kommission,* Leitlinien für das Verfahren zur Festsetzung von Geldbußen gemäß Artikel 23 Absatz 2 Buchstabe a) der Verordnung (EG) Nr. 1/2003, Rn. 21.

405 *Europäische Kommission,* Leitlinien für das Verfahren zur Festsetzung von Geldbußen gemäß Artikel 23 Absatz 2 Buchstabe a) der Verordnung (EG) Nr. 1/2003, Rn. 25.

sich beispielsweise einschlägige Vorverstöße, Verweigerung der Kooperation im Ermittlungsverfahren oder die Rolle als Anführer oder Anstifter des Verstoßes.[406] Strafmildernd wirkt sich beispielsweise eine aktive und überobligatorische Zusammenarbeit mit der Behörde, eine nur geringfügige Beteiligung oder eine fahrlässige Begehungsweise aus.[407]

Die so ermittelte Anpassung wird dann daraufhin überprüft, ob sie eine hinreichende abschreckende Wirkung entfaltet. Zu diesem Zweck kann die Geldbuße gegen Unternehmen erhöht werden, die hohe Umsätze mit Waren oder Dienstleistungen erzielen, welche nicht im Zusammenhang mit dem Verstoß stehen.[408]

Die Anpassung wird ferner darauf überprüft, ob sie die mit dem Verstoß erzielten Gewinne des Unternehmens übersteigt.[409] Falls nicht wird die Geldbuße weiter erhöht.

Die nach Maßgabe dieser Schritte ermittelte Geldbuße wird sodann abgesenkt, soweit sie die gesetzlich zulässige Obergrenze von 10 % des Vorjahresumsatzes übersteigt.[410] Dabei wird aus den Leitlinien deutlich, dass die Kommission das gesetzlich vorgegebene Maximalbußgeld nicht als Bußgeldrahmen begreift, innerhalb dessen die Strafzumessung vorzunehmen ist. Vielmehr versteht die Kommission die gesetzliche Grenze als Kappungsgrenze, sodass die Bußgeldzumessung losgelöst hiervon erfolgt und erst am Ende auf den Maximalwert gekappt wird, falls sie ihn ansonsten überschritten hätte.[411]

Im letzten Schritt kann die Geldbuße reduziert werden, wenn ihre Verhängung die wirtschaftliche Überlebensfähigkeit des Unternehmens unwiderruflich gefährden und dessen Aktiva jeglichen Wertes berauben würde.[412]

---

406 *Europäische Kommission,* Leitlinien für das Verfahren zur Festsetzung von Geldbußen gemäß Artikel 23 Absatz 2 Buchstabe a) der Verordnung (EG) Nr. 1/2003, Rn. 28.

407 *Europäische Kommission,* Leitlinien für das Verfahren zur Festsetzung von Geldbußen gemäß Artikel 23 Absatz 2 Buchstabe a) der Verordnung (EG) Nr. 1/2003, Rn. 29.

408 *Europäische Kommission,* Leitlinien für das Verfahren zur Festsetzung von Geldbußen gemäß Artikel 23 Absatz 2 Buchstabe a) der Verordnung (EG) Nr. 1/2003, Rn. 30.

409 *Europäische Kommission,* Leitlinien für das Verfahren zur Festsetzung von Geldbußen gemäß Artikel 23 Absatz 2 Buchstabe a) der Verordnung (EG) Nr. 1/2003, Rn. 31.

410 *Europäische Kommission,* Leitlinien für das Verfahren zur Festsetzung von Geldbußen gemäß Artikel 23 Absatz 2 Buchstabe a) der Verordnung (EG) Nr. 1/2003, Rn. 32.

411 Kritisch hierzu etwa *Raum,* Kartellbußen zwischen Strafrecht und Europarecht, GRUR 2021, 322, 324.

412 *Europäische Kommission,* Leitlinien für das Verfahren zur Festsetzung von Geldbußen gemäß Artikel 23 Absatz 2 Buchstabe a) der Verordnung (EG) Nr. 1/2003, Rn. 35.

b) Bewertung

In seiner Gesamtschau bleibt das Konzept der Kommission hinter den Erwartungen zurück, die sein Titel „Leitlinien für das Verfahren zur Festsetzung von Geldbußen (...)" wecken könnte. Die Leitlinien bleiben bei den zentralen Berechnungsschritten sehr vage und ermöglichen es weder dem Normadressaten noch der Behörde selbst, im Vorhinein die ungefähre Größenordnung der Geldbuße bei einem bestimmten Verstoß abzuschätzen.

Gleichwohl lassen sich den Leitlinien einige sinnvolle Ansätze entnehmen. Zum einen verdeutlicht das Berechnungsverfahren, dass die Kommission es zur Erfüllung der Strafzwecke der Spezial- und Generalprävention für zweckmäßig erachtet, den Umsatz des Unternehmens zum Ausgangspunkt der konkreten Bußgeldzumessung zu machen. Ferner ist den Leitlinien zu entnehmen, dass die Kommission es zur Erfüllung der selben Zwecke als teilweise erforderlich erachtet, bei der Bußgeldzumessung über den „befangenen", also den mit dem Verstoß in Zusammenhang stehenden Umsatz hinaus, auch den gesamten Umsatz des Unternehmens zu berücksichtigen, weil eine Geldbuße ansonsten nicht abschreckend wäre.[413]

Fraglich ist, inwieweit diese Erkenntnisse auf das Datenschutzrecht übertragbar sind. Das Kartellrecht sanktioniert seiner Natur nach marktbezogene Verstöße, also Verstöße, die sich auf einen mehr oder minder unmittelbaren und zumindest prinzipiell berechenbaren finanziellen Vorteil richten. Es ist daher gerade im Kartellrecht einleuchtend, Strafen hieran auszurichten.

Im Gegensatz dazu sind Datenschutzverstöße nicht notwendigerweise marktbezogen in diesem Sinne und lassen ebenso nicht notwendigerweise einen finanziellen Vorteil entstehen. Dabei ist es nicht so, als ob Datenschutzverstöße nicht in Einzelfällen kartellrechtsähnliche Vorgehensweisen und Vorteile anstreben, die in diesen Fällen eine Sanktionierung nach oben genanntem Muster sinnvoll erscheinen lassen würden.[414] Allerdings ist eine Umsatzbezogenheit fragwürdig, wenn ein Unternehmen eine Data Breach Meldung zwei Stunden zu spät absetzt, einen bestimmten Verarbeitungsvorgang im Verzeichnis der Verarbeitungstätigkeiten vergisst oder eine Auskunft nach Art. 15 DSGVO nicht fristgemäß erteilt. Ein finanzieller Vorteil lässt sich in diesen Fällen auch nicht in berechenbaren Einsparungen im Datenschutzmanagement finden, da dieser zum einen nicht notwendigerweise für jeden

413 *Europäische Kommission*, Leitlinien für das Verfahren zur Festsetzung von Geldbußen gemäß Artikel 23 Absatz 2 Buchstabe a) der Verordnung (EG) Nr. 1/2003, Rn. 30.

414 Vgl. *Bundeskartellamt*, Pressemitteilung: Bundeskartellamt untersagt Facebook die Zusammenführung von Nutzerdaten aus verschiedenen Quellen, 07.02.2019.

dieser Verstöße kausal sein muss und zum anderen den eigentlichen Wert der Informationen vollkommen außer Acht lässt: Für den Arbeitnehmer, der seine Auskunft nach Art. 15 DSGVO zur Verwendung im arbeitsgerichtlichen Verfahren benötigt, ist ihr Wert ungleich höher als die finanziellen Mittel, die das Unternehmen in Form von Datenschutzberatung aufwenden müsste, um diese Auskunft zu erteilen.

Im Ergebnis ist damit festzuhalten, dass eine Orientierung an kartellrechtlichen Bußgeldzumessungsmaßstäben zwar im Einzelfall auch im Datenschutzrecht sinnvoll erscheinen kann, allerdings in aller Regel nicht bereits für sich genommen zu sachgerechten Ergebnissen führen würde.

2. U.S. Federal Sentencing Guidelines for Organizations

a) Allgemeines

Die Herausforderung, bei festgestellten Rechtsverstößen tat- und schuldangemessene Strafen gegen juristische Personen verhängen zu müssen, stellt sich nicht nur im europäischen Rechtskreis. Die Vereinigten Staaten von Amerika haben hierfür über die United States Sentencing Commission Richtlinien entwickelt, die unter dem Begriff der Federal Sentencing Guidelines for Organizations bekannt gemacht wurden.[415] Diese Richtlinien etablieren vier grundlegende Prinzipien bei der Strafzumessung in Verfahren gegen Organisationen vor US-amerikanischen Bundesgerichten.[416]

Nach dem ersten Prinzip soll, wann immer möglich, das verantwortliche Unternehmen angewiesen werden, jeglichen verursachten Schaden wiedergutzumachen. Dies kann beispielsweise die Zahlung von Schadensersatz an betroffene Personen beinhalten.

Nach dem zweiten Prinzip sollen Unternehmen, die ausschließlich zur Begehung von Rechtsverstößen gegründet wurden, mit Strafen belegt werden, die sämtliche Vermögenswerte übersteigen. Beispielhaft werden Unternehmen genannt, deren Geschäftszweck im Verkauf verbotener Substanzen besteht oder die hauptsächlich rechtswidrig handeln, etwa indem sie die sachgerechte Entsorgung umweltschädlicher Stoffe anbieten, ohne entsprechende Möglichkeiten überhaupt zu haben.[417]

---

415 Abrufbar unter https://www.ussc.gov/guidelines/organizational-guidelines.

416 Zu den vier Prinzipien vgl. *United States Sentencing Commission*, Primer on Fines for Organizations, S. 1 ff.

417 *United States Sentencing Commission*, Primer on Fines for Organizations, S. 2.

Nach dem dritten Prinzip soll die konkrete Strafzumessung auf Grundlage der Schwere des Verstoßes sowie dem Verschuldensgrad erfolgen. Die ausdifferenzierten Regelungen hierzu werden sogleich dargestellt.

Nach dem letzten Prinzip soll die Verhängung von Bewährungsstrafen gegen das Unternehmen in Betracht gezogen werden, soweit dies erforderlich ist, um die zukünftige Einhaltung von Vorschriften sicherzustellen.

b) Konkrete Strafzumessung nach den U.S. Federal Sentencing Guidelines

Zur näheren Ausformung des dritten Prinzips enthalten die Federal Sentencing Guidelines ausführliche Regelungen.[418] Diese sollen nach den folgenden Schritten ablaufen:

In Schritt A ist zu prüfen, ob der Anwendungsbereich der Federal Sentencing Guidelines eröffnet ist. In welchen Fällen sie anwendbar sind, richtet sich nach den einschlägigen nationalen Gesetzen und ist für die Zwecke dieser Untersuchung von keiner entscheidenden Bedeutung.

In Schritt B ist zu prüfen, ob das Unternehmen außerstande zur Zahlung einer Strafe ist. Sollte es beispielsweise nach Begehung des Verstoßes in Insolvenz gegangen sein, würde sich die Verhängung einer Strafe jedenfalls im Hinblick auf die konkret betroffene juristische Person erübrigen.

In Schritt C wird ein „Offense Level“ errechnet, der sich nach den verwirklichten Delikten sowie deren Anzahl bestimmt.

In Schritt D wird eine Grundstrafe gebildet. Die Grundstrafe bemisst sich nach dem höchsten der folgenden Beträge: Der Betrag der in einer speziellen Tabelle dem im vorigen Schritt errechneten Base Level zugeordnet ist; der Betrag des finanziellen Vorteils, den das Unternehmen mit dem Verstoß erzielt hat; sowie der Betrag des finanziellen Nachteils, den das Unternehmen mit dem Verstoß anderen zugefügt hat.

In Schritt E wird eine Verschuldenspunktzahl errechnet. Diese beginnt grundsätzlich bei fünf Punkten und verändert sich nach Maßgabe folgender Kriterien:

1. Nach dem ersten Strafschärfungsfaktor wird die Punktzahl um eins bis fünf erhöht für die Beteiligung hochrangiger Leitungspersonen des Unternehmens. Dabei umfasst der Begriff der Beteiligung die aktive Teilnahme, Duldung oder gewollte Unwissenheit. Der Begriff der hochrangigen Lei-

418 Vgl. zu den einzelnen Schritten *United States Sentencing Commission*, Primer on Fines for Organizations, S. 2 ff.

tungspersonen umfasst Einzelpersonen mit erheblichem Einfluss auf das Unternehmen, etwa Vorstände, Geschäftsführung, Leiter von Verkaufs-, Verwaltungs- oder Finanzabteilungen, Leiter von einzelnen Niederlassungen, Personen mit der Befugnis zum Abschluss erheblicher Verträge oder zur Bestimmung von Preisen sowie signifikante Gesellschafter. Dabei sind

a. fünf Punkte zu addieren, wenn das Unternehmen oder der relevante Unternehmensteil 5000 oder mehr Beschäftigte hatte und eine hochrangige Leitungsperson am Verstoß beteiligt war;
b. vier Punkte zu addieren, wenn das Unternehmen oder der relevante Unternehmensteil 1000 oder mehr Beschäftigte hatte und eine hochrangige Leitungsperson am Verstoß beteiligt war;
c. drei Punkte zu addieren, wenn das Unternehmen oder der relevante Unternehmensteil 200 oder mehr Beschäftigte hatte und eine hochrangige Leitungsperson am Verstoß beteiligt war;
d. zwei Punkte zu addieren, wenn das Unternehmen oder der relevante Unternehmensteil 50 oder mehr Beschäftigte hatte und eine hochrangige Leitungsperson aktiv am Verstoß teilgenommen hat oder gewollt unwissend war;
e. ein Punkt zu addieren, wenn das Unternehmen oder der relevante Unternehmensteil 10 oder mehr Beschäftigte hatte und eine hochrangige Leitungsperson aktiv am Verstoß teilgenommen hat oder gewollt unwissend war.

2. Nach dem zweiten Strafschärfungsfaktor wird die Punktzahl um eins bis zwei erhöht, wenn das Unternehmen bereits in der Vergangenheit Verstöße begangen hat. Dabei sind
   a. zwei Punkte zu addieren, wenn das Unternehmen oder der Unternehmensteil den Verstoß oder einen Teil davon begangen hat innerhalb von fünf Jahren nach einer strafrechtlichen Verurteilung aufgrund eines ähnlichen Verhaltens oder nach mindestens zwei zivil- oder verwaltungsrechtlichen Verurteilungen aufgrund eines ähnlichen Verhaltens;
   b. ein Punkt zu addieren, wenn das Unternehmen oder der Unternehmensteil den Verstoß oder einen Teil davon begangen hat innerhalb von zehn Jahren nach einer strafrechtlichen Verurteilung aufgrund eines ähnlichen Verhaltens oder nach mindestens zwei zivil- oder verwaltungsrechtlichen Verurteilungen aufgrund eines ähnlichen Verhaltens;
3. Nach dem dritten Strafschärfungsfaktor wird die Punktzahl um eins bis zwei erhöht, wenn das Unternehmen mit dem Verstoß eine gerichtliche Entscheidung verletzt hat oder der Verstoß sich während einer laufenden Bewährungszeit zugetragen hat. Dabei sind

   a. zwei Punkte zu addieren, wenn das Unternehmen oder der Unternehmensteil mit dem Verstoß eine gerichtliche Entscheidung verletzt hat oder wenn das Unternehmen oder der Unternehmensteil den Verstoß während einer laufenden Bewährungszeit begangen hat, die aufgrund eines ähnlichen Verhaltens verhängt wurde;
   b. ein Punkt zu addieren, wenn der Verstoß während einer laufenden Bewährungszeit begangen wurde, die nicht aufgrund eines ähnlichen Verhaltens verhängt wurde.
4. Nach dem vierten Strafschärfungsfaktor wird die Punktzahl um drei erhöht, wenn das Unternehmen das Ermittlungsverfahren behindert hat oder zu behindern versucht hat.
5. Nach dem ersten Strafmilderungsfaktor wird die Punktzahl um drei gesenkt, wenn das Unternehmen ein wirksames Compliancesystem implementiert hatte. Diese Milderung kommt nicht zum Tragen, wenn
   a. das Unternehmen nach Bekanntwerden des Verstoßes diesen nicht binnen angemessener Frist an die zuständigen Behörden gemeldet hat, oder
   b. bei Unternehmen oder Unternehmensteilen ab 200 Beschäftigten eine hochrangige Leitungsperson am Verstoß beteiligt war.
6. Nach dem zweiten Strafmilderungsfaktor wird die Punktzahl um eins bis fünf gesenkt, wenn das Unternehmen den Verstoß selbst gemeldet hat, kooperiert hat und/oder Verantwortung dafür übernommen hat. Dabei sind
   a. fünf Punkte abzuziehen, wenn das Unternehmen den Verstoß gemeldet hat, bevor dessen Bekanntwerden unmittelbar drohte oder ein staatliches Ermittlungsverfahren eingeleitet wurde;
   b. fünf Punkte abzuziehen, wenn das Unternehmen den Verstoß unverzüglich nach eigener Kenntniserlangung gemeldet hat, vollumfänglich im Ermittlungsverfahren kooperiert hat und klare Verantwortungsübernahme demonstriert hat;
   c. zwei Punkte abzuziehen, wenn das Unternehmen im Ermittlungsverfahren vollumfänglich kooperiert und klare Verantwortungsübernahme demonstriert hat;
   d. ein Punkt abzuziehen, wenn das Unternehmen klare Verantwortungsübernahme demonstriert hat.

In Schritt F wird die so errechnete Verschuldenspunktzahl nach einer speziellen Tabelle in einen Multiplikator umgerechnet.[419] So ergibt sich bei einer Verschuldenspunktzahl von 0 oder weniger ein minimaler Multiplikator von 0,05 und ein maximaler Multiplikator von 0,20, bei einer Verschuldenspunktzahl von 5 ein minimaler Multiplikator von 1,00 und ein maximaler Multiplikator von 2,00 und bei einer Verschuldenspunktzahl von 10 oder mehr ein minimaler Multiplikator von 2,00 und ein maximaler Multiplikator von 4,00.

In Schritt G wird die Grundstrafe mit dem minimalen und dem maximalen Multiplikator multipliziert, um den konkreten Strafrahmen zu bilden.

In Schritt H wird innerhalb dieses Strafrahmens eine konkrete Strafe ermittelt, die sich nach freier Würdigung aller bislang nicht berücksichtigter Gesichtspunkte bemisst.

In Schritt I wird zu dieser Strafe jeglicher konkrete finanzielle Vorteil des Unternehmens addiert, der nicht als Schadensersatz oder sonstige Entschädigungsleistung an Betroffene gezahlt wird.

In Schritt J werden sodann mögliche Strafen für andere Verstöße addiert.

c) Bewertung

Das dargestellte Konzept bringt eine Reihe von richtigen und sinnvollen Impulsen in die Strafzumessung. Insbesondere die ausdifferenzierten Regelungen in Schritt E vermögen zumindest der grundlegenden Zielrichtung nach zu überzeugen, indem sie unmittelbare und signifikante finanzielle Impulse für die Implementierung von effektiven Compliance-Konzepten und für eine Kooperation mit den Aufsichtsbehörden setzen. Sinnvoll erscheint auch der Ansatz, die Strafzumessung in messbarer Weise abhängig von der Beteiligung von hochrangigen Leitungspersonen zu machen.

Gerade der letztgenannte Aspekt birgt bei anderweitiger Betrachtungsweise allerdings auch erhebliche Schwierigkeiten. Für eine Aufsichtsbehörde kann es rein faktisch schwierig sein, die Mitwirkung oder Kenntnis einzelner hochrangiger Leitungspersonen von bestimmten Vorgängen nachzuweisen. Gleichwohl erscheint es sinnvoll, den Behörden die Ermittlung solcher Faktoren aufzuerlegen, da sie von gravierender Relevanz für den Verschuldensgrad sind.

---

419 *United States Sentencing Commission*, Chapter Eight – Sentencing of organizations, § 8C2.6.

Auch wenn das Konzept aufgrund der Wesensverschiedenheit des US-amerikanischen und des europäischen Rechts nicht unmittelbar übertragbar auf das hiesige Datenschutzrecht ist, so lassen sich daraus doch mögliche Impulse für eine tat- und schuldangemessene Bußgeldbemessung ziehen.

V. Eigener Vorschlag zur Bußgeldzumessung

Basierend auf den vorstehend dargestellten allgemeinen Grundsätzen, sowie der Bußgeldkonzepte deutscher und anderer Datenschutzbehörden und der Sanktionspraxis in anderen Rechtsordnungen und Rechtsgebieten soll nachfolgend ein Konzept entwickelt werden, welches eine sachgerechte Sanktionierung von Datenschutzverstößen ermöglicht.

1. Zugrundeliegende Erwägungen

Dem Konzept liegen damit die folgenden Erwägungen zugrunde:

Grundlagen

(1) Das Konzept soll eine sachgerechte Sanktionierung von Verstößen gegen datenschutzrechtliche Vorschriften in Verfahren gegen Unternehmen ermöglichen.

(2) Jede entsprechende Sanktionierung muss sich an den in Art. 83 Abs. 1 DSGVO etablierten Grundprinzipien ausrichten, wonach Bußgelder wirksam, verhältnismäßig und abschreckend sein müssen.

(3) Ein Bußgeld erfüllt diese Anforderungen, wenn es zur Erreichung des mit ihm bezweckten Zieles geeignet ist (Wirksamkeit) und gleichermaßen das konkret betroffene Unternehmen sowie alle anderen Marktteilnehmer von der Begehung zukünftiger Verstöße abhält (Abschreckung), ohne dabei eine im Verhältnis zu Art, Schwere und Umfang des Verstoßes sowie zur Schuld des Unternehmens unangemessene Härte darzustellen (Verhältnismäßigkeit).

(4) Das Konzept soll seine Wirkungen (Wirksamkeit, Abschreckung, Verhältnismäßigkeit) nicht nur durch die nachvollziehbare Berechnung von Geldbußen in entsprechenden Einzelfällen gewährleisten, sondern

auch und gerade durch das Setzen sinnvoller Anreize für Unternehmen.

(5) Das Konzept soll in präventiver Hinsicht insbesondere einen Anreiz dafür setzen, ein effektives Compliance-System im Datenschutzbereich einzuführen und umzusetzen, um Verstöße bestmöglich schon im Vorhinein zu verhindern.

(6) Das Konzept soll bei bereits begangenen Verstößen effektive Anreize dafür setzen, dass das verantwortliche Unternehmen sich für eine proaktive Wiedergutmachung des verursachten materiellen oder immateriellen Schadens bei den betroffenen Personen bemüht. Es soll ferner effektive Anreize dafür setzen, dass das verantwortliche Unternehmen sich zur Kooperation mit der Aufsichtsbehörde entscheidet und Verantwortung für den Verstoß übernimmt.

(7) Zur Erfüllung all dieser Anforderungen ist es notwendig, die Bußgeldzumessung in allererster Linie am konkreten Verstoß auszurichten und nicht am Unternehmen oder dessen Umsatz. Ein umgekehrtes Vorgehen (wie vom LG Bonn zutreffend am DSK-Konzept kritisiert) führt nämlich bei einem Auseinanderfallen von Tatschwere und Unternehmensgröße nicht zu sachgerechten Ergebnissen (also bei einem sehr leichten Verstoß eines sehr umsatzstarken Unternehmens oder bei einem sehr schweren Verstoß eines nahezu umsatzlosen Unternehmens).

Erster Schritt: Kategorisierung von Verstößen

(8) Zu diesem Zweck sollen mögliche Verstöße in einem ersten Schritt nach ihrer Schwere (sehr leicht, leicht, mittel, schwer, sehr schwer) kategorisiert werden.

(9) Bei der Kategorisierung ist insbesondere entscheidend, ob es sich um ein rechtswidriges Verhalten in einem Einzelfall gehandelt hat oder um ein strukturelles Problem des Unternehmens.

(10) Bei der Kategorisierung ist ferner entscheidend, ob der Verstoß nennenswerte Auswirkungen auf die Rechte und Freiheiten betroffener Personen hatte.

Zweiter Schritt: Angemessene Sanktionierung

(11) Nach erfolgter Kategorisierung des Verstoßes ist eine angemessene Sanktionierung herbeizuführen.

(12) Hinsichtlich der Sanktionierung der unterschiedlichen Kategorien von Verstößen muss das Konzept die Befugnisse der Aufsichtsbehörden in einem kohärenten Gesamtkontext sehen, um von den jeweiligen Befugnissen (Hinweis, Verwarnung, Anordnung, Geldbuße) in jeweils passenden Fällen Gebrauch machen zu können.

Sehr leichte und leichte Verstöße

(13) In Fällen sehr leichter oder leichter Verstöße, mit denen ein Unternehmen datenschutzrechtlich zum ersten Mal auffällig wird, wird in Abhängigkeit vom jeweiligen Einzelfall in der Regel ein formloser aufsichtsbehördlicher Hinweis genügen oder eine förmliche Verwarnung genügen, sofern das Unternehmen sich einsichtig zeigt und den Verstoß eigenständig und unverzüglich abstellt.

Mittlere Verstöße

(14) In Fällen mittlerer Verstöße ist eine niedrige Geldbuße auszusprechen, welche grundsätzlich nicht vom Umsatz des Unternehmens abhängt. Dies trägt der Tatsache Rechnung, dass große Unternehmen nicht mit hohen Geldbußen bestraft werden sollen, um sie für ihre Größe zu bestrafen, sondern nur wenn und soweit der Verstoß auch tatsächlich mit ihrer Größe zusammenhängt. Auch in großen Unternehmen können sich nämlich Einzelpersonen in Einzelfällen erheblich rechtswidrig verhalten, ohne dass die Unternehmensleitung hiervon Kenntnis hätte oder dies mittels allumfassender Vorbeugungsmaßnahmen sicher verhindern könnte. In solchen Fällen besteht dann kein qualitativer Unterschied des Einzelfallverstoßes zwischen einem großen und einem kleinen Unternehmen.

(15) Eine solche Sanktionspraxis ist den deutschen Behörden und der deutschen Justiz zudem bereits aus dem Straßenverkehrsrecht bekannt. Auch dort können leichtere Verstöße mit einer (mündlichen) Verwarnung geahndet werden, während mittlere Verstöße pauschale Strafen nach dem Bußgeldkatalog nach sich ziehen und nur bei

schweren Verstößen (§§ 315b, 315c StGB) einkommensbezogene Strafen verhängt werden.

(16) Zur Festlegung des Rahmens für eine solche umsatzunabhängige Geldbuße kann auf die bisherige Sanktionspraxis der europäischen Datenschutzbehörden zurückgegriffen werden (s.o.), welche eine Häufung von Geldbußen im Bereich zwischen 3.000 und 20.000 € erkennen lässt. Daraus ergibt sich, dass die europäischen Datenschutzbehörden schon heute rein faktisch mit Bußgeldern in dieser Höhe auf Verstöße reagieren, die eine mittlere Schwere aufweisen. Innerhalb dieses Rahmens ist die Geldbuße anhand der Kriterien des Art. 83 Abs. 2 DSGVO festzulegen.

Schwere Verstöße I:
Ziele und Voraussetzungen umsatzbezogener Geldbußen

(17) In Fällen schwerer Verstöße ist grundsätzlich eine umsatzbezogene Geldbuße zu verhängen.

(18) Eine umsatzbezogene Geldbuße verwirklicht die Ziele der Wirksamkeit und der Abschreckung insbesondere dadurch, dass sie bei Unternehmen mit hohem Umsatz ein empfindliches Übel darstellt und hierdurch präventive Anreize für ein rechtskonformes Verhalten setzt.

(19) Für die Umsetzung und Einhaltung der datenschutzrechtlichen Vorgaben ist grundsätzlich die Unternehmensleitung verantwortlich, die aber regelmäßig bestimmte Aufgaben an andere, ihr untergeordnete Personen mit erheblicher Verantwortung delegieren wird. Die Abschreckungswirkung erheblicher Geldbußen richtet sich damit an hochrangige Leitungspersonen. Der Begriff der hochrangigen Leitungspersonen lässt sich – in Anlehnung an die U.S. Federal Sentencing Guidelines – definieren als „Einzelpersonen mit erheblichem Einfluss auf das Unternehmen, etwa Vorstände, Geschäftsführer, Leiter von Verkaufs-, Verwaltungs- oder Finanzabteilungen, Leiter von einzelnen Niederlassungen, Personen mit der Befugnis zum Abschluss erheblicher Verträge oder zur Bestimmung von Preisen sowie signifikante Gesellschafter".

(20) Die Verhängung einer umsatzbezogenen Geldbuße erfüllt mithin nur dann ihren Zweck, wenn einer hochrangigen Leitungsperson ein

Fehlverhalten nachgewiesen werden kann. Andernfalls kann eine umsatzbezogene Geldbuße nicht verhängt werden, weil es an ihrer Eignung zur Zweckerreichung (Wirksamkeit im Sinne des Art. 83 Abs. 1 DSGVO) fehlen würde.

(21) Das Fehlverhalten einer hochrangigen Leitungsperson kann in ihrer aktiven Teilnahme am Verstoß oder in dessen wissentlicher Duldung bestehen. Es kann ferner in einem fehlerhaften Vortatverhalten oder einem fehlerhaften Nachtatverhalten bestehen.

(22) Aufgrund dieser überragenden Bedeutung der Beteiligung von Leitungspersonen haben Aufsichtsbehörden von Amts wegen zu ermitteln, ob und ggf. welche hochrangigen Leitungspersonen in welcher Art und Weise am Verstoß beteiligt waren. Die bloße Feststellung, ein Verstoß sei von Beschäftigten des Unternehmens begangen worden, mag damit zwar zur Feststellung der rechtswidrigen Tat genügen, aber genügt nicht den Anforderungen an die gebotene Aufklärung aller be- und entlastenden, tat- und schuldrelevanten Umstände (kritisch daher zurecht LG Berlin, Beschl. v. 18.02.2011 - 212 Js-OWi 1/20, Rn. 29).

(23) Sollte keiner hochrangigen Leitungsperson ein Fehlverhalten jeglicher Art nachgewiesen werden können, ist mithin anstelle einer umsatzbezogenen Geldbuße eine umsatzunabhängige, pauschale Geldbuße zu verhängen. Dies trägt der Tatsache Rechnung, dass an jedem Ort, an dem Menschen arbeiten, Fehler passieren. Vor diesem Hintergrund wäre es ermessensfehlerhaft, Unternehmen mit empfindlichen Bußgeldern in Millionenhöhe dafür zu sanktionieren, dass sie keine (faktisch unmögliche) einhundertprozentige Compliance gewährleisten. Die pauschale, umsatzunabhängige Geldbuße ist in solchen Fällen notwendig, aber auch aus ausreichend, um das an der Basis begangene Fehlverhalten zu bestrafen.

Schwere Verstöße II – Berechnung umsatzbezogener Geldbußen

(24) Das umsatzbezogene Bußgeld wird ermittelt, indem ein konkreter Bußgeldkorridor festgelegt wird, innerhalb dessen sodann ein konkretes Bußgeld festgelegt wird.

(25) Der Bußgeldkorridor bemisst sich nach dem Umsatz des Unternehmens. Bei seiner Berechnung ist dabei nicht ohne Weiteres an den

gesamten weltweit erzielten Vorjahresumsatz des Gesamtunternehmens anzuknüpfen. Stattdessen ist der tatbezogene Umsatz heranzuziehen.

(26) Der tatbezogene Umsatz ist dabei ähnlich, aber nicht exakt wie aus dem Kartellrecht bekannt zu ermitteln, da Datenschutzverstöße anders als Kartellverstöße nicht notwendigerweise eine inhärente wirtschaftliche Zielrichtung aufweisen. Welchen wirtschaftlichen „Gegenwert“ ein Datenschutzverstoß hat, hängt dabei auch bei formalen Verstößen nicht vom Verwaltungsaufwand ab, den die Erfüllung der datenschutzrechtlichen Pflichten erfordert hätte, sondern vom Mehrwert für den Schutz der Persönlichkeitsrechte der betroffenen Personen. Folgerichtig ist bei der Bemessung des tatbezogenen Umsatzes im Datenschutzrecht der Zweck der fraglichen Datenverarbeitung mit heranzuziehen. Bei einer strukturellen Verletzung von Datenschutzrechten der Mitarbeiter einer bestimmten Niederlassung, ist mithin der Umsatz dieser Niederlassung heranzuziehen. Bei einer strukturellen Verletzung von Datenschutzrechten der Kunden einer bestimmten Unternehmenssparte ist mithin der Umsatz dieser Unternehmenssparte heranzuziehen. Der Umsatz des Gesamtunternehmens ist daher nur dann heranzuziehen, wenn der Verstoß auch tatsächlich das gesamte Unternehmen betraf.

(27) Dieses Vorgehen soll sicherstellen, dass einem Unternehmen keine Anreize dafür gegeben werden, bestimmte risikoträchtige Bereiche wie Personalsachbearbeitung oder Rechenzentrum in andere juristische Personen (Ausgründungen) auszulagern, nur um Bußgeldrisiken zu minimieren. Das ermittelte Bußgeld muss unabhängig davon sein, ob es sich bei einem Unternehmen um eine oder mehrere juristische Personen handelt, sachgerecht ist in jedem Fall nur eine Orientierung an den betroffenen Unternehmenssparten.

(28) Dadurch, dass nach diesem Konzept umsatzbezogene Geldbußen nur bei strukturellen Verstößen verhängt werden, stellen sich die typischen Abgrenzungsproblematiken (etwa worin der tatbezogene Umsatz bei einer einzelnen verspäteten Auskunft nach Art. 15 DSGVO besteht) hier nicht.

(29) Nach Festlegung des Bußgeldkorridors ist ein in ihm liegendes konkretes Bußgeld festzusetzen. Die konkrete Bußgeldzumessung orientiert sich an den Kriterien des Art. 83 Abs. 2 DSGVO. Dabei sollen

dem Unternehmen aber in jedem Stadium des Verfahrens und bei jeder Sachlage Anreize für ein kooperatives, schadensminimierendes und datenschutzfreundliches Verhalten gesetzt werden. Deshalb soll alle Schritte, die das Unternehmen vor oder nach dem konkreten Verstoß trifft, auf öffentlich bekannte, nachvollziehbare Weise in die Bußgeldzumessung einfließen, sodass das Unternehmen entsprechende Schritte im Vertrauen auf eine konkret bezifferbare Bußgeldreduzierung ergreifen kann.

Sehr schwere Verstöße

(30) Im Falle sehr schwerer Verstöße, also solcher, bei denen das gesamte Geschäftsmodell eines Unternehmens auf einer evident rechtswidrigen Datenverarbeitung beruht, ist der gesetzlich vorgegebene Bußgeldrahmen auszuschöpfen.

Dritter Schritt: Finale Anpassung

(31) Im letzten Schritt muss die Aufsichtsbehörde Gelegenheit haben, das so ermittelte Bußgeld anzupassen, falls tat- oder schuldrelevante Gesichtspunkte vorliegen, die noch nicht berücksichtigt wurden.

Abschließende Bemerkungen

(32) Die hier vorgegebene Berechnungsweise hat den Charakter von Regelbeispielen, sodass bei atypischen Fällen eine abweichende Behandlung möglich ist.

(33) Soweit bei sehr leichten, leichten oder mittleren Verstößen von Einzelfallverstößen gesprochen wird, ist dies nicht dahingehend zu verstehen, dass der zweite gleichartige Fall unmittelbar zu einer Hochstufung der Schwere führt. Einfallverstöße im Sinne dieses Konzeptes sind Verstöße, die nicht strukturell sind, sondern ausnahmsweise geschehen. Es ist damit nicht ausgeschlossen, dass mehrere Einzelfälle nebeneinander vorliegen können, ohne dass die Schwere hochzustufen ist.

(34) Die Sanktionierung nach diesem Konzept geht davon aus, dass das Unternehmen nach Bekanntwerden des Verstoßes das entsprechende Verhalten freiwillig und unverzüglich einstellt. Sollte das nicht

gelten, ist dies im Rahmen der Bußgeldzumessung strafschärfend zu berücksichtigen. Dies gilt nicht, soweit das Unternehmen vertretbarerweise von einer Rechtmäßigkeit des fraglichen Verhaltens ausgehen durfte. Entsprechende Differenzen in der Rechtsauffassung sollten primär und vorrangig auf dem Verwaltungsrechtsweg geklärt werden, etwa als Folge des Erlasses einer aufsichtsbehördlichen Untersagungsanordnung.

(35) Bei jeder Sanktionierung sollte der Aufsichtsbehörde bewusst sein, welche Folgen eine öffentliche Bekanntgabe von Verstoß und verantwortlichem Unternehmen für dessen Geschäftstätigkeit haben kann. Während eine solche Namensnennung dem Grunde nach zulässig sein kann, sollte bei sehr leichten, leichten oder mittleren Verstößen hiervon abgesehen werden.

(36) Bei der Verhängung von Geldbußen gegen Kleinstunternehmen ist in jedem Einzelfall deren besondere Situation gebührend zu berücksichtigen. Es kann insbesondere geboten sein, bei umsatzunabhängigen Bußgeldern eine Absenkung vorzunehmen, falls deren Verhängung ansonsten eine unbillige und unverhältnismäßige Härte darstellen würde.

2. Schritt 1: Feststellung der Schwere des Verstoßes

Im ersten Schritt ist demnach der begangene Verstoße einem Schweregrad zuzuordnen. Mögliche Schweregrade sind sehr leicht, leicht, mittel, schwer und sehr schwer.

Ein Verstoß ist als sehr leicht einzustufen, wenn es sich um einen Einzelfallverstoß gegen rein formale Vorgaben handelt, der keine Auswirkungen auf die Rechte und Freiheiten betroffener Personen hat.

Ein Verstoß ist als leicht einzustufen, wenn es sich um einen Einzelfallverstoß gegen Vorschriften handelt, die unmittelbar dem Schutz betroffener Personen dienen (also nicht rein formale Vorgaben), aber der Verstoß zu keinen nennenswerten Schäden für die betroffene Person geführt hat und auch keine entsprechende konkrete Gefahr bestand.

Ein Verstoß ist als mittel einzustufen, wenn es sich um einen Einzelfallverstoß mit nennenswerten Schäden für die betroffene Person handelt oder um einen strukturellen Verstoß, der keine nennenswerten Schäden für betroffene Personen verursacht hat und auch keine entsprechende konkrete Gefahr bestand.

Ein Verstoß ist als schwer einzustufen, wenn es sich um einen strukturellen Verstoß mit nennenswerten Schäden für betroffene Personen handelt oder eine konkrete Gefahr nennenswerter Schäden bestand.

Ein Verstoß ist als sehr schwer einzustufen, wenn das gesamte Geschäftsmodell des betroffenen Unternehmens auf einer evident rechtswidrigen Datenverarbeitung aufbaut.

Die Kategorisierung von Verstößen kann mithin wie folgt dargestellt werden:

Schwere	Charakter	Beispiele
sehr leicht	Formalverstoß	- vergessene Meldung des Datenschutzbeauftragten an die Aufsichtsbehörde (Art. 37 Abs. 7 DSGVO) - Fehlen eines einzelnen Eintrags im Verzeichnis der Verarbeitungstätigkeiten (Art. 30 DSGVO) - Abgeschlossene, aber nicht mehr auffindbare Vereinbarung nach Art. 28 DSGVO
leicht	Einzelfallverstoß ohne nennenswerte Schäden	- Im Einzelfall erfolgende Erhebung eines überflüssigen unsensiblen Datums (z.B. Abfrage der E-Mail-Adresse eines Gastes im Restaurant zu Zwecken der Corona-Kontaktnachverfolgung durch einen neu eingestellten Mitarbeiter) - Verspätete Löschung der Daten eines Bewerbers aufgrund eines Versehens im Einzelfall - Krankheitsbedingt verspätete Reaktion auf einen Auskunftsantrag nach Art. 15 DSGVO bei einem Einzelunternehmer, ohne Eintritt eines nennenswerten Schadens beim Antragsteller
mittel	Einzelverstoß mit nennenswertem Schaden *oder* struktureller Verstoß ohne nennenswerten Schaden	- Absichtliche verspätete Erteilung einer Auskunft nach Art. 15 DSGVO, die der Betroffene aus dargelegten Gründen dringend benötigt - Rechtsgrundlose telefonische Offenbarung sehr persönlicher Daten eines ehemaligen Beschäftigten gegenüber dessen neuen Arbeitgeber - - routinemäßig unterlassene Übermittlung von Informationen nach Art. 13 DSGVO bei postalisch bestellenden Kunden, wobei entsprechende Informationen online abrufbar wären; - routinemäßige Übermittlung von Informationen nach Art. 13 DSGVO in englischer Sprache bei einem gerade erst nach Deutschland expandierten Unternehmen - routinemäßig verspätete Löschung von Bewerberdaten aufgrund der irrigen Annahme, dass diese drei Monate länger aufbewahrt werden dürfen als es der tatsächlichen Rechtslage entspricht - wiederholte Begehung leichter oder sehr leichter Verstöße

Schwere	Charakter	Beispiele
schwer	strukturelle Verstöße mit nennenswertem oder potentiell nennenswertem Schaden	- massenhafte, flächendeckende und dauerhafte Videoüberwachung von Beschäftigten ohne Rechtsgrundlage; - Verzicht auf einfachste technisch-organisatorische Schutzmaßnahmen für Millionen von Kundendaten; - massenhafte Nichtbearbeitung von Betroffenenbegehren
sehr schwer	Aufbau des gesamten Geschäftsmodell auf evident rechtswidriger Datenverarbeitung	- Eigenmächtige Aufhängung hochauflösender Kameras überall im öffentlichen Raum, um biometrische Daten zu gewinnen und diese zu verkaufen

3. Schritt 2: Angemessene Sanktionierung

Sobald der Verstoß einer dieser Kategorien zugeordnet werden konnte, ist eine aufsichtsbehördliche Maßnahme nach folgendem Muster vorzunehmen:

a) Sehr leichte Verstöße

In Fällen sehr leichter Verstöße, mit denen ein Unternehmen datenschutzrechtlich zum ersten Mal auffällig wird, wird in der Regel ein formloser Hinweis der Aufsichtsbehörde genügen, ohne dass weitere förmliche Maßnahmen erforderlich sind. Der Hinweis geht, soweit dies gesetzlich zwingend vorgeschrieben ist, mit der Auferlegung einer Verwaltungsgebühr einher. Eine Sanktionierung mittels Geldbuße unterbleibt.

b) Leichte Verstöße

In Fällen leichter Verstöße, mit denen ein Unternehmen datenschutzrechtlich zum ersten Mal auffällig wird, wird ein formloser Hinweis der Aufsichtsbehörde oder eine förmliche Verwarnung ausgesprochen. Diese Maßnahmen gehen, soweit dies gesetzlich zwingend vorgeschrieben ist, mit der Auferlegung einer Verwaltungsgebühr einher. Eine Sanktionierung mittels Geldbuße unterbleibt.

c) Mittlere Verstöße

In Fällen mittlerer Verstöße ist eine niedrige, pauschale Geldbuße auszusprechen, welche grundsätzlich nicht vom Umsatz des Unternehmens abhängt. Die Geldbuße beträgt in der Regel 3.000 und 20.000 €, der konkrete Betrag hängt von den Kriterien des Art. 83 Abs. 2 DSGVO ab.

In Fällen mittlerer Verstöße, die auf einem Einzelfallverstoß mit nennenswerten Schäden für die betroffene Person beruhen, ist statt einer Geldbuße eine Verwarnung auszusprechen, wenn das Unternehmen mit der Aufsichtsbehörde vollumfänglich kooperiert und die betroffene Person für den verursachten materiellen und immateriellen Schaden überobligatorisch (insbesondere proaktiv, zügig und unbürokratisch) entschädigt.

In Fällen mittlerer Verstöße, die auf einem strukturellen Verstoß ohne nennenswerte Schäden für betroffene Personen und ohne eine entsprechende Gefahr beruhen, ist statt einer Geldbuße eine Verwarnung auszusprechen, wenn das Unternehmen mit der Aufsichtsbehörde vollumfänglich kooperiert und es darlegen kann, dass es schon vor Bekanntwerden des Verstoßes ein effektives Compliance-Konzept für den Datenschutzbereich eingeführt und tatsächlich umgesetzt hat.

d) Schwere Verstöße

aa) Grundlegendes

In Fällen schwerer Verstöße ist grundsätzlich eine umsatzbezogene Geldbuße zu verhängen.

Eine umsatzbezogene Geldbuße ist nicht zu verhängen, wenn keiner hochrangigen Leitungsperson ein Fehlverhalten nachgewiesen werden kann. Ein solches Fehlverhalten einer hochrangigen Leitungsperson kann in ihrer aktiven Teilnahme am Verstoß oder in dessen wissentlicher Duldung bestehen. Es kann ferner in einem fehlerhaften Vortatverhalten oder einem fehlerhaften Nachtatverhalten bestehen.

Ein fehlerfreies Vortatverhalten setzt voraus, dass das Unternehmen und die für es handelnden hochrangigen Leitungspersonen im Vorhinein alle erforderlichen und zumutbaren Schritte unternommen haben, um Datenschutzverstöße zu verhindern. Es setzt insbesondere voraus, dass entweder keine einschlägigen Vortaten vorliegen oder nach entsprechenden Taten alle Maßnahmen ergriffen wurden, die vom Unternehmen vernünftigerweise erwartet werden konnten, um weitere Verstöße in der Zukunft zu unterbinden. Es setzt ferner voraus, dass das Unternehmen nachweisen kann, ein effektives Compliancesystem für den Datenschutzbereich implementiert und umgesetzt zu haben.

Ein fehlerfreies Nachtatverhalten setzt voraus, dass nach Bekanntwerden des Verstoßes bei einer hochrangigen Leitungsperson diese alle erforderlichen und zumutbaren Schritte unternommen hat, um den vom Verstoß ausgehenden Schaden möglichst gering zu halten. Es setzt insbesondere voraus, dass vollumfänglich im Rahmen der gesetzlichen Vorschriften mit der Aufsichtsbehörde kooperiert wurde. Es setzt ferner voraus, dass betroffene Personen, die durch den Verstoß einen materiellen oder immateriellen Schaden erlitten haben, überobligatorisch (insbesondere proaktiv, zügig und unbürokratisch) entschädigt wurden.

Wenn sämtliche dieser Voraussetzungen erfüllt sind, ist ein umsatzunabhängiges Bußgeld zu verhängen, dessen konkrete Höhe von den Kriterien des Art. 83 Abs. 2 DSGVO abhängt, aber sich dem Grunde nach am höheren der beiden nachfolgenden Beträge orientiert:

- Betrag, den das Unternehmen mit dem Verstoß verdient hat, sowie
- Betrag, den das Unternehmen durch den Verstoß als Schaden anderen zugefügt hat.

Soweit keiner dieser Beträge sinnvoll ermittelt werden kann, ist an den pauschalen Bußgeldrahmen mittlerer Verstöße anzuknüpfen.

Ein umsatzunabhängiges Bußgeld ist auch dann zu verhängen, wenn das Unternehmen zwar kein effektives Compliancesystem für den Datenschutzbereich implementiert und umgesetzt hatte, nach Bekanntwerden des Verstoßes dies aber unverzüglich unternommen hat und das fehlende Compliancesystem den Verstoß weder ermöglicht noch begünstigt hat.

bb) Berechnungsmethode

Soweit ein umsatzbezogenes Bußgeld zu verhängen ist, wird dieses ermittelt, indem ein konkreter Bußgeldkorridor festgelegt wird, innerhalb dessen sodann ein konkretes Bußgeld festgelegt wird.

(1) Festlegung des Bußgeldkorridors

Der Bußgeldkorridor entspricht im Mindestmaß der Summe der beiden nachfolgenden Beträge:

- Betrag, den das Unternehmen mit dem Verstoß verdient hat;
- Betrag, den das Unternehmen durch den Verstoß als Schaden anderen zugefügt hat.

Bei der Beurteilung des Betrages, den das Unternehmen durch den Verstoß als Schaden anderen zugefügt hat, kann auf die zivilgerichtliche Rechtsprechung zum materiellen und immateriellen Schadensersatz nach Art. 82 DSGVO zurückgegriffen werden.

Soweit sich einer oder beide dieser Beträge nicht berechnen lassen, etwa weil kein Vermögensvorteil beim Unternehmen und/oder kein Schaden bei den betroffenen Personen eingetreten ist, ist der jeweilige Wert mit Null anzusetzen.

In jedem Fall beträgt das Mindestmaß des Bußgeldkorridors dem Mindestmaß des Korridors für mittlere Verstöße.

Der Bußgeldkorridor entspricht im Höchstmaß einem Betrag in Höhe von 2 % (in Fällen des Art. 83 Abs. 4 DSGVO) oder 4 % (in Fällen des Art. 83 Abs. 5 DSGVO) des tatbezogenen Umsatzes.

(2) Festlegung des konkreten Bußgeldes

Innerhalb dieses Bußgeldkorridors ist das konkrete Bußgeld nach Maßgabe der Kriterien des Art. 83 Abs. 2 DSGVO festzulegen.

Um dem verantwortlichen Unternehmen in jedem Stadium des Verfahrens und bei jeder Sachlage Anreize für ein kooperatives, schadensminimierendes und datenschutzfreundliches Verhalten zu setzen, ist der Bußgeldkorridor im Höchstmaß um 33 % zu reduzieren, wenn das Unternehmen ein fehlerfreies Vortatverhalten nachweisen kann (s.o., insb. keine einschlägigen Vortaten und eingeführtes Compliancesystem), oder wenn das Unternehmen nach Bekanntwerden des Verstoßes bei der Aufsichtsbehörde vollumfänglich mit dieser kooperiert hat und die betroffenen Personen überobligatorisch (insbesondere proaktiv, zügig und unbürokratisch) entschädigt hat. Der Bußgeldkorridor ist im Höchstmaß um 66 % zu reduzieren, wenn beide Voraussetzungen erfüllt sind.

Im verbleibenden Rahmen ist das Bußgeld in Abhängigkeit von allen noch nicht berücksichtigten Kriterien des Art. 83 Abs. 2 DSGVO festzusetzen. Dabei sind insbesondere die tatbezogenen Umstände (Art, Schwere und Dauer des Verstoßes) maßgeblich sowie das Maß des Fehlverhaltens der hochrangigen Leitungspersonen und ihre unternehmensinterne hierarchische Stellung. Die konkrete Berechnung kann in Anlehnung an das DSK-Konzept nach Tagessätzen erfolgen.

e) Sehr schwere Verstöße

Im Falle sehr schwerer Verstöße, also solcher, bei denen das gesamte Geschäftsmodell eines Unternehmens auf einer evident rechtswidrigen Datenverarbeitung beruht, ist der gesetzlich vorgegebene Bußgeldrahmen auszuschöpfen. Eine Datenverarbeitung ist nicht evident rechtswidrig, wenn das Unternehmen vertretbarerweise von ihrer Rechtmäßigkeit ausgeht, auch wenn die zuständige Datenschutzbehörde anderer Auffassung ist. Anhaltspunkte für eine solche Vertretbarkeit können diesbezügliche Auffassungen in der rechtswissenschaftlichen Literatur sein oder ein etabliertes und markttypisches Verhalten. In jedem Fall ist vor Verhängung einer Geldbuße die Prüfung einer Untersagung der Datenverarbeitung mit Anordnung der sofortigen Vollziehbarkeit zu prüfen, um den drohenden Schaden zu minimieren und ggf. offene Fragen des materiellen Rechts im verwaltungsgerichtlichen Verfahren zu klären.

4. Schritt 3: Finale Anpassung des Bußgeldes

In einem letzten Schritt muss die Datenschutzbehörde die Möglichkeit haben, sämtliche tat- und schuldrelevanten Umstände zu würdigen, die nicht schon nach den obigen Schritten Eingang in das Verfahren gefunden haben. Vor diesem Hintergrund kann die Datenschutzbehörde, soweit entsprechende Umstände vorliegen oder es sich um einen besonderen, atypischen Fall handelt, innerhalb des gesetzlich vorgegebenen Rahmens die Bußgeldhöhe anpassen, um zu einem sachgerechten Ergebnis zu gelangen.

5. Zusammenfassende Übersicht

Schwere	Charakter	Beispiele	Folge
sehr leicht	Formalverstoß	– vergessene Meldung des Datenschutzbeauftragten an die Aufsichtsbehörde (Art. 37 Abs. 7 DSGVO) – einstündige Verspätung einer Meldung nach Art. 33 DSGVO oder eintägige Verspätung bei der Bearbeitung eines Auskunftsanspruchs nach Art. 15 DSGVO – Fehlen eines einzelnen Eintrags im Verzeichnis der Verarbeitungstätigkeiten (Art. 30 DSGVO) – Abgeschlossene, aber nicht mehr auffindbare Vereinbarung nach Art. 28 DSGVO	Hinweis & ggf. Auferlegung einer Gebühr
Leicht	Einzelfallverstoß ohne nennenswerte Schäden	– Im Einzelfall erfolgende Erhebung eines überflüssigen unsensiblen Datums (z.B. Abfrage der E-Mail-Adresse eines Gastes im Restaurant zu Zwecken der Corona-Kontaktnachverfolgung durch einen neu eingestellten Mitarbeiter) – Verspätete Löschung der Daten eines Bewerbers aufgrund eines Versehens im Einzelfall – Krankheitsbedingt verspätete Reaktion auf einen Auskunftsantrag nach Art. 15 DSGVO bei einem Einzelunternehmer, ohne Eintritt eines nennenswerten Schadens beim Antragsteller	Hinweis & ggf. Auferlegung einer Gebühr

Schwere	Charakter	Beispiele	Folge
Mittel	Einzelverstoß mit nennenswertem Schaden *oder* struktureller Verstoß ohne nennenswerten Schaden	- Absichtliche verspätete Erteilung einer Auskunft nach Art. 15 DSGVO, die der Betroffene aus dargelegten Gründen dringend benötigt - Rechtsgrundlose telefonische Offenbarung sehr persönlicher Daten eines ehemaligen Beschäftigten gegenüber dessen neuen Arbeitgeber - routinemäßig unterlassene Übermittlung von Informationen nach Art. 13 DSGVO bei postalisch bestellenden Kunden, wobei entsprechende Informationen online abrufbar wären; - routinemäßige Übermittlung von Informationen nach Art. 13 DSGVO in englischer Sprache bei einem gerade erst nach Deutschland expandierten Unternehmen - routinemäßig verspätete Löschung von Bewerberdaten aufgrund der irrigen Annahme, dass diese drei Monate länger aufbewahrt werden dürfen als es der tatsächlichen Rechtslage entspricht - wiederholte Begehung leichter oder sehr leichter Verstöße	umsatzunabhängige Geldbuße, unter bestimmten Umständen auch Verwarnung möglich
schwer	strukturelle Verstöße mit nennenswertem oder potentiell nennenswertem Schaden	- massenhafte, flächendeckende und dauerhafte Videoüberwachung von Beschäftigten ohne Rechtsgrundlage; - Verzicht auf einfachste technisch-organisatorische Schutzmaßnahmen für Millionen von Kundendaten; - massenhafte Nichtbearbeitung von Betroffenenbegehren	umsatzbezogene Geldbuße, unter bestimmten Umständen umsatzunabhängige Geldbuße
sehr schwer	Aufbau des gesamten Geschäftsmodell auf rechtswidriger Datenverarbeitung	- Eigenmächtige Aufhängung hochauflösender Kameras überall im öffentlichen Raum, um biometrische Daten zu gewinnen und diese zu verkaufen	Geldbuße am oberen Ende des gesetzlichen Bußgeldrahmens

Teil 7: Zusammenfassung der Ergebnisse

Die Ergebnisse der vorliegenden Arbeit können damit wie folgt zusammengefasst werden:

Zu Teil 1-2:

- Seit Inkrafttreten der DSGVO wurde bereits eine Reihe von Millionenbußgeldern verhängt.

- Die bisherige Praxis zeigt, dass Bußgelder in Millionenhöhe nur verhängt werden, wenn entweder eine besonders große Zahl von Personen betroffen ist (Deutsche Wohnen SE, 1&1 Telecom GmbH, Amazon Europe Core S.à.r.l., WhatsApp Ireland Limited, Google LLC) oder eine kleinere Zahl von besonders schützenswerten Personen sehr stark in ihren Rechten verletzt sind (H&M Hennes & Mauritz Online Shop A.B. & Co. KG, Notebooksbilliger.de AG).

- Die Entscheidungen der Behörden sowie die sich diametral unterscheidenden Entscheidungen des Landgerichts Bonn und des Landgerichts Berlin zeigen, dass zentrale prozessuale Fragen zur Täterschaft, zum Tatbegriff und zur Bußgeldzumessung auch mehrere Jahre nach Inkrafttreten der DSGVO noch offen und ungeklärt sind.

- Es ist zu erwarten, dass diese Fragen nach und nach durch die höchstrichterliche Rechtsprechung, spätestens durch den EuGH geklärt werden. Bis dahin soll diese Untersuchung einen Beitrag dazu leisten, praktikable und sachgerechte Lösungsvorschläge zu liefern.

Zu Teil 3:

- Unternehmen können als juristische Personen kraft ausdrücklicher materiell-rechtlicher Regelung Betroffene eines Datenschutzverstoßes im Sinne des deutschen Ordnungswidrigkeitsrechts sein.

- Der Begriff des Unternehmens in Art. 83 DSGVO ist im kartellrechtlichen Sinne zu verstehen, sodass die wirtschaftliche Einheit maßgeblich ist und in Konzernstrukturen regelmäßig ein Rückgriff auf die Muttergesellschaft möglich sein wird.

- Einem Unternehmen sind sämtliche Handlungen der Mitarbeiter im Kreis der unternehmerischen Tätigkeit zuzurechnen, soweit der konkrete Mitarbeiter die Datenverarbeitung zu Zwecken und mit Mitteln des Unternehmens durchführt.

Zu Teil 4:

- Aus Art. 83 Abs. 3 DSGVO ergibt sich, dass bei Verstößen im Rahmen gleicher oder miteinander verbundener Verarbeitungsvorgänge des Verantwortlichen auch eine einzige Tat im prozessualen Sinne vorliegt, für die eine einheitliche Geldbuße festzusetzen ist.

- Das Kriterium der gleichen oder miteinander verbundenen Verarbeitungsvorgänge ist dabei im Einklang mit der einheitlichen und fortgesetzten Zuwiderhandlung im Kartellrecht zu verstehen.

- Maßgeblich ist mithin, ob es sich bei dem vorgeworfenen Verhalten um eine Mehrzahl von Verarbeitungsvorgängen handelt, die einen inneren Zusammenhang aufweisen und dergestalt miteinander verknüpft sind, dass sie ein einheitliches Ziel verfolgen.

Zu Teil 5:

- In welchem Umfang Verantwortliche verpflichtet sind, mit der zuständigen Datenschutzbehörde zu kooperieren und dieser Auskünfte zu erteilen, bemisst sich nach den einschlägigen datenschutzrechtlichen Vorschriften (Art. 5 Abs. 2, 31, 33, 58 Abs. 1 S. 1 lit. a DSGVO, § 40 Abs. 4 BDSG).

- Diese Vorschriften verstoßen nicht gegen höherrangiges Recht.

- Verantwortliche können nach diesen Vorschriften verpflichtet sein, Informationen herauszugeben, die sie selbst belasten.

- Diese Informationen können auch im Bußgeldverfahren gegen sie verwendet werden.

Zu Teil 6:

- Datenschutzbehörden sind nicht gesetzlich verpflichtet, jeden Verstoß gegen datenschutzrechtliche Vorschriften, von dem sie Kenntnis erhalten, mit einem Bußgeld zu sanktionieren.

- Vielmehr haben Datenschutzbehörden ein Ermessen, in welchen Fällen sie Bußgeldverfahren eröffnen wollen und in welchen nicht.

- Sofern die Datenschutzbehörde ein Bußgeldverfahren eröffnet, hat es dem betroffenen Unternehmen auch dann rechtliches Gehör zu gewähren, wenn das Unternehmen zum gleichen Sachverhalt im Rahmen eines Verwaltungsverfahren bereits Stellung genommen hat.

- Vor Erlass eines Bußgeldbescheides können Datenschutzbehörde und Unternehmen Verständigungsgespräche mit dem Ziel einer einvernehmlichen Verfahrensbeendigung führen.

- Eine Verständigung setzt eine geständige Einlassung des betroffenen Unternehmens voraus, die sich allerdings nur auf die prozessuale Tat und die ihr zugrundeliegenden Sachverhalt bezieht, nicht jedoch auf die Einstufung dieses Sachverhalts als Datenschutzverstoß.

- Ein Rechtsmittelverzicht kann nicht Bestandteil einer Verständigung sein. Wurde ein solcher dennoch vereinbart, ist er unwirksam.

- Die konkrete Zumessung des Bußgeldes – unabhängig davon, ob dies im Rahmen von Verständigungsgesprächen erfolgt oder nicht – hat sich an den Kriterien des Art. 83 Abs. 1 DSGVO zu orientieren und muss demnach wirksam, verhältnismäßig und abschreckend sein.

- Ein Bußgeld erfüllt diese Anforderungen, wenn es zur Erreichung des mit ihm bezweckten Zieles geeignet ist (Wirksamkeit) und gleichermaßen das konkret betroffene Unternehmen sowie alle anderen Marktteilnehmer von der Begehung zukünftiger Verstöße abhält (Abschreckung), ohne dabei eine im Verhältnis zu Art, Schwere und Umfang des Verstoßes sowie zur Schuld des Unternehmens unangemessene Härte darzustellen (Verhältnismäßigkeit).

- Um wirksam zu sein, sollte die Praxis der Bußgeldzumessung sinnvolle Anreize für Unternehmen setzen. Insbesondere sollte Anreize für Unternehmen gesetzt werden, präventiv effektive Compliance-Systeme umzusetzen und bei bereits begangenen Verstößen sich um eine proaktive Wiedergutmachung des verursachten Schadens zu bemühen.

- Eine sinnvolle Bußgeldzumessung sollte sich in erster Linie am konkreten Verstoß ausrichten und nicht am Unternehmen oder an dessen Umsatz. Das im Bußgeldkonzept der deutschen Behörden angelegte System, welches sich in erster Linie am Umsatz ausrichtet, führt nämlich bei einem Auseinanderfallen von Tatschwere und Unternehmensgröße nicht zu sachgerechten Ergebnissen (also bei einem sehr leichten Verstoß eines sehr umsatzstarken Unternehmens oder bei einem sehr schweren Verstoß eines nahezu umsatzlosen Unternehmens).

- Eine Geldbuße, die sich nach dem Umsatz des Unternehmens bemisst, sollte nur bei schweren Verstößen verhängt werden. Eine solche umsatzbezogene Geldbuße verwirklicht die Ziele der Wirksamkeit und der Abschreckung insbesondere dadurch, dass sie bei Unternehmen mit hohem Umsatz ein empfindliches Übel darstellt und hierdurch präventive Anreize für ein rechtskonformes Verhalten setzt. Sie sollte sich damit auf Verstöße beziehen, die durch korrektes Verhalten der Leitungspersonen hätten vermieden werden können.

- Datenschutzbehörden haben von Amts wegen zu ermitteln, ob und ggf. welche Leitungspersonen in welcher Art und Weise am Verstoß beteiligt waren. Die bloße Feststellung, ein Verstoß sei von Beschäftigten des Unternehmens begangen worden, mag zwar zur Feststellung der rechtswidrigen Tat genügen, genügt aber nicht den Anforderungen an die gebotene Aufklärung aller be- und entlastenden, tat- und schuldrelevanten Umstände.

Teil 8: Fazit & Ausblick

Das Bußgeldverfahren im Datenschutzrecht begegnet einer ganzen Reihe offener Fragen, von denen in dieser Untersuchung nur eine Auswahl der wichtigsten behandelt werden konnte. Angesichts der Bedeutung der Sanktionsbefugnisse der Datenschutzbehörden für eine effektive Durchsetzung des Datenschutzrechts kann allerdings kein Zweifel daran bestehen, dass diese Fragen in jedem Fall eine enorme Relevanz für die Praxis haben werden. Es ist zu erwarten, dass zu gegebener Zeit insbesondere die Rechtsprechung Antworten finden müssen wird. Gleichwohl können viele Jahre bis zu einer Entscheidung des EuGH vergehen und selbst dann ist nicht zu erwarten, dass sämtliche offenen Fragen des Bußgeldverfahrens schon beim ersten verfügbaren Anlass höchstrichterlich geklärt werden.

Aus alledem ergibt sich die Notwendigkeit, neben der Betrachtung von Tat und Täter gerade für den Bereich der Bußgeldzumessung neue Konzepte zu entwickeln, die durch eine gleichermaßen tat- und schuldangemessene, wie auch methodisch nachvollziehbare Art und Weise der Strafzumessung ihre spezial- und generalpräventiven Ziele erreichen. Insbesondere hierzu versucht die vorliegende Untersuchung einen hilfreichen Beitrag zu leisten, der gerne kritisch hinterfragt und diskutiert werden soll, um die wissenschaftliche Diskussion voranzutreiben. Es ist zu hoffen, dass auf dieser Grundlage auch die Praxis in Gestalt des Gesetzgebers, der erwarteten Leitlinien des Europäischen Datenschutzausschusses zur Bußgeldzumessung oder der Rechtsprechung möglichst bald gute und gerechte Lösungen für die Zumessung wirksamer, abschreckender und verhältnismäßiger Bußgelder finden wird.

Literaturverzeichnis

Albrecht, Jan Philipp, Das neue EU-Datenschutzrecht – von der Richtlinie zur Verordnung, CR 2016, S. 88 – 98.

Ambrock, Jens, Mitarbeiterexzess im Datenschutzrecht, ZD 2020, S. 492 – 497.

Anger, Heike, Bußgeld wegen Datenschutzverstößen: Urteil gegen 1&1 ist rechtskräftig, 18.01.2021, https://www.handelsblatt.com/politik/deutschland/dsgvo-bussgeld-wegen-datenschutzverstoessen-urteil-gegen-1und 1-ist-rechtskraeftig/26826800.html?ticket=ST-12670156-MHqeH6kC2lNWmbwotTvg-ap5, zuletzt abgerufen am 29.01.2022.

Art. 29-Datenschutzgruppe, Guidelines on the application and setting of administrative fines for the purposes of the Regulation 2016/679, 03.10.2017, http://ec.europa.eu/newsroom/just/document.cfm?doc_id=47889, zuletzt abgerufen am 29.01.2022.

Eßer, Martin u.a. (Hrsg.), Auernhammer, DSGVO / BDSG - Kommentar, 7. Aufl. 2020.

Autoriteit Persoonsgegevens, Boetebeleidsregels Autoriteit Persoonsgegevens 2019, 14.03.2019, https://autoriteitpersoonsgegevens.nl/nl/nieuws/ap-past-boetebeleidsregels-aan, zuletzt abgerufen am 29.01.2022.

Bär, Roy, Grundlagen der wettbewerbsrechtlichen Unternehmensverantwortlichkeit im europäischen Bußgeldverfahren, 2019.

Bayerisches Landesamt für Datenschutzaufsicht, 9. Tätigkeitsbericht, 28.01.2020, https://www.lda.bayern.de/media/baylda_report_09.pdf, zuletzt abgerufen am 29.01.2022.

Bayerisches Landesamt für Datenschutzaufsicht, 10. Tätigkeitsbericht, 13.07.2021, https://www.lda.bayern.de/media/baylda_report_10.pdf, zuletzt abgerufen am 29.01.2022.

Bayerisches Landesamt für Datenschutzaufsicht, Kurzpapier Nr. 7: Sanktionen nach der DS-GVO, 01.09.2016, https://www.lda.bayern.de/media/baylda_ds-gvo_7_sanctions.pdf, zuletzt abgerufen am 29.01.2022.

Bechtold, Rainer, Kartellrechtliche Bußgeldverfahren in Deutschland und der EU, 01.07.2010, https://www.studienvereinigung-kartellrecht.de/sites/default/files/schweiz-20100701-bechtold.pdf, zuletzt abgerufen am 29.01.2022.

Berliner Beauftragte für Datenschutz und Informationsfreiheit, 41. Tätigkeitsbericht, 03.04.2020, https://www.datenschutz-berlin.de/fileadmin/user_upload/pdf/publikationen/jahresbericht/BlnBDI-Jahresbericht-2019-Web.pdf, zuletzt abgerufen am 29.01.2022.

Berliner Beauftragte für Datenschutz und Informationsfreiheit, 42. Tätigkeitsbericht, 08.04.2021, https://www.datenschutz-berlin.de/fileadmin/user_upload/pdf/publikationen/jahresbericht/BlnBDI-Jahresbericht-2020-Web.pdf, zuletzt abgerufen am 29.01.2022.

Berliner Beauftragte für Datenschutz und Informationsfreiheit, Jahresbericht 2016, 31.12.2016, https://www.datenschutz-berlin.de/jahresberichte.html, zuletzt abgerufen am 29.01.2022.

Berliner Beauftragte für Datenschutz und Informationsfreiheit, Pressemitteilung: Berliner Datenschutzbeauftragte verhängt Bußgeld gegen Immobiliengesellschaft, 05.11.2019, https://www.datenschutz-berlin.de/fileadmin/user_upload/pdf/pressemitteilungen/2019/20191105-PM-Bussgeld_DW.pdf, zuletzt abgerufen am 29.01.2022.

Berliner Beauftragte für Datenschutz und Informationsfreiheit, Pressemitteilung: Bußgeldbescheid gegen Deutsche Wohnen SE: Beschwerde gegen Einstellung des Verfahrens eingelegt, 03.03.2021, https://www.datenschutz-berlin.de/fileadmin/user_upload/pdf/pressemitteilungen/2021/20210303-PM-Deutsche_Wohnen.pdf, zuletzt abgerufen am 29.01.2022.

Berg, Werner/Semmelmann, Constanze, Das Europäische Kartellrecht in aktuellen Entscheidungen der Gemeinschaftsgerichte und der Kommission, GPR 2004, S. 200 – 210.

Bergt, Sanktionierung von Verstößen gegen die Datenschutz-Grundverordnung, DuD 2017, S. 555 – 561.

Bodoni, Stephanie, Amazon Gets Record $888 Million EU Fine Over Data Violations , 30.07.2021, https://www.bloomberg.com/news/articles/2021-07-30/amazon-given-record-888-million-eu-fine-for-data-privacy-breach, zuletzt abgerufen am 29.01.2022.

Braun, Steffen, Kooperation oder Konfrontation? Erste Bußgelder nach DSGVO, ZD-Aktuell 2019, 06445.

Brenner, Tobias, „Settlements" in Kartellverfahren des Bundeskartellamtes – Perspektiven und Grenzen, WuW 2011, S. 590 – 601.

Bundeskartellamt, Merkblatt: Das Settlement-Verfahren des Bundeskartellamtes in Bußgeldsachen, 23.12.2013, abrufbar unter http://www.bundeskartellamt.de/SharedDocs/Publikation/DE/Merkblätter/Merkblatt-Settlement.pdf?__blob=publicationFile&v=2, zuletzt abgerufen am 29.01.2022.

Bundeskartellamt, Pressemitteilung: Bundeskartellamt untersagt Facebook die Zusammenführung von Nutzerdaten aus verschiedenen Quellen, 07.02.2019, https://www.bundeskartellamt.de/SharedDocs/Meldung/DE/Pressemitteilungen/2019/07_02_2019_Facebook.html, zuletzt abgerufen am 29.01.2022.

Bundeskartellamt, Pressemitteilung: Bundeskartellamt verhängt Bußgelder gegen Wursthersteller, 15.7.2014, https://www.bundeskartellamt.de/SharedDocs/Meldung/DE/Pressemitteilungen/2014/15_07_2014_Wurst.html, zuletzt abgerufen am 29.01.2022.

Bundesministerium des Innern und für Heimat, Evaluierung des Gesetzes zur Anpassung des Datenschutzrechts an die Verordnung (EU) 2016/679 und zur Umsetzung der Richtlinie (EU) 2016/680, Oktober 2021, https://www.bmi.bund.de/SharedDocs/evaluierung-von-gesetzen/downloads/berichte/evaluierung-bdsg.pdf?__blob=publicationFile&v=4, zuletzt abgerufen am 29.01.2022.

Bundesministerium des Innern und für Heimat, Referentenentwurf des BMI für das Gesetz zur Anpassung des Datenschutzrechts an die Verordnung (EU) 2016/679 und zur Umsetzung der Richtlinie (EU) 2016/680 (DSAnpUG-EU), November 2016, 23.11.2016, https://www.bmi.bund.de/SharedDocs/gesetzgebungsverfahren/DE/Downloads/referentenentwuerfe/dsanpug-refe.pdf;jsessionid=5C2D60EE1D0BAE642572AE000A5C38F2.2_cid373?__blob=publicationFile&v=2, zuletzt abgerufen am 29.01.2022.

CMS Hasche Sigle Partnerschaft von Rechtsanwälten und Steuerberatern mbB, GDPR Enforcement Tracker, https://www.enforcementtracker.com, zuletzt abgerufen am 29.01.2022.

Commission Nationale de l'Informatique et des Libertés, Deliberation of the Restricted Committee SAN-2019-001 of 21 January 2019 pronouncing a financial sanction against GOOGLE LLC, 21.01.2019, https://www.cnil.fr/sites/default/files/atoms/files/san-2019-001.pdf, zuletzt abgerufen am 29.01.2022.

Dannecker, Gerhard/Fischer-Fritsch, Jutta (Hrsg.), Das EG-Kartellrecht in der Bußgeldpraxis, 1989.

Data Protection Commission, Press release: Data Protection Commission announces decision in WhatsApp inquiry, 02.09.2021, https://www.dataprotection.ie/en/news-media/press-releases/data-protection-commission-announces-decision-whatsapp-inquiry, zuletzt abgerufen am 29.01.2022.

Data Protection Commission, Decision in the matter of WhatsApp Ireland Limited, 20.08.2021, IN-18-12-2, https://edpb.europa.eu/system/files/2021-09/dpc_final_decision_redacted_for_issue_to_edpb_01-09-21_en.pdf, zuletzt abgerufen am 29.01.2022.

Datatilsynet, Bødevejledning Udmåling af bøder til virksomheder, Januar 2021, https://www.datatilsynet.dk/Media/1/9/Bødevejledning.pdf, zuletzt abgerufen am 29.01.2022.

Der Bundesbeauftragte für den Datenschutz und die Informationsfreiheit, 28. Tätigkeitsbericht, 17.06.2020, https://www.bfdi.bund.de/SharedDocs/Publikationen/Taetigkeitsberichte/TB_BfDI/28TB_19.pdf?__blob=publicationFile&v=11, zuletzt abgerufen am 29.01.2022.

Der Bundesbeauftragte für den Datenschutz und die Informationsfreiheit, 29. Tätigkeitsbericht, 25.03.2021, https://www.bfdi.bund.de/SharedDocs/Publikationen/Taetigkeitsberichte/TB_BfDI/29TB_20.pdf?__blob=publicationFile&v=7, zuletzt abgerufen am 29.01.2022.

Der Bundesbeauftragte für den Datenschutz und die Informationsfreiheit, Pressemitteilung: BfDI verhängt Geldbußen gegen Telekommunikationsdienstleister, 09.12.2019, https://www.bfdi.bund.de/DE/Infothek/Pressemitteilungen/2019/30_BfDIverhängt-Geldbuße1u1.html, zuletzt abgerufen am 29.01.2022.

Der Hamburgische Beauftragte für Datenschutz und Informationsfreiheit, 29. Tätigkeitsbericht, 25.02.2021, https://datenschutz-hamburg.de/assets/pdf/29._taetigkeitsbericht_datenschutz_2020.PDF, zuletzt abgerufen am 29.01.2022.

Der Hamburgische Beauftragte für Datenschutz und Informationsfreiheit, Pressemitteilung: Datenschutz am Beginn einer neuen Zeitrechnung, 21.02.2018, https://datenschutz-hamburg.de/pressemitteilungen/2018/02/2018-02-21-datenschutz-am-beginn-einer-neuen-zeitrechnung, zuletzt abgerufen am 29.01.2022.

Der Hamburgische Beauftragte für Datenschutz und Informationsfreiheit, Pressemitteilung: 35,3 Millionen Euro Bußgeld wegen Datenschutzverstößen im Servicecenter von H&M, 01.10.2010, https://datenschutz-hamburg.de/pressemitteilungen/2020/10/2020-10-01-h-m-verfahren, zuletzt abgerufen am 29.01.2022.

Der Hessische Beauftragte für Datenschutz und Informationsfreiheit, 48. Tätigkeitsbericht, 13.05.2020, https://datenschutz.hessen.de/sites/datenschutz.hessen.de/files/2019_48_TB.pdf, zuletzt abgerufen am 29.01.2022.

Der Hessische Beauftragte für Datenschutz und Informationsfreiheit, 49. Tätigkeitsbericht, 01.06.2021, https://datenschutz.hessen.de/sites/datenschutz.hessen.de/files/HBDI_49_Tätigkeitsbericht_2020.pdf, zuletzt abgerufen am 29.01.2022.

Der Landesbeauftragte für Datenschutz und Informationsfreiheit Mecklenburg-Vorpommern, 15. Tätigkeitsbericht, 16.06.2020, https://www.datenschutz-mv.de/static/DS/Dateien/Publikationen/Taetigkeitsberichte/lfdmvtb15.pdf, zuletzt abgerufen am 29.01.2022.

Der Landesbeauftragte für Datenschutz und Informationsfreiheit Mecklenburg-Vorpommern, 16. Tätigkeitsbericht, 27.07.2021, https://www.datenschutz-mv.de/static/DS/Dateien/Publikationen/Taetigkeitsberichte/lfdmvtb16.pdf, zuletzt abgerufen am 29.01.2022.

Der Landesbeauftragte für den Datenschutz und die Informationsfreiheit Baden-Württemberg, 35. Tätigkeitsbericht, 30.01.2020, https://www.baden-wuerttemberg.datenschutz.de/wp-content/uploads/2020/01/35.-Tätigkeitsbericht-für-den-Datenschutz-Web.pdf, zuletzt abgerufen am 29.01.2022.

Der Landesbeauftragte für den Datenschutz und die Informationsfreiheit Baden-Württemberg, 36. Tätigkeitsbericht, 08.02.2021, https://www.baden-wuerttemberg.datenschutz.de/wp-content/uploads/2021/02/LfDI-BW_36_Tätigkeitsbericht_2020_WEB.pdf, zuletzt abgerufen am 29.01.2022.

Der Landesbeauftragte für Datenschutz und Informationsfreiheit Baden-Württemberg, Pressemitteilung: LfDI Baden-Württemberg verhängt sein erstes Bußgeld in Deutschland nach der DS-GVO, 22.11.2018, https://www.baden-wuerttemberg.datenschutz.de/lfdi-baden-wuerttemberg-verhaengt-sein-erstes-bussgeld-in-deutschland-nach-der-ds-gvo/, zuletzt abgerufen am 29.01.2022.

Der Landesbeauftragte für den Datenschutz und die Informationsfreiheit Rheinland-Pfalz, 28. Tätigkeitsbericht, 12.01.2021, https://www.datenschutz.rlp.de/fileadmin/lfdi/Taetigkeitsberichte/ds_tb28.pdf, zuletzt abgerufen am 29.01.2022.

Der Sächsische Datenschutzbeauftragte, 20. Tätigkeitsbericht, 17.06.2021, https://www.saechsdsb.de/images/stories/sdb_inhalt/oeb/taetigkeitsberichte/Ttigkeitsbericht_2019_final.pdf, zuletzt abgerufen am 29.01.2022.

Der Sächsische Datenschutzbeauftragte, 21. Tätigkeitsbericht, 22.12.2020, https://www.saechsdsb.de/images/stories/sdb_inhalt/oeb/taetigkeitsberichte/SDB_Ttigkeitsbericht_2020.pdf, zuletzt abgerufen am 29.01.2022.

Deutsche Wohnen SE, Pressemitteilung: Deutsche Wohnen geht gegen Bußgeldbescheid der Berliner Beauftragten für Datenschutz und Informationsfreiheit vor, 05.11.2019, https://www.deutsche-wohnen.com/ueber-uns/presse-news/pressemitteilungen/deutsche-wohnen-geht-gegen-bussgeldbescheid-der-berliner-beauftragten-fuer-datenschutz-und-informationsfreiheit-vor/, zuletzt abgerufen am 29.01.2022.

Die Landesbeauftragte für Datenschutz und Informationsfreiheit der Freien Hansestadt Bremen, 2. Tätigkeitsbericht zur DSGVO, 20.03.2020, https://www.datenschutz.bremen.de/sixcms/media.php/13/2_Jahresbericht_Datenschutz.pdf, zuletzt abgerufen am 29.01.2022.

Die Landesbeauftragte für Datenschutz und Informationsfreiheit der Freien Hansestadt Bremen, 3. Tätigkeitsbericht zur DSGVO, 26.03.2021, https://www.datenschutz.bremen.de/sixcms/media.php/13/3.%20Jahresbericht%20Datenschutz.pdf, zuletzt abgerufen am 29.01.2022.

Die Landesbeauftragte für Datenschutz und Informationsfreiheit Nordrhein-Westfalen, 25. Tätigkeitsbericht, 12.05.2020, https://www.ldi.nrw.de/mainmenu_Aktuelles/submenu_Bericht/Inhalt/aktueller_Bericht/LDI-NRW---25_-Datenschutzbericht-2020.pdf, zuletzt abgerufen am 29.01.2022.

Die Landesbeauftragte für Datenschutz und Informationsfreiheit Nordrhein-Westfalen, 26. Tätigkeitsbericht, 31.08.2021, https://www.ldi.nrw.de/mainmenu_Aktuelles/submenu_Bericht/Inhalt/aktueller_Bericht/26_-Bericht-LDI-NRW.pdf, zuletzt abgerufen am 29.01.2022.

Die Landesbeauftragte für den Datenschutz Niedersachsen, 25. Tätigkeitsbericht, 03.09.2020, https://lfd.niedersachsen.de/download/158404, zuletzt abgerufen am 29.01.2022.

Die Landesbeauftragte für den Datenschutz Niedersachsen, 26. Tätigkeitsbericht, 27.05.2021, https://lfd.niedersachsen.de/download/169169, zuletzt abgerufen am 29.01.2022.

Die Landesbeauftragte für den Datenschutz Niedersachsen, Pressemitteilung: LfD Niedersachsen verhängt Bußgeld über 10,4 Millionen Euro gegen notebooksbilliger.de, 08.01.2021, https://lfd.niedersachsen.de/startseite/infothek/presseinformationen/lfd-niedersachsen-verhangt-bussgeld-uber-10-4-millionen-euro-gegen-notebooksbilliger-de-196019.html, zuletzt abgerufen am 29.01.2022.

Die Landesbeauftragte für den Datenschutz und für das Recht auf Akteneinsicht Brandenburg, 21. Tätigkeitsbericht, 24.03.2020, https://www.lda.brandenburg.de/sixcms/media.php/9/TB_2019_Web.pdf, zuletzt abgerufen am 29.01.2022.

Die Landesbeauftragte für den Datenschutz und für das Recht auf Akteneinsicht Brandenburg, 22. Tätigkeitsbericht, 03.05.2021, https://www.lda.brandenburg.de/sixcms/media.php/9/TB_2020_web.pdf, zuletzt abgerufen am 29.01.2022.

Ebner, Stephan/Schmidt, Alexander, Verhängung von Bußgeldern nach Art. 83 DSGVO gegen deutsche Muttergesellschaften – Eine Praxisbetrachtung, CCZ 2020, S. 84 – 88.

Eckhardt, Jens/Menz, Konrad, Bußgeldsanktionen der DS-GVO, DuD 2018, S. 139 – 144.

Ehmann, Eugen/Selmayr, Martin (Hrsg.), Datenschutz-Grundverordnung: DS-GVO, 2. Aufl. 2018.

Europäische Kommission, Pressemitteilung: Kartellrecht: Kommission verhängt Geldbuße von 4.34 Milliarden Euro gegen Google wegen illegaler Praktiken bei Android-Mobilgeräten zur Stärkung der beherrschenden Stellung der Google-Suchmaschine, 18.07.2018, https://ec.europa.eu/commission/presscorner/detail/de/IP_18_4581, zuletzt abgerufen am 29.01.2022.

Europäische Union, Gemeinsamer Leitfaden des Europäischen Parlaments, des Rates und der Kommission für Personen, die an der Abfassung von Rechtstexten der Europäischen Union mitwirken, 11.07.2013, http://eur-lex.europa.eu/content/techleg/DE-leitfaden-fuer-die-abfassung-von-rechtstexten.pdf, zuletzt abgerufen am 29.01.2022.

Europäischer Datenschutzausschuss, Binding Decision 1/2021 on the dispute arisen on the draft decision of the Irish Supervisory Authority regarding WhatsApp Ireland under Article 65(1)(a) GDPR, 20.07.2021, https://edpb.europa.eu/system/files/2021-09/edpb_bindingdecision_202101_ie_sa_whatsapp_redacted_en.pdf, zuletzt abgerufen am 29.01.2022.

Faull, Jonathan/Nikpay, Ali (Hrsg.), The EU Law of Competition, 3. Aufl 2014.

Faust, Sebastian/Spittka, Jan/Wybitul, Tim, Milliardenbußgelder nach der DS-GVO? – Ein Überblick über die neuen Sanktionen bei Verstößen gegen den Datenschutz, ZD 2016, 120

Fischer, Thomas, Strafgesetzbuch: StGB, 69. Aufl. 2022.

Frankfurter Kommentar zu EUV, GRC und AEUV, Pechstein, Matthias u.a. (Hrsg.), 2017.

Frankfurter Kommentar zum Kartellrecht, Jaeger, Wolfgang u.a. (Hrsg.), Lieferung 95, Stand Dezember 2021.

Galle, René/Rengier, Lukas, Die Grundabsprache im deutschen Kartellrecht – Bewertungseinheit grenzenlos?, NZKart 2017, S. 229 – 235.

Gerhold, Maximilian, Europäisches Datenschutzrecht ohne den EuGH, Schaler Beigeschmack im Rekord-Bußgeldverfahren gegen Google, EuZW 2020, S. 849 – 854.

Göhler, Erich, Gesetz über Ordnungswidrigkeiten: OWiG, 18. Aufl. 2021.

Gola, Peter, Datenschutz-Grundverordnung: DSGVO, 2. Aufl. 2018.

Gola, Peter/Heckmann, Dirk, Bundesdatenschutzgesetz: BDSG, 13. Aufl. 2019.

Golla, Sebastian, Das Opportunitätsprinzip für die Verhängung von Bußgeldern nach der DSGVO, CR 2018, S. 353 – 357.

Grünwald, Andreas/Hackl, Jens, Das neue umsatzbezogene Sanktionsregime der DS-GVO, ZD 2017, S. 556 – 560.

Hamann, Hartmut, Das Unternehmen als Täter im europäischen Wettbewerbsrecht, 1992.

Härting, Niko/Konrad, Lasse, DSGVO im Praxistest, 2020.

Härting, Niko, DSGVO-Bußgelder gegen Unternehmen – in Deutschland oft unmöglich, 11.09.2019, https://www.cr-online.de/blog/2019/09/11/dsgvo-bussgelder-gegen-unternehmen-in-deutschland-oft-unmoeglich/, zuletzt abgerufen am 29.01.2022.

Hartung, Jürgen/Büttgen, Lisa, Sanktionen und Haftungsrisiken nach der DSGVO, WPg 2017, S. 1152 – 1158.

Hecker, Bernd, Europäisches Strafrecht, 6. Aufl. 2021.

Heidelberger Kommentar DS-GVO/BDSG, Schwartmann, Rolf u.a. (Hrsg.), 2. Aufl. 2020.

Immenga, Ulrich/Mestmäcker, Ernst-Joachim (Hrsg.), Wettbewerbsrecht, 5. Aufl. 2012.

Karlsruher Kommentar zum Gesetz über Ordnungswidrigkeiten: OWiG, Mitsch, Wolfgang (Hrsg.), 5. Aufl. 2018.

Keppeler, Lutz/Berning, Wilhelm, Die Bußgeldrisiken nach Art. 83 der Datenschutz-Grundverordnung – auch ein Risiko für den Jahresabschluss?!, DStR 2018, S. 91 – 96.

Kling, Michael/Thomas, Stefan, Kartellrecht, 2. Aufl. 2016.

Körner, Julia, Die Gesamtschuld im europäischen Kartellbußgeldrecht – Voraussetzungen und Wirkungen, 2016.

Kühling, Jürgen/Buchner, Benedikt (Hrsg.), Datenschutz-Grundverordnung, Bundesdatenschutzgesetz: DS-GVO / BDSG, 3. Aufl. 2020.

Konferenz der unabhängigen Datenschutzbehörden des Bundes und der Länder, Kurzpapier Nr. 2: Aufsichtsbefugnisse/Sanktionen, 29.06.2017, https://www.lda.bayern.de/media/dsk_kpnr_2_sanktionen.pdf, zuletzt abgerufen am 29.01.2022.

Landesbeauftragter für den Datenschutz Sachsen-Anhalt, 16. Tätigkeitsbericht, 25.05.2020, https://datenschutz.sachsen-anhalt.de/fileadmin/Bibliothek/Landesaemter/LfD/PDF/binary/Informationen/Veroeffentlichungen/Taetigkeitsberichte/TB_16/16._Taetigkeitsbericht_Datenschutz.pdf, zuletzt abgerufen am 29.01.2022.

Langen, Eugen/Bunte, Hermann-Josef (Hrsg.), Kartellrecht, 13. Aufl. 2017.

Laue, Philip/Kremer, Sascha, Das neue Datenschutzrecht in der betrieblichen Praxis, 2. Aufl. 2019.

La Quadrature du Net, Amazon fined 746 Million Euros following our collective legal action, 30.07.2021, https://www.laquadrature.net/en/2021/07/30/amazon-fined-746-million-euros-following-our-collective-legal-action/, zuletzt abgerufen am 29.01.2022.

La Quadrature du Net, Réclamation contre Amazon Europe, 09.05.2018, https://gafam.laquadrature.net/wp-content/uploads/sites/9/2018/05/amazon.pdf, zuletzt abgerufen am 29.01.2022.

La Quadrature du Net, Réclamation contre Google, 09.05.2018, https://gafam.laquadrature.net/wp-content/uploads/sites/9/2018/05/google.pdf, zuletzt abgerufen am 29.01.2022.

La Quadrature du Net, Schreiben vom 02.08.2021 an die CNIL, behördliches Aktenzeichen 2C 137 386 0363 4, https://www.laquadrature.net/wp-content/uploads/sites/8/2021/08/CNIL_CLP211124.pdf, zuletzt abgerufen am 29.01.2022.

Lipowsky, Ursula, Die Zurechnung von Wettbewerbsverstößen zwischen verbundenen Unternehmen im EWG-Wettbewerbsrecht, 1987.

Manacourt, Vincent/Scott, Mark, WhatsApp hit with €225M privacy fine, 02.09.2021, https://www.politico.eu/article/whatsapp-facebook-privacy-fine-european-commission-data-protection/, zuletzt abgerufen am 29.01.2022.

Mansdörfer, Marco/Timmerbeil, Sven, Das Modell der Verbandshaftung im europäischen Kartellbußgeldrecht, EuZW 2011, S. 214 – 218.

Menz, Michael, Wirtschaftliche Einheit und Kartellverbot, 2004.

Messner, Juliane, ÖVwGH: Keine „Privilegierung“ der öDSB für die Bestrafung juristischer Personen, ZD 2020, S. 463 – 467.

Momsen, Carsten/Grützner, Thomas (Hrsg.), Wirtschaftsstrafrecht, 2. Aufl. 2020.

Monopolkommission, Auszug aus Hauptgutachten 2012/2013, Kurzfassung, https://www.monopolkommission.de/images/PDF/HG/HG20/HG_XX_Kurzfassung.pdf, zuletzt abgerufen am 29.01.2022.

Münchener Kommentar zur Strafprozessordnung: StPO, Knauer, Christoph u.a. (Hrsg.), 1. Aufl. 2014.

Münchener Kommentar zum Strafgesetzbuch: StGB, Erb, Volker u.a. (Hrsg.), 4. Aufl. 2020.

Neubacher, Frank, Strafzwecke und Völkerstrafrecht, NJW 2006, S. 966 – 670.

Neun, Andreas/Lubitzsch, Katharina, EU-Datenschutz-Grundverordnung – Behördenvollzug und Sanktionen, BB 2017, S. 1538 – 1544.

notebooksbilliger.de AG, Pressemitteilung: Unverhältnismäßig und unrechtmäßig: notebooksbilliger.de wehrt sich gegen Bußgeldbescheid der Datenschutzbeauftragten, 08.01.2021, https://blog.notebooksbilliger.de/wp-content/uploads/2021/01/Pressemitteilung_NBB_Datenschutz_08012021.pdf, zuletzt abgerufen am 29.01.2022.

notebooksbilliger.de AG, Jahresabschluss zum Geschäftsjahr vom 01.01.2019 bis zum 31.12.2019, abrufbar unter www.bundesanzeiger.de, zuletzt abgerufen am 29.01.2022.

NOYB – European Center for Digital Rights, Plainte au titre de l'article 77(1) du RGPD, 25.05.2020, https://noyb.eu/sites/default/files/2020-05/complaint-android.pdf, zuletzt abgerufen am 29.01.2022.

Paal, Boris/Pauly, Daniel, Datenschutz-Grundverordnung Bundesdatenschutzgesetz: DSGVO BDSG, 3. Aufl. 2021.

Papakiriakou, Theodoros, Das Europäische Unternehmensstrafrecht in Kartellsachen, 2002.

Pichler, Philipp/Klar, Manuel, Rechtliche Rahmenbedingungen für kartellrechtliche Settlements in Deutschland – insbesondere Reichweite der Übertragbarkeit strafprozessualer Vorgaben für Verständigungen, NZKart 2015, S. 217 – 223.

Plath, Kai-Uwe (Hrsg.), DSGVO/BDSG, 3. Aufl. 2018.

Polley, Romina/Heinz, Silke, Settlements bei der Europäischen Kommission und beim Bundeskartellamt – ein Praxisvergleich, WuW 2012, S. 14 – 27.

Raum, Rolf, Kartellbußen zwischen Strafrecht und Europarecht, GRUR 2021, S. 322 – 326.

Riesenhuber, Karl (Hrsg.), Europäische Methodenlehre, 4. Aufl. 2021.

Rost, Maria Christina, Datenschutzsanktionen: scharfes Schwer oder Papiertiger?: Die deutsche Datenschutzaufsicht erstarkt durch ein neues Maßnahmen- und Sanktionsinstrumentarium, DuD 2019, S. 488 – 492.

Roxin, Claus/Greco, Luís, Strafrecht Allgemeiner Teil Band I, 5. Aufl. 2020.

Rütsch, Claus-Jörg, Strafrechtlicher Durchgriff bei verbundenen Unternehmen?, 1987.

Schönefeld, Jana/Thomé, Sarah, Auswirkungen der Datenschutz-Grundverordnung auf die Sanktionierungspraxis der Aufsichtsbehörden, PPinG 2017, S. 126 – 129.

Schulze, Reiner/Ajani, Gianmaria, Gemeinsame Prinzipien des Europäischen Privatrechts, 2003.

Schwarze, Jürgen/Bechtold, Rainer/Bosch, Wolfgang, Rechtsstaatliche Defizite im Kartellrecht der Europäischen Gemeinschaft, 2008.

Simitis, Spiros/Hornung, Gerrit/Spiecker gen. Döhmann, Indra (Hrsg.), Datenschutzrecht, 2019.

Sobotta, Christoph, Die Mehrsprachigkeit als Herausforderung und Chance bei der Auslegung des Unionsrechts, 2015.

Specht, Louisa/Mantz, Reto (Hrsg.), Handbuch Europäisches und deutsches Datenschutzrecht, 2019.

Spindler, Gerald, Die neue EU-Datenschutz-Grundverordnung, DB 2016, S. 937 – 947.

Sydow, Gernot (Hrsg.), Europäische Datenschutzgrundverordnung, 2. Aufl. 2018.

Taeger, Jürgen, Data Breach Notification – Melde- und Benachrichtigungspflicht bei „Datenpannen", RDV 2020, S. 3 – 11.

Taeger, Jürgen/Gabel, Detlev (Hrsg.), DSGVO – BDSG – TTDSG, 4. Aufl. 2022.

Thiel, Barbara/Wybitul, Tim, Bußgelder wegen Datenschutzverstößen – aus Sicht von Aufsichtsbehörden und Unternehmen, ZD 2020, S. 3 – 8.

Thüringer Landesbeauftragter für den Datenschutz und die Informationsfreiheit, 2. Tätigkeitsbericht zur DSGVO, 22.10.2020, https://www.tlfdi.de/fileadmin/tlfdi/datenschutz/taetigkeitsbericht/2._tatigkeitsbericht.pdf, zuletzt abgerufen am 29.01.2022.

Thüringer Landesbeauftragter für den Datenschutz und die Informationsfreiheit, 3. Tätigkeitsbericht zur DSGVO, 20.10.2021, https://www.tlfdi.de/fileadmin/tlfdi/datenschutz/Wir_ueber_uns_-_Musterformulare/Taetigkeitsberichte_ab_2020/3.taetigkeitsbericht_2021.pdf, zuletzt abgerufen am 29.01.2022.

Uebele, Fabian, Das „Unternehmen" im europäischen Datenschutzrecht, EuZW 2018, S. 440 – 446.

Unabhängige Datenschutzaufsichtsbehörden des Bundes und der Länder, Hambacher Erklärung zur Künstlichen Intelligenz, 03.04.2019, https://www.datenschutzkonferenz-online.de/media/en/20190405_hambacher_erklaerung.pdf, zuletzt abgerufen am 29.01.2022.

Unabhängige Datenschutzaufsichtsbehörden des Bundes und der Länder, Konzept der unabhängigen Datenschutzaufsichtsbehörden des Bundes und der Länder zur Bußgeldzumessung in Verfahren gegen Unternehmen, 14.10.2019, https://www.datenschutzkonferenz-online.de/media/ah/20191016_bußgeldkonzept.pdf, zuletzt abgerufen am 29.01.2022.

Unabhängiges Datenschutzzentrum Saarland, 28. Tätigkeitsbericht, 11.03.2020, https://www.datenschutz.saarland.de/fileadmin/user_upload/uds/tberichte/tb28_2019.pdf, zuletzt abgerufen am 29.01.2022.

Unabhängiges Datenschutzzentrum Saarland, 29. Tätigkeitsbericht, 16.04.2021, https://www.datenschutz.saarland.de/fileadmin/user_upload/uds/tberichte/tb29_DS_2020.pdf, zuletzt abgerufen am 29.01.2022.

Unabhängiges Landeszentrum für Datenschutz Schleswig-Holstein, 38. Tätigkeitsbericht, 27.03.2020, https://www.datenschutzzentrum.de/tb/tb38/uld-38-taetigkeitsbericht-2020.pdf, zuletzt abgerufen am 29.01.2022.

Unabhängiges Landeszentrum für Datenschutz Schleswig-Holstein, 39. Tätigkeitsbericht, 30.03.2021, https://www.datenschutzzentrum.de/tb/tb39/uld-39-taetigkeitsbericht-2021.pdf, zuletzt abgerufen am 29.01.2022.

United States Sentencing Commission, Chapter Eight – Sentencing of organizations, 01.11.2018, https://www.ussc.gov/guidelines/2018-guidelines-manual/annotated-2018-chapter-8, zuletzt abgerufen am 29.01.2022.

United States Sentencing Commission, Primer on Fines for Organizations, 2021, https://www.ussc.gov/sites/default/files/pdf/training/primers/2021_Primer_Organizational_Fines.pdf, zuletzt abgerufen am 29.01.2022.

van Bael, Ivo/Bellis, François, Competition Law of the European Community, 2009.

von dem Bussche, Axel, Authentifizierung von Telefonanrufern – Unternehmenshaftung und DS-GVO-Bußgeldkonzept, ZD 2021, S. 154 – 161.

von dem Bussche, Axel/Voigt, Paul, Konzerndatenschutz, 2. Aufl. 2019.

von der Groeben, Hans/Schwarze, Jürgen/Hatje, Armin (Hrsg.), Europäisches Unionsrecht, 7. Auflage 2015.

Venn, Nikolai/Wybitul, Tim, Die bußgeldrechtliche Haftung von Unternehmen nach Art. 83 DS-GVO (zugl. Anm. zu LG Bonn, Urt. v. 11.11.2020 – 29 OWi 1/20), NStZ 2021, S. 204 – 209.

Vogt, Niklas, Bußgeldbemessung im Datenschutz: Dänemark als Vorbild?, 02.03.2021, https://www.lutzabel.com/news/20210302-bussgeldbemessung-im-datenschutz-daenemark-als-vorbild, zuletzt abgerufen am 29.01.2022.

Wenzel, Michael/Wybitul, Tim, Vermeidung hoher DS-GVO-Bußgelder und Kooperation mit Datenschutzbehörden, ZD 2019, S. 290 – 296.

Wieser, Raimund, Gesetz über Ordnungswidrigkeiten, 174. Aktualisierung 2021.

Wolff, Heinrich/Brink, Stefan (Hrsg.), BeckOK Datenschutzrecht, 38. Edition, Stand 01.11.2021

Wybitul, Tim (Hrsg.), EU-Datenschutz-Grundverordnung, 2017.

Wybitul, Tim/Venn, Nikolai, Verteidigung von Unternehmen gegen Geldbußen nach Art. 83 DS-GVO, ZD 2021, S. 343 – 349.

1&1 Drillisch AG, Pressemitteilung: 1&1 klagt gegen Bußgeldbescheid der Datenschutzbehörde, 09.12.2019, https://newsroom.1und 1.de/2019/12/09/11-klagt-gegen-bussgeldbescheid-der-datenschutzbehoerde/, zuletzt abgerufen am 29.01.2022.

1&1 Drillisch AG, Geschäftsbericht 2019, 26.03.2020, https://imagepool.1und 1-drillisch.de/v2/download/berichte/2020-03-26-1und 1-Drillisch_GB_2019_DEU.PDF, zuletzt abgerufen am 29.01.2022.

FSC
www.fsc.org
MIX
Papier | Fördert gute Waldnutzung
FSC® C083411

Kolibri 360 GmbH
Ferdinand-Jühlke-Straße 7
99095 Erfurt, Deutschland
produktsicherheit@kolibri360.de